大教育书馆
ESSENTIAL EDUCATION SERIES

幸福教育的样子

U1006717

杨九俊 著

江蘇鳳凰教育出版社

图书在版编目（CIP）数据

幸福教育的样子 / 杨九俊 著. -- 南京：江苏凤凰教育出版社，2014.7(2021.1重印)

ISBN 978-7-5499-4147-6

Ⅰ.①幸… Ⅱ.①杨… Ⅲ.①教育-通俗读物 Ⅳ.①G4-49

中国版本图书馆 CIP 数据核字（2014）第 130004 号

书　　名　幸福教育的样子
作　　者　杨九俊
责任编辑　沈静明
装帧设计　刁　荧
出版发行　江苏凤凰教育出版社（南京市湖南路 1 号 A 楼　邮编 210009）
苏教网址　http://www.1088.com.cn
印　　刷　江苏中山印务有限公司
厂　　址　丹阳市朝阳路 1-3 号
开　　本　787mm×1092mm　1/16
印　　张　17.75
版　　次　2014 年 7 月第 1 版
印　　次　2021 年 1 月第 7 次印刷
书　　号　ISBN 978-7-5499-4147-6
定　　价　35.00 元
网店地址　http://jsfhjycbs.tmall.com
公 众 号　苏教服务（微信号：jsfhjyfw）
邮购电话　025-85406265，025-85400774
盗版举报　025-83658579

目录

第一辑　我来到这个世界，为了看太阳

第二辑　让学校到处流淌着奶和蜜

第一辑

我来到这个世界，为了看太阳

幸福教育的样子

关于幸福，大哲学家康德断言说不清楚，但这并不影响许多学者去探究，去追问。在没有更好的答案之前，我们不妨认可《辞海》的解释：幸福就是“心情舒畅的境遇和生活”。

关于幸福与教育的关系，乌申斯基说过这么一段话：“教育的主要目的在于使学生获得幸福，不能为任何不相干的利益而牺牲这种幸福，这一点当然是毋庸置疑的。”（《乌申斯基教育文选》，人民教育出版社，1991年版，第213页）在他看来，教育的旨归与对幸福追求的核心意义是相同的。约翰·怀特的思考更为深入：“受过教育的人从拓展的意义上考虑他的自身幸福；他把个人幸福推及他人，把幸福融入一种高尚的生活之中。”（［英］约翰·怀特：《再论教育目的》，教育科学出版社，1997年版，第138页）在这里，教育对于幸福的功能、作用得到深刻的揭示。

那么，什么是幸福教育呢？这个问题仁者见仁，智者见智。笔者认为，幸福教育就是办幸福的学校，做幸福的老师，培养幸福的学生。下面，笔者尝试绘制幸福的学校、老师、学生的“样子”，借以阐释个人所理解的幸福教育。

一、办幸福的学校：让学校到处流淌奶和蜜

我最近经常和校长们讲《圣经》中的一则故事：上帝答应给亚伯拉罕及其后代一块土地，这块土地非常好，到处流淌着奶和蜜。在一个游牧社会，上帝不仅想到了人们的生存，而且想到了人们生活的快乐和幸福。这个故事对于办学校是有启迪意义的。或许可以这么说，办幸福的学校就是让学校成为到处流淌着奶和蜜的地方。这“奶”应当是指知性教育，而“蜜”则主要指诗性教育，学校教育应当是知性教育与诗性教育的统一。

大家都认为我们的学校是缺少诗性教育的，其实，即使是知性教育也存在着很大的问题，就如同牛奶里含有三聚氢胺等有害物质一样。这些问题至少包括：（1）我们所指的知识是所有学科的知识，但事实上人们关注的仅仅是升学考试学科的那些知识。（2）学科知识应当是系统性的，但在教学中更多的是碎片式的知识。（3）在知识教学中，认知、道德、情感的教育应当是整体的，但人们只关注知识、技能，其他大都被忽略了。（4）教与学的知识应当包括全部意义上的知识，但在教学实践中得到重视的仅仅是客观的、明确的、共性的知识，隐性的、缄默的、个性化的知识不受重视。（5）解题是知识理解和巩固的一种方式，但知识教学常常被异化为只是解题训练。（6）解题训练本身则已经走样。扬州中学有位院士校友曾在《光明日报》撰文回忆在母校学习的幸福时光，他认为那时的母校重视基础知识、基本技能的教学和思维灵活性的培养，对生活来说，这些是必需品，那些高难度的题目则是奢侈品、装饰品。他认为现在有一种倾向是用生活的奢侈品、装饰品代替了生活的必需品，这是孩子们的身心“消费”不起的。因此，我们在充分甚至过分重视知性教育的同时，需要反思一下，有没有让学生吮吸有毒素的“奶”？

让学校流淌着“蜜”，就是要重视诗性教育，重视学生的精神滋养、精神成长。其中有几个方面特别应该加以强调：

1.塑造学校精神的内在品格

一是要坚持对教育理想的追求。教育最基本的也是最根本的任务是培养时代新人。俄国象征派诗人巴尔蒙特曾经反复讴歌：“我来到世界，为了看见太阳。”我以为这应该成为教育工作者的精神大合唱。办教育、办学校，就要有这样的精

神追求。二是激发活力，朝气洋溢。林庚先生曾精辟地分析过文学史上的“盛唐气象”。他认为盛唐气象的本质是蓬勃的朝气、青春的活力。朝气和活力对学校来说须臾不可或缺，应该成为学校精神的内在品格。三是倡导合作与分享。富兰、萨乔万尼等人提出建设“学习共同体”“道德领导”等理念，对办好一所现代学校有很强的指导意义，学校的组织成员应该相互合作、相互支持，共同分享、共同成长。

2.让课程教学滋养学生成长

提倡诗性教学，很重要的是强调教学不仅仅是知识讲解与传授的过程，而且是让课程教学滋养孩子成长。一是建立课程理解的新视角。新课程推进10多年了，但在课程理解上并没有完全到位。在国家层面上，设计课程的一个重要思想，就是超越学科中心，从这个新视角出发，我们才会真正理解以每个学生的发展为本，突出课程的综合性，给地方课程、校本课程适当的空间，按照三维目标设计课程，提供探究性学习，倡导评价方式的多元化，等等。二是倡导源自心灵的教学。教学问题总体应该相辅相成，第一基于标准，第二源自心灵。帕克·帕尔默在《教学勇气——漫步教师心灵》一书中对源自心灵的解释是：教师要认识自我，要通过智能的、情感的和精神的三种通道充分描述内部景观图画；要认识学生，真正地了解学生，让学生能自信而真实地展现自我，能够倾听学生甚至尚未发出的声音；要认识学科，在个人意义上出神入化地理解学科，按照我的理解，学科内容应当是通体透明、形神兼备的。（［美］帕克·帕尔默：《教学勇气——漫步教师心灵》，华东师范大学出版社，2000年版，第5页）三是提供适合学生差异发展的课程和教学。校本课程应当基于学生差异，基于选择性学习；国家课程的教学实施也应当充分考虑到学生的个性化学习、差异性发展，真正为学生提供适切的教育。

3.让校园充溢文化氛围

我的同事孙孔懿先生认为学校特色的“色”有三重内涵：一是颜色之“色”，这是事物的外部特征；二是成色之“色”，这是事物内在的品质，含金量；三是春色之“色”，这是事物可感知但不可触摸的外部特征。春色、秋色之“色”，其实就是氛围，就是文化。匡亚明先生主政南京大学时，强调“空气流动就是风”，讲的也是这种氛围和学校文化。“空气流动”强调制度的落实、活动的开展，更重要的是激活主动性、自觉性，人人自觉，才能蔚然成风。“五色为文”“以文化之”，以学校内在的精神品格，让课程教学成为学生精神发展的沃土，强调文化自觉，学校就会散发出糖的味道、蜜的味道。

二、做幸福的老师：“你是人间四月天！”

什么是幸福的老师？我一直很难找到一个合适的意象来比喻。关于老师，有很多隐喻，但大家都不满意。比如，过去人们常说老师是春蚕是蜡烛，“春蚕到死丝方尽，蜡炬成灰泪始干”，这种价值观肯定不能提倡。我还看到曾有人写诗赞颂教师的奉献精神：“我要做一根两头燃烧的蜡烛，放射出更多的光和热”，那就有几分可怕了。形容“老师是辛勤的园丁”，但有人批评这是农业文明的标志，而且园丁的“咔嚓”一剪也有可能是一种扼杀和摧残呢！还有人赞成“老师是人类灵魂的工程师”的说法。对于这个隐喻，本人不太赞同，因为其背后就是学校成了工厂，教育过程成了生产的流水线，学生的“灵魂”成了一个个标准件。现在我还原我对幸福的老师这个意象寻找的过程：那是在去年深秋的一天，我在公园的林间小路上漫步，头脑中盘桓着上面那些关于教师的隐喻，心想：如果教师是什么都不能定义的，又何谈“幸福的老师”呢？那时的心境如卡夫卡日记里的一句话：惆怅如同深秋林间的小径，落叶还未扫尽，一片片枯黄又纷纷扬扬地下来了。突然间思绪闪回到早春，心境被遍地的鹅黄嫩绿所触动，于是情绪有些激动。雪莱有言：冬天已经来了，春天还会再远吗？深秋，不就是多了一两个月吗？不经意间又突然想到林徽因女士的一首诗：

> 你是一树一树的花开，是燕在梁间呢喃，——你是爱，是暖，是诗的一篇，你是人间的四月天！

这是林徽因《你是人间四月天》这首名诗的最后一段。诗歌是最宜于多元解读的。从幸福教育的角度解读，我以为把“人间四月天”用来指称幸福的老师相当适切。借助林诗，我们可以归纳出幸福教师的一些重要元素。

1. 学生的成长是老师最大的幸福

“教育学”就是迷恋他人成长的空间。（［加拿大］马克斯·范梅南：《教学机智——教育智慧的意蕴》，教育科学出版社，2001年版，第18页）在钻研这个“学问”的过程中，学生成长了，老师则到达“自我实现”的境界，自然会有欣慰感、愉悦感、幸福感。林诗中描绘的万物葱笼、草长莺飞的景象，如“雪化后那片鹅黄”“新鲜初放芽的绿”“一树一树的花开”，都可以融合在教育的情境里，喻为学生的生长、成长。李庚南是位教育家型的老师，在总结人生历程时她用了八个字：“好生辛苦，好生幸福！”这辛苦是在培养学生时的艰辛付出，这幸福也就是在这付出过程中，在付出后桃李满园的收获。对此她深有感触：“我幸运的就是选择了做老师”，“我是一个幸福的人”。这样的体会、体验是千千万万个老师都会有的。正如我们在一起讨论时，金生鈜教授所说，教师生活的意义感、教育工作的使命感、教育成就的愉悦感都在学生成长的图景中体现了，实现了。在“人间四月天”里，天地万物的勃勃生机，幸福的场景被生动地描绘出来了。

2.对德性的追求就是对幸福的追求

亚里士多德说:“幸福乃是在完满生活中德性的实现。”(《亚里士多德全集(第八卷)》，中国人民大学出版社，1992年版，第310页）教育是培养人的事业，德性应当是教师职业素养的核心要素。借林诗“你是爱，是暖”的描述，我认为师爱是教师德性最重要的体现，师爱包含了弗洛姆讲的爱的要义：关怀、责任、尊重、认识，也包含了教师职业强调的爱的公正、爱的艺术。“人间四月天”的爱，首先是其博大，天地万物，无所遗漏；其次是化为最为合适的情境，“是暖”。暖因爱而生，是关怀的温度，心灵的相契，润泽的氛围。一位老师曾描述教学的幸福情景: 备课时，老师为自己的发现而兴奋，对课堂上学生快乐的对话充满向往；上课前，孩子们总是早几分钟坐在那儿，一个个笑盈盈地等老师来上课。可以推想，这位老师的课堂一定如《教学勇气》描述的“天职图景”：“内部的深层愉悦与外部的深层渴望相遇交融的圣地”。这样的场景可以用如此诗句来形容：“快乐不是节日里，而是在你和我的眼神里。知识不是在书本里，而是在你和我的距离里。”老师在这里践行德行、播洒爱的阳光雨露，教育情境就是一方幸福的天地。

3. 创造性教学是教师的幸福境界

林诗写“人间四月天”是“诗的一篇”。教学如诗，已臻艺术境界的教学，就是教学创造性所织成的美的图景。“没有教师的创造性劳动，就不可能有新的教育世界，而教师只有进行创造性的劳动，才会体验到职业的内在尊严与欢乐，才能在激发学生精神力量的同时，焕出自身的生命活力。”（叶澜等：《教师角色与教师发展新探》，教育科学出版社 2001 年版，总序）如诗的教学能带来诸多感受。首先是美感。恰如朱自清先生在写景散文《山野掇拾》里描述的，“缓缓咀嚼一番，便会有浓密的滋味从嘴流出”，耐人回味，余香不绝。其次是愉悦感。苏霍姆林斯基曾描绘老师创造性的教学行为，“让学生震惊，惊奇”，“享受创造的欢乐”，（［苏联］苏霍姆林斯基：《给教师的建议（上）》，教育科学出版社,1980 年版,第 27 页）教师自己也一定会兴奋愉悦。第三是意义感。黑格尔说,“审美带有令人解放的性质”；（《亚里士多德全集（第八卷）》，中国人民大学出版社，1992 年版，第 310 页）叶圣陶先生说，老师的创造性劳动带给学生的影响，是学生“自会抽芽舒叶，开出茂美的花，结出丰实的果”。老师教学给学生带来创造性思维方式、学科学习方式、创造精神的示范，学生在感染熏陶之中，学习、学会创造性学习，就会有强烈的幸福感。创造性劳动使教师的生活有意思、有意义。赵汀阳认为：“关于幸福的问题实际上是关于生活方式的问题，即需要研究的是，什么样的生活方式是有意义的。显然，有意义的生活必定引起幸福感。”（赵汀阳：《论可能生活——一种关于幸福和公正的理论》，中国人民大学出版社，2004 年版，第 21 页）如果把教学既视为科学又视为艺术，这样必然会给老师带来幸福感，这样的生活可以使人进入幸福境界。

三、培养幸福的学生：“活泼泼的生命”

学生怎样才有幸福感？可以借禅宗里的一句名言“活泼泼的生命”来描述。活泼泼的生命至少有四个元素：第一是整体，教与学是师生整体的生命投入；第二是鲜活，生气盎然，充满灵性；第三是生长，身心都在生长，而且是往积极的方向走去；第四是个性，作家王朔的调侃很有味道，他曾把一个人写成“长得像教育似的”，可见教育在他的印象里是呆头呆脑、标准化的，没有个性特点，而我们要培养的是有鲜活个性的学生。

怎样让学生在学习、生活中展示的是“活泼泼的生命”？我想，讨论幸福学校、幸福教师，其实都关涉这个问题，从校长、教师的角度看，还应当强调的是：

1.时刻牢记面对的是“活泼泼的生命”

我们总是强调要树立以人为本的理念，这里的“人”不是符号，而是一个个生命。其中最为重要的就是真正把学生当作人，当作儿童，当作具有个性特点的生命。《读者》杂志 1985 年第三期曾刊载一篇短文《老师，您听我说》，文章以学生的口吻提出 17 条建议，前三条的内容为：第一，“老师，我希望您常是一个有感情的人，而不仅是一架教书的机器”；第二，“老师，请您不仅仅教书，而更是教我们学生”；第三，“老师，请您也把我当作人看待，而不仅是您记分簿上的一个号码”。这三条其实都强调师生是人，老师要以人为本。只有做到这一点，才会有真正意义上的爱护和尊重，也才有真正意义上的教育活动。

2.师生关系要给“活泼泼的生命”创造足够空间

师生关系是教育活动中最本质、最重要的关系，学生的生命状态在很大程度上是由师生关系决定的，学生是否有幸福感在很大程度上也是由老师的态度、做法所决定的。老师应当以友爱、欣赏的方式看待每一个学生，特别是遇到困难的学生。弗雷德·爱泼斯坦是世界一流的脑外科权威，但上小学二年级时，他连理解“2+2”都有困难。幸运的是他在五年级时碰到赫伯特·默菲老师，这位老师总是告诉他“你很聪明”，适时地启发他找到学习的窍门，终于让他走出阴影的笼罩。他成名后以“我曾是智障者”的身份感谢恩师。海伦·凯勒则把沙莉文老师闯入她黯淡生活的时间称作“伟大的日子”，这源于沙莉文对她的教育是在友爱的、欣赏的氛围中进行的。另一方面，师生关系的构成应当给学生一定的自主性和自由度，学生的生命才有展开的空间。“海阔凭鱼跃，天高任鸟飞。”在享受充分自由的课堂空间里，学生展现的必定是“活泼泼的生命”。

3.让学生在生长、发展中不断充实“活泼泼的生命”

学生的生命是在不断成长的，在认知、道德、情感等关乎人成长的全部领域，学生的精神世界不断拓展，求知的欲望不断满足，他们的幸福感自然会油然而生。爱泼斯坦和海伦·凯勒的幸福感不仅源自友爱，而且在于老师把他们引入一片知识的新天地。雅斯贝尔斯认为，“正是在陶冶过程中，（儿童的）内在精神才被真正地唤起”，（［德］雅斯贝尔斯：《什么是幸福》，三联书店，1991 年版，第 105 页）儿童才会拥有幸福的心灵。莱布尼茨强调“理性和意志引导我们走向幸福”。（［德］莱布尼茨：《人类理智新论》，商务印书馆，1982 年版，第 188 页）他们的阐说都指向教育的本质，学生的成长和发展是最重要的生命需求，教育就是让学生“活泼泼的生命”在成长和发展中，不断充实，不断生长，这对于学生当下生活的幸福感和未来生活的幸福能力的形成都具有重要的意义。

本文系作者在“江苏省人民教育家培养工程”送教周恩来总理家乡主题论坛上的报告，发表于《教育发展研究》2011 年第 15—16 期，多家报刊转载。

追寻理想的教育

——关于学校建设的若干赠言

追寻理想的教育，是一个内涵十分丰富的话题，这里仅仅基于学校建设讨论十个问题，主要是做一些引述，作一点借题发挥，供大家参考。

一、我们有教育理想吗

教育是一个放飞理想、追逐梦想的事业。但在现实生活中，有些教育工作者，有些校长，或多或少地屈从于世俗和有些残酷意味的现实，丢弃了自己的理想。没有理想的教育，了无梦幻色彩的教育，在某种意义上就失去了教育的本真和美好。所以，讨论教育工作首先要从理想说起。要追寻理想的教育，没有教育的理想就无从谈起。我们的教育理想是什么？在各位有理想的校长那里，各有其话语表达和图景呈现，五彩缤纷，争奇斗艳，但就其本质性和共性来说，理想应该聚焦于培养什么样的人和怎样培养人，应该集中关注如何“托起明天的太阳”。“太阳”这一美丽的意象，她会引起我们丰富的联想。在这里，我很高兴地引用巴尔蒙特的诗和邓丽君的歌，和大家做一个愉快的分享。

我来到这个世界，为了看见太阳，
和苍茫无际的蓝天。

我来到这个世界，为了看见太阳，
和巍巍群山的峰巅。
……
我来到这个世界，为了看见太阳，
如果白昼竟然消亡，
我还要歌唱……我还要歌唱太阳，
在我生命弥留的时光。

（巴尔蒙特的诗）

直到海枯石烂，
冉冉地出情人。

（邓丽君的歌）

《我来到这个世界》是俄国象征派诗人巴尔蒙特的一首诗，这里引用的是开头和结尾两段，“我来到这个世界”，就是“为了看见太阳”，“如果白昼竟然消亡”，“我还要歌唱”，这种对光明与美好的向往和歌唱，叩响了千千万万人的心弦，巴尔蒙特也被人们称为“太阳诗人”。邓丽君唱的是一首情歌，开头两句是“我是星，你是云，总是两离分”，结尾突然绝壁高耸式地来了两句：“直到海枯石烂，冉冉地出情人”。想象之奇特，景象之瑰丽，信念之执着，感情之深挚，曾令我初次听到时有些愣住了的感觉，回味再三，觉得余香绵绵，意味深长。我特别喜欢“冉冉地”这样的情状，这画面可以描画出新人的成长过程。把这句歌词和巴尔蒙特的诗句放在一起，我以为可以化出一种意境，可以引出教育理想的基本元素。

第一句赠言：我们期盼、热望、追寻：冉冉地出新人

有理想才有真正的教育，有了对“新人”的期盼，我们的教育工作就有了绮丽温暖的底色，我们就会感觉到有激情，有追求，有创造。否则，我们的前进就会失去方向，工作就会失去意义。

理想有时未必能够完全实现，但并不能因此将理想都视为空中楼阁。陶行知先生在评价半周岁的燕子矶国民学校时任校长丁超时说：“他能就事实生理想，凭理想正事实。他有事实化的理想，理想化的事实。”从这个意义上说，理想有时就在脚下。我们有些校长在办学过程中所做的努力和创造，就是“就事实生理想，凭理想正事实”，就是一点一点地接近我们的理想。

总体上看，我们太缺少这样的校长了，我们受到的牵制太多、束缚太紧，这种牵制和束缚很多来自制度、文化，但更多的是来自我们自己，是我们自己瞻前顾后、畏首畏尾，我们有的甚至已经失去树立理想的欲望和能力。中国教育需要一批理想者，需要一点理想主义、浪漫精神、诗人情怀！让我们共同努力，去追寻“冉冉出新人”的意境吧。

二、我们的学校是个什么地方

我们的学校是个什么地方？不同的学校会有不同的回答。如果让孩子们回答，可能大多数答案是校长们不愿意听到的。我们的学校基本的状态是个工厂，教育教学的过程是一条生产的流水线，老师就是流水线的工人，当然说得好听一些，还可能是工程师，那句关于教师作用的隐喻，“老师是塑造人类灵魂的工程师”，就带有工业化社会的鲜明色彩，学生就成了流水线下来的产品：一个个规格一致的标准件。在这里，学习都成了机械接受的过程，成了“被学习”，也就没有什么幸福和快乐可言。那么，我们的学校究竟应该是个什么样的地方呢？还是让我们重温这个宗教故事吧。

> 《圣经》里讲，上帝答应给亚伯拉罕及其后代一块土地，这块土地非常非常好，到处流淌着奶和蜜。

在这里，上帝是母爱的象征，母爱包括的不仅仅是吃饱、活着，还有生活的享受、生活的快乐、生活的幸福。我以为，学校也应该成为上帝赏赐的一块土地。

第二句赠言：让我们的学校到处流淌着奶和蜜

“新人”的培养，应该是师生共享幸福生活的过程，这种幸福感来自哪里？从“师”，从“教”，至少有三个方面特别值得关注。

（1）让学生“背着行囊上路”。这里的“行囊”是精神的，人生如同旅程，都是背着行囊的，这里装载的是地域文化、学校文化等等，如果我们自觉地意识到这一点，我们在学校文化建设方面可以有意为之，挖掘、整理、提炼学校文化传统中最精粹的思想，让它成为学校发展之根，哪怕校园搬迁，恰如有的名校学生所言，也是“带着行李搬家”，有了这样丰厚的精神资源的滋润，我们的心田就会多了一些时尚界所说的“微糖”的气息。

（2）教师的教育行为应当洋溢着“生活的微笑”。大家都知道普希金是一位心地很敞亮、很乐观的诗人，“哪怕生活欺骗了你，/ 不要忧郁，也不要愤慨！/ 不顺心的时候暂且容忍：/ 相信吧，快乐的日子就会到来。”有了这样的情感基调，普希金的诗歌就更多地给人带来温暖，带来信心，带来鼓舞，带来力量。别林斯基评价普希金的诗时曾经说过，普希金的抒情诗充满诗意的全部奥秘，就是在他的诗篇的字里行间，总是洋溢着他对生活的微笑。于是，俄罗斯的青年在这里看到了光明，看到了希望。如果在我们的举手投足之间，也洋溢着教者、管理者对“生活的微笑”，这种向上、乐观的态度必然会让学生感觉到“我们的生活比蜜甜”。

（3）“让课堂焕发出生命活力。”这是叶澜老师非常著名的一个观点，她提出要从生命的高度，用动态生成的观点看课堂教学，课堂教学不仅仅是一个传授知识的过程，教学过程不仅仅是一条生产的流水线。在叶澜老师看来，课堂教学首先被看作是师生人生中一段重要的生命经历，是他们生命的有意义的构成部分。课堂教学的目标应全面体现培养目标，促进学生的生命活力，只有师生的生命活力在课堂教学中得到有效发挥，才能真正有助于新人的培养和教师的成长，课堂上才有真正的生活。这些观点今天已经得到广泛的认同，关键是我们怎样好好地做。

三、我们基本的教育立场是什么

什么是我们教育的立足点？讨论、分析教育问题的基本视角是什么？我们习惯于从“教”的立场、“管”的立场、知识的立场、权威的立场出发，尽管有时口头上不是这样讲，但事实上更多的是这样做的。夏山学校的校长尼尔说过的一段话会给我们有益的启示：

> 假如我在漆门时，罗伯特跑过来往门上扔烂泥，我会痛快地骂他一顿，因为我知道他在这里已经很久了，他不会在乎我的话。假如罗伯特刚从一个严格的学校转来，而他扔泥巴实际上是在反抗权威，我

就会和他一起往门上扔烂泥，因为解放他比我的门更重要。

尼尔因为创办夏山学校被誉为20世纪最伟大的教育家之一，尼尔和妻子共同创办这所学校的理念，就是“创造一个不是让孩子们来适应学校，而是去适应孩子的学校”。“扔烂泥的故事”表明了尼尔的基本的教育立场。

第三句赠言：坚定地站在孩子们一边

夏山学校办学的基本精神就是站在孩子立场上，就是解放学生。围绕这个话题，需要强调以下几个方面。

（1）教育首先要了解学生。苏霍姆林斯基说过：“教育——这首先是人学。不了解孩子——不了解他的智力发展，他的思维、兴趣、爱好、才能、禀赋、倾向——就谈不上教育。”孩子也是一本大书，要读懂并不容易。杨绛先生带孩子坐电车，坐过几次，这个孩子在家里谈起，总说她没有坐过，杨绛很生气，认为这个孩子不懂事。又一次，她再带孩子坐电车，很习惯地抱着孩子，让孩子坐到自己的腿上，旁边正好有座位空着，孩子一边执着地从杨先生腿上下来，一边咕哝：“屁股，坐”。这时，杨先生才明白，孩子自己坐上电车的座位，才有坐电车的感觉，才叫做“坐过电车”。这个小故事很能说明问题，就是你要从孩子的角度考虑问题。现在网上热炒“父母皆祸害”，那些对父母似乎有些深恶痛绝的孩子，并不都是说父母不爱他们，而是反感于父母没有“孩子立场”，难有真正的沟通。所以，从事教育工作时时刻刻都要想着“教育是人学”，明晓孩子在哪里。

（2）解放孩子天地宽。陶行知先生早就说过：“培养创造力，以实现创造的民主和民主的创造”，要做到“六大解放”：解放眼睛，才能看得清；解放头脑，才能想；解放双手，才能做；解放嘴，才能说；解放空间，才能走进大自然和社会；解放时间，才有点做人的味道。陶先生认为：“有了这六大解放，创造力才可以尽量发挥出来。”正因为束缚过多，我们的教育缺少灵气和活力。据报载，2009年教育进展国际评估组织对全球21个国家进行教育调查，中国孩子的计算能力排名世界第一，但想象力倒数第一，创造力倒数第五。没有自由、没有民主，当然谈不上独立思考和创造。今天办教育需要重温陶老夫子的“六大解放”，给孩子们一个激活创造力的新天地。

（3）解放学生其实也是解放我们自己。台湾诗人非马的一首《鸟笼》脍炙人口，就在于他出人意表地表达了一种思想。全诗很短，不妨引用一下：“打开 / 鸟笼的 / 门 / 让鸟儿 / 走 // 把自由 / 还给 / 鸟 / 笼”。鸟笼的门打开了，得到解放的不仅仅是鸟，也有笼，真正是意味深长啊！我们现在用过重的课业负担捆住学生，把学生逼进应试教育的深坑，学生缺失了想象力、创造力、幸福感，我们实际上也把自己的生命填进了这个深不可测、没完没了的坑。如果“打开鸟笼的门”，“鸟儿”可以自由飞翔，我们也有了时间去学习、读书，去了解学生，去钻研教学，去关心辅导学生，包括去享受必要的闲暇。那是多么美好的事情啊！

四、什么是教育的灵魂

灵魂对一个人，对于一个事物，其重要性不言而喻。说起教育的灵魂，我常常联想到一则宗教故事。

> 悉达多太子丧失了嗅觉，味道再重的咖喱也闻不到，晚饭后星星大得像火焰一样永不熄止，宫女们横七竖八睡了一地。悉达多太子折了莲花放在妻儿枕边离去，他要去找回他的嗅觉。最后他骨枯形销昏死在河边，村中牧羊女喂以乳糜，悉达多醒来，闻见乳香，如此甘美，如此确凿，他感谢牧羊女说：“一切有情，依食而住”。他渡河进城，坐在菩提树下悟道，成了佛陀。

人们常常说菩萨心肠、大爱无边，溯其源大概就是这里的“一切有情”。弘一法师李叔同先生的一则故事很能说明问题：丰子恺请李叔同先生到家里，李叔同先生把藤椅轻轻摇动几下，然后慢慢坐下去。丰子恺疑惑不解，开始不敢问，后来看到先生每次来都是如此，就问先生其中的缘由。原来李叔同担心藤椅中藏有小虫子，他要给小虫子一个信息，让它们可以逃离即将有人坐的藤椅。这种博大的爱的精神应当是教育与生俱来、须臾不可或缺的，教育就是要以爱作为自己的灵魂。

第四句赠言：大爱写人生

大爱所写，是学生的人生，也是教师的人生。“爱”，说来容易做来难。许多同志都听说过这样一则故事：一位作家的太太是文盲，作家教太太识字，都是采用直观教学法，把所要教的字写成条子贴在具体的事物上，比如“椅子”贴在椅子上，“茶杯”贴在茶杯上。这一次，教到“爱”这个字，作家不知往哪里贴，忽然灵机一动，抱住太太亲嘴，太太总算把这个字记住了。这位太太有感而发，说道：“认识了这么多字，数这个字最麻烦。”在我看来，作家太太的这句话倒有几分哲学的意蕴，教这个字，还要亲个嘴，太费事了，而且，在有些时候，亲嘴也不一定就是爱啊！真正的爱是相当不容易的。

爱的内涵是十分丰富的。在弗洛姆那里，爱包括四个要素：关心、责任、尊重和认识。关心和责任意味着爱是一种能动性，而不是一种征服人的热情，也不是一种“感动”人的影响力。弗洛姆曾借《圣经》故事说明，责任并不是一种由外部强加在人身上的义务，而是我需要对我关心的事情作出反应。尊重和认识也是爱的组成因素，否则，爱就会堕落成统治和占有。尊重不是惧怕和敬畏，尊重意味着能够按其本来面目看待一个人，能够意识到他的个性和唯一性。没有认识，就不可能有对一个人的尊重；没有对人的个性的认识作引导，关心和责任也将是盲目的。弗洛姆阐说的这些思想很值得教育工作者反复领会。

教育爱除了具备这些爱的基本元素外，还应该有其特殊性。比如，教育爱要建立在教育伦理学的基础上，要公正地对待每个学生，事实上，在学校教育中，偏心之爱是司空见惯的，那就不能叫做教育爱了。教育爱还有其理性的要求，教育爱是有明确的目的性的，它指向了培养目标。教育爱还要讲究艺术，方法恰当，爱得其所，才可能有比较理想的结果。

著名的瑞士教育家裴斯泰洛齐说过这样一段感人至深的话：“从早到晚我一直生活在他们中间……我的手牵着他们的手，我的眼睛注视着他们的眼睛，我随着他们流泪而流泪，我随着他们微笑而微笑……”在裴斯泰洛齐的身前背后，行走着一大批爱的典范，他们用大爱引导着青少年前行。我们应当紧紧跟随，共同唱响“爱的奉献”。

五、超越他人，我们的力量在哪里

人走上社会，总是处于某种竞争的状态。人靠什么往前走，靠什么超越他人超越自我？我想，霍华德·苏伯在《电影的力量》里有一段话对我们也许有所启发。

在广受欢迎、令人难忘的电影里，机构的力量、身体的力量、

> 情感的力量、科技的力量、智慧的力量、教育的力量、财富的力量，都不管用，真正重要的是这两点：（1）英雄比电影中的其他人更优秀，不是因为他拥有了以上所述的力量，而是因为他拥有更高的原则；（2）英雄之所以超越他人而成为英雄，是因为他比别人具有更强的意志力。

这里，我还要补充说明的是，“更高的原则”，其核心应当是钱学森家族的《钱氏家训》所阐明的：“利在一身勿谋之，利在天下必谋之”。

第五句赠言：坚守你的教育信念

教育信念无非包含两方面的意思，一是有正确的教育主张，二是矢志不渝、百折不挠地实践自己的教育主张。在某种意义上说，坚守最为重要，“不抛弃，不放弃”，必能成功。陶行知先生“捧着一颗心来，不带半根草去”。在办育才学校时，遇到重重困难，陶先生说了句石破天惊的话：“我是背着爱人游泳”。困难之大如背着一个人游泳，有些明知不可为而为之的意思，但背着的是“爱人”，志向、信念、原则并没有任何的改变。江浦行知学校的杨瑞清校长，行知路上后来人，20 世纪 80 年代初就被任命为团县委副书记，但他坚守乡村，实践陶行知的教育思想，他的教育信念是“人人都是办教育者，人人都是受教育者”。因为他，无论是学校，还是学校所在的乡村，都成了一面新时代的旗帜……可以说，他们的身上充满了力量。

六、什么是最好的教育方式

用什么方式教学生？见仁见智。从一定意义上说，教育方式、教学方式只有最合适的，没有最好的。但从教育的本真意义上说，我以为，清华大学的老校长梅贻琦先生讲过的一段话，应当对我们很有启发：

> 学校犹水也，师生犹鱼也，其行动如游泳也，大鱼前导，小鱼尾随，是从游也，从游既久，其濡染观摩之效，自不求而至，不为而成。

梅先生在当代教育界之有名，很重要的是因为他 1931 年出任清华大学校长的当天所说的一句话："大学者，非大楼也，有大师之谓也。"我以为，如果说"大师论"是我们重要的办学思想，而"大鱼带小鱼"则应该成为我们重要的教学思想。

第六句赠言：大鱼带小鱼

"大鱼带小鱼"，是一种多好的意境啊！在大鱼，有引导、保护、支持等等，在小鱼，有学习、体验、探究等等，小鱼之间，大小鱼之间，有民主，有合作，有相互的学习与启发，小鱼的自主性得到很好的发挥。现在的教育，在大学里，小鱼难见大鱼。在中小学，师生已经很难说是大鱼、小鱼关系，即使勉强借用这种关系，那也是大鱼逼小鱼，逼着小鱼沿着狭窄的通道往前；更不谈还有种种大鱼吃小鱼的现象了。我想，如果从一种思想、一种意识、一种精神的意义上说，"大鱼带小鱼"应当是一种理想状态的教育方式。

七、学校管理的关键是什么

大家都想把学校办好，有些学校甚至提出"创国内一流、国际知名"的口号，那么学校管理的关键是什么？我们不妨把视线移向企业界。有一本书叫《亲历壳牌——企业帝国的经营细节》，揭示了这家进入世界 500 强的知名企业的管理经验，其最为核心的是《孙子兵法·谋政篇》里的一句话。

上下同欲者，胜！

"上下同欲"，用我们今天的话就是心往一处想，于是劲往一处使。当然，这里的"想"是有价值、有意义的。

第七句赠言：把学校建设成道德共同体

作为一个道德共同体，"上下同欲"，力量无穷。在企业中，价值观指如何做事，如何对待顾客、社区和供应商以及是否遵守规则，彼此相处等等，它往往是真正的行动指南。在学校中，价值观应当围绕"培养什么样的人，怎样培养人"去确立，这也应该是所有学校利益相关者的行动指南。其次，建设道德共同体要以愿景来凝聚力量。一个学校理想中的未来就是愿景，如果大家都认同这个愿景，学校的未来和人们行为的动机，与人们所关心的问题一致，学校和教职员工就有了长期的驱动关系，师生员工就对学校有了高度的认同感，就会和学校融为一体。

回顾管理科学发展历程，管理主要有三种类型：一是经验管理，管理者是师傅型的，以师徒相授的方式进行管理；二是科学管理，管理者是指挥型的，如乐队指挥依靠乐谱（制度）去指挥协调整个乐队；三是人文管理，管理者是育人型的，更关注培养、激励人的积极性和主动性。建设道德共同体，应当看作人文化管理的高级形态，应当是我们学校管理变革的努力方向。

八、怎样创造学校的特色

中国教育同质化现象已经到了几乎不能容忍的地步，千校一面，大同小异甚至小异也没有。办学校是一个创造的过程，应当有“自己”，有特色。人们看待学校，就像读文学作品一样，如果都是似曾相识，甚至未看即知，那大概难以提起精神，难有审美的欲望。人们在回忆沈从文先生时提及的一则故事值得我们办学者深思：

> 沈从文先生读一篇文章，写的是春回大地，阳光明丽，风和日暖，鸟语花香，万紫千红，花街柳巷，小桥流水……沈从文先生问作者：你呢？你在哪里？你的春天呢？你的个性在哪里？

据说曾有一位教育界的名人出版散文集，多次登门请林斤澜先生作序，林斤澜推却再三，此公仍然坚持索序，并表示不管怎么评价都会用上。林斤澜先生只好写了，他表明的一个意思就是：你在哪里？我们应该学一学沈从文、林斤澜，多问“你在哪里”，我们校长应当多问“我在哪里”，应当把海明威的一句话——“寻找属于自己的句子”作为办学的座右铭。

第八句赠言：寻找属于自己的句子

海明威所讲的“寻找属于自己的句子”，并不都是表达的问题，它首先是指作家认识生活、认识社会的思维方式，是指其思想的独特性。创造学校的办学特色，就是“寻找表达自己的句子”。袁振国、陈玉琨先生曾提出学校特色应当体现全体性、基础性、内在性。体现全体性，是指特色建设应当面向全体学生，应当是全体学生受益；体现基础性，是由基础教育的特征决定的；体现内在性，是指学校特色应当是在学校传统、学校文化中内在地发展、生长起来的。我的同事孙孔懿先生提出学校特色之“色”有三重内涵，一是颜色之“色”，是指学校外在的环境；二是成色之“色”，是含金量、内在品质；三是春色、秋色之“色”，是文化。这三种“色”，后者对于前者都有包容的关系。南京大学老校长匡亚明先生说过：“空气流动就是风。”校风迷漫于校园，未必看得见，摸得着，但处处可以感受得到。这些对我们建设学校特色都具有启发意义。

学校特色的创建似乎应重点注意以下几个问题：第一，学校特色是学校文化的鲜明旗帜。美国大学的特色很能说明问题，比如哈佛大学是追求真理，耶鲁大学是独立思辨，哥伦比亚大学是通才教育，普林斯顿大学是美丽心灵，斯坦福大学是鼓励冒险，麻省理工学院是动脑动手，等等。第二，学校特色是指全面发展基础上的特色发展。学校特色建设不能剑走偏锋，而应当以全面的、整体的发展为基础，再谈突出某个方面，学校特色是高原上的高峰。第三，学校特色建设应当基于校本又能促进传统的变化。“本土化”“校本化”不是单向的，它们都包含了双向交融变化的过程，学校特色应当带来学校文化的创新和发展。第四，学校特色要坚持主色调与丰富性的统一。有的专家在研究故宫的颜色后得出结论，故宫的红是由多种颜色组成的，是一种和而不同。这对于我们很有启发，主色调有时就包含了某种丰富性，主色调之外，我们也应允许教师个性的张扬，鼓励在更宽阔视野中的和而不同。

九、我们有怎样的教育境界

这个问题似乎有些提得高了：我们有没有境界可言？可能很多学校都没有，甚至连北大、清华都经不起问。据报载，某年清华大学招办公布，高考全国文科三成、理科九成的高考状元进了清华。意思是清华招了六成高考状元。此前北大有关部门已公布，今年高考文理科状元除二成报考香港高校外，六成进了北大。两家共录取了十二成高考状元。于是，有人在媒体上诘问：多出的“二成”哪里来？多出的“四成”哪里来？不是都说要建世界一流大学吗？北京大学原校长许智宏先生在2010年4月12日晚做客华中科技大学“科学精神与实践”的讲座时，列举了一流大学的三个标准：一是有从事一流研究工作的国际知名教授；二是有一大批影响人类文明和社会经济发展的成果；三是培养一大批为人类文明作出很大贡献的学生。不要说高考状元未必是最好的学生，美国一些著名大学每年都要拒收一大批“高考状元”，即便是这些状元就是最好的学生，他们都被你录取了，如此显摆，又有什么意义呢？这件事足以说明中国的应试教育已经到了何等的地步！教育的功利化、功利主义已经到了何等程度！这里不妨听听英国伊顿公学的校长托尼·里特怎么说的：

> 我们学校的学术水平在英国不是第一。这一点，我很高兴，这表明我们不是一心钻研学术而不顾自己其他方面的发展。我们需要的是人格健全的人才，其次才是他们的学术能力。

掷地有声啊！这就是办学校、办教育应有的襟怀、风度、追求。

第九句赠言：大家风度

大家风度，不是说不关注教学，不关注考试，不关注分数，而是把这些都包含在我们整体的教育追求之中、教学实践之中。我们要树立国家意识，培养国家思维，从国家和民族的前途着想；要真正树立以学生发展为本的观念，着眼于学生的健康成长、终身发展。大家风度就是要去“小”，“大”与“小”是相对的，办学不能小气，要有大胸襟、大抱负；要去“私”，“大”与“公”是联在一起的，“公”与“私”是相对的，对国家和民族前途负责，对学生的健康成长负责这是出于公心，从自己的利益出发，从地方党政领导的面子出发，这是私；要去“短视”，不能只是为了今天、不顾明天，“风物长宜放眼量”，多少有点未来意识。这样才能真正地办好教育，办好学校，当好校长。

当然，我们也要注意到，大家是靠底气、底蕴站立的。办学校一定要抓好教师队伍建设，把教师的专业发展和建立教师专业合作共同体当作关键抓好，我们校长自己也要向着博大精深的高坡坚持不懈地努力，不断增强我们的本领，增添我们的底蕴。这样，才可能慢慢学会写出一个“大”字。

十、怎样倡导教育家办学

近几年，“教育家办学”成为热门话题，已经见过许多关于“怎样做个教育家”

的讨论了。在这里，我最想推荐的是德国教育家凯兴斯泰纳评价裴斯泰洛齐的一段话：

> 作为伟大教育者的裴斯泰洛齐所作的不朽贡献，不仅仅是他的学说，更重要的是他的生活，产生他的伟大学说的生活。

尽管人们在研究教育家时，可以把教育家分成若干类型，比如侧重于教育政策研制的，侧重于教育理论构建的，侧重于教育实践探索的，但总体来看，勇于实践是教育家的重要品格之一，中小学校长处于教育教学第一线，要像教育家那样办学，主要的是改进生活，改进每天流水一样逝去的生活。

第十句赠言：倡导教育家办学，做一个坚定的实践者

“教育家办学”，包容了很多内涵，我们在此前的讨论，都是其中应有之义。从中国教育现有情况看，这里要强调的是：第一，要坚持教育的内在品格。人们在评价陶行知先生时，特别强调他教育的内在品格，就是“教人做主人的教育，教人向前创造的教育”，就是追求一种理想的教育。向上、创造，是教育的本真内涵。有了这样的追求、探索和实践，才可能成为教育家，或者在某些方面像教育家那样办学。第二，要淡泊宁静，老老实实按教育规律办事。曾有外国学者批评一类人：“他引人注目地缺乏魅力”，这种批评对于当下的教育界十分具有针对性，有些同志太想像明星一样“引人注目”， 这些同志如无深刻的反省和彻底的改观，他的努力与“教育家办学”只能是南辕北辙。第三，前已述及，“教育家办学”主要不是实现，而是实践。应当像裴斯泰洛齐那样，像许多前贤那样，做一个坚定的实践者。只要我们坚持“在路上”，生活就会改变，学校就会进步，新人就会涌现，我们就会和孩子们一起“天天向上”。

本文系作者在2010年江苏省普通高中校长学习会上的报告，先由《江苏教育报》2010年第73、74期连载，后由《中国教育报》（10.26）摘要整版发表，多家报刊转载。

学校特色建设：寻找属于自己的句子

特色建设是当下学校发展的一个热点话题，也是教育发展到一定阶段的必然主题。《国家中长期教育改革和发展规划纲要（2010—2020年）》（以下简称《规划纲要》）指出："树立以提高质量为核心的教育发展观，注重教育内涵发展，鼓励学校办出特色、办出水平，出名师，育英才。"特色是一个学校的内在特质与个性标志，是一个学校的品性和风格。美国作家海明威有句名言："寻找属于自己的句子"——强调一个作家观察生活、认识世界、思考问题、思想表达都要有其独特性。学校建设就是要"寻找属于自己的句子"，彰显特色。

一、什么是学校特色

1. 关于学校特色建设相关表述的辨析

（1）特色活动、特色项目与学校特色

目前，在学校特色建设上存在一些认识和实践的误区，比如把特色项目、特色活动当成学校特色建设的主体甚至是全部，有的地方教育行政部门甚至要求一年之内校校有特色——这个"特色"只能指某个活动或项目。《现代汉语词典》对"特色"的解释是："事物所表现的独特的色彩和风格。"依据这样的解释，"特色"是整体的，内蕴外现一体化的。有特色活动和特色项目，如果并未因此形成学校独有的品性和风格，很难说那是学校建设应当追求的特色。反过来说，如果一所学校各方面都很优秀，没有所谓特色活动和特色项目，没有“一招鲜”，这种全面的整体的优秀的发展状态，恰恰就是她的特色。在学校特色建设起步阶段，开展特色活动，启动特色项目，作为学校特色建设的突破口，是无可厚非的。但这里的“特色”必须基于满足学生自主性、选择性学习的需要。从长远看，特色活动、特色项目重在构建学生多样发展的基础平台，铭刻学生终身难忘的文化记忆，那样，它自然成为了学校特色的有机组成。

（2）特色课程、特色学科与学校特色

课程、学科是学校教育的主要渠道。在一所学校里，通过系统的课程实施和学科教学，学生的素质得到健康而全面的发展；同时，在长期的课程实施、学科教学过程中，学校形成独特的课程和教学文化，滋养着学生的个性，濡染着学生的气质。在这个意义上讲，特色课程、特色学科就是学校特色。当然，这样说是有条件的，一是课程、教学的特色应当符合校本化的培养目标的要求，二是特色课程、特色学科应当与学校文化具有内在的一致性，三是课程、教学特色应当是整体的或者是有机融入整体的。如果是基础教育阶段的校本课程，还应当体现全体性、自主性、基础性，既不是面向少数特别优秀的学生，不是追求某种功利性的“轰动”，也不是以外在力量强加于学生。

（3）特色学校与学校特色

有一种观点认为，学校特色是初级阶段，特色学校是成熟阶段，于是一些学者提出一句口号：“从学校特色到特色学校”。对于这一观点和口号，我不敢苟同。在我看来，特色学校更为偏重显性的特征，譬如一所学校半军事化管理，或一所学校实施双语教学，人们都可以叫它特色学校；而学校特色则是显性、隐性相统一的，与学校文化达成了深度统一。学校一旦形成自己的特色，则表明学校的发展到了一个比较成熟的高度；而特色学校有可能是优质意义上的，也有可能不是——哈佛、剑桥大概不希望人们称它是特色学校。

（4）学校特色的有与无

在谈到学校特色时，我们经常听到这样一种说法：“人无我有，人有我优，人优我特”。细细推敲，这种说法很难站得住脚。“有”与“无”是事物的一种客观属性，并不能代表一种价值判断——很显然，“有”并非都是好的，而“无”也并非都意味着缺憾。学校特色的本质在于事物本身独特的优秀品性，如果品性低劣，这样所谓的“特色”不要也罢。

（5）特色建设与学校文化

在一定意义上，文化本身就是某种与众不同，就是某种差异、某种特色。美国著名人类学家露丝·本尼迪克特认为：“（文化）是通过某种民族的活动而表现出来的一种思维和行动方式，一种使这个民族不同于其他任何民族的方式。”（［法］维克多·埃尔：《文化概念》，康新文、晓文译，上海人民出版社，1988 年版，第 5 页）学校之间有很多差异，但我们不一定去关注它，我们关注的是学校师生自己创造形成、自己浸润其间、自己享用获益的文化差异。学校特色就是学校文化的特色。它是一种有独到思想、有个性风格、有行为体现、有生命依托的“有特色的文化完形”。（孙孔懿：《学校特色论》，人民教育出版社，2007 年版，第 34 页）

2. 学校特色结构

我认为，学校特色结构由表及里可以分为四层：第一层次是校容校貌，第二层次是组织运行，第三层次是核心价值观，第四层次是生活方式（如下图所示）。

校容校貌——生存空间、文化标识
↓　　　　↓
组织运行——做什么、怎么做
↓　　　　↓
核心价值观——为什么这样做
↓　　　　↓
生活方式——主体自觉、文化意识

首先来看校容校貌。校容校貌不仅是学校师生的生存空间，也是学校的文化标识，发挥或显或隐的文化濡染作用。苏霍姆林斯基说过：“要让学校的每一面墙壁都会说话。”事实上，即便没有刻意地让学校的墙壁说话，墙壁也一直在说着话。所以，无论是否精心设计，校容校貌都构成了学校特色的表象层。比如，北京大学的“一塔湖图”（博雅塔、未名湖、图书馆）之所以给人们留下了深刻的印象，成为人们津津乐道的北大符号，就是因为它打上了北大的文化烙印，承载了北大的文化传统。

接着看组织运行。组织是一个系统，不同的组织内容、组织结构、组织关系、组织协调等，决定了组织运行方式的不同。学校作为一个个不同的社会组织，在制度的落实、课程的实施、文化的推行等等组织运行环节上都有自己的独特之处，从而使学校在“做什么、怎么做”这个层面上形成了自己的特色。

再来看核心价值观。简单地说，核心价值观就是某一社会组织秉持的基本是非标准，遵循的基本行为准则。如果说组织运行是体现“做什么、怎么做”的话，那么，核心价值观就可以解释我们“为什么这样做”。学校本身就担负着价值生成、价值澄清、价值传递的任务，如果没有形成稳固的核心价值观，在价值教育中必然会摇摆不定。同时，只有形成了属于自己的核心价值观，才能很好地回答“为什么这样做”这一问题，为学校的特色建设找到强有力的内在依据。

最后来看生活方式。美国管理学家埃德加·H·沙因认为，文化由以下三个相互作用的层次组成：“物质层：可以观察到的组织结构和组织过程等；支持性价值观：包括战略、目标、质量意识、指导哲学等；基本的潜意识假定：潜意识的一些信仰、知觉、思想、感觉等。”（《沙因的组织文化研究》，载《中国企业报》2002年2月5日第6期）一种文化只有成为群体的潜意识、下意识、无意识，才能真正被人们所接受，成为他们的生活方式。学校特色建设也是如此，当学校的特色浸润到了师生的内心深处，就会成为师生的主体自觉，成为师生自然而然要做的事情。

二、学校特色建设的共同文化

1. 为什么提出“共同文化”

学校建设问题多多，我认为可以用八个字概括：“共性不共，个性不个。”许多学校正是没有遵守基本的共同规则，没有遵循基本的教育规律，没有坚守教育和学校的基本精神，于是，也就缺少了讨论个性的基础。同时，学校受到考试文化和标准化思维的深刻影响，功利至上，随波逐流，从而形成千校一面、同质化的局面。这一“面”并非教育应有的面目，所同之“质”则是教育异化的杂质。而“个性不个”，在某种意义上正是由于“共性不共”。坚守共同文化，探索共同文化，因为不同群体，不同地域，不同传统，不同定位，就一定能生长出个性来。所以，有必要提出共同文化建设的问题。

2. 共同文化的基本特征

（1）纯粹性。德国哲学家本雅明在讨论不同语言作品的翻译时认为：“‘纯语言’是译作与原作的共同来源，它部分地隐含在原作中，在翻译的过程中，我们能窥见它，发掘它，使‘纯语言的种子’得以成熟、生长。”（见王家新：《独白或旁白》，载《扬子江评论》2010 年第 6 期）我想，推而广之，也就有纯建筑、纯艺术、纯文学等等。教育之纯，学校之纯，就是超越功利主义，回到本质精神。

（2）基础性。从国际课程改革潮流看，各国大都有共同的规定要求，如法国在初中提出“共同基石”，在高中提出“共同文化”。正是在“共同”的视野里，规定了学科的基本范畴。我国高中课改提出“共同基础，多样选择”的思路，大学教育里不断加强通识教育、基础课等等，也都是关注到基础性。一些研究者在观察发达国家课程改革时，认为共同文化的提出，是对个性化教育的重新理解。个性化教育并不否认学生个体所需要掌握的共同基础知识；相反，个性化教育只有建立在共同基础知识的基础上，才是最有效的、高质量的。（杨燕燕：《“共同基石”与“共同文化”——法国面向 21 世纪中学课程改革趋势分析》，载《杭州师范学院学报·社会科学版》2006 年第 1 期）这对于我们理解学校建设共性与个性的关系，也是有启迪的。

（3）共享性。人们在讨论多民族文化时，经常会提及共同文化。这里的共同文化突出的是共有共享。比如一个多民族的国家，那些共同的价值观和价值标准、对国家精神的共同理解，以及由国家在超脱民族性基础上对所有公民权利的平等保护所形成的公民对国家的依赖感和信任感。（都永浩：《民族问题研究的基本思路和重要课题》，载《黑龙江民族丛刊》2011 年第 4 期）学校建设的共同文化，也是不同学校共有、共享以及共同坚守的东西。

（4）发展性。“共同文化”不是一成不变的，而是需要不断探索、不断发展的。杜威说：“教育本质上是无止境的圆形或螺旋的东西，教育是一种包含科学在内的活动。正是在教育过程中，提出了更多的问题以便进一步研究，这些问题反映到教育过程中去，进一步改变教育的过程，因此又要求更多的思想，更多的科学，循环往复以至无穷。”（《杜威教育论著选》，赵祥麟、王承绪编译，华东师范大学出版社，1981 年版，第 285 页）英国著名学者雷蒙·威廉斯在《文化与社会》等著作中也强调，在民主社会的基础上建设共同文化，不是一种简单的回复，而是一种更高层次的超越，也包含了同样的意思。因此，学校建设关注共同文化，不仅是共同文化的实践，其实也包含了共同文化的探索和创造。

3. 什么是学校建设的共同文化

（1）合“法”性。“法”是秩序性的基础，学校作为一个组织，总是在一个有秩序的体系内运行的，合法是其前提，有的学者认为现代学校制度的核心就是依法治校，正是基于此理。学校建设的“法”，包括《宪法》中有关教育的内容，包括《教育法》等一系列教育方面的法律，也包括其他与教育关联度较高的法律。另外，还有政府部门出台的对教育、对学校管理的一些行政法规，细化至学生作业的具体时间。这些都是学校管理的各个主体必须共同遵守的。同时，依法治校还有明确不同主体权利、责任、义务的界限关系的问题。法律、法规是学校建设和管理的“语法”部分，也许寻找到的“自己的句子”各有其妙，但文章形成的“语法”是共同的。不讲语法，这样的文章就难以卒读，就不成体统。现实生活中，教育战线有法不依的现象比比皆是，有时连不得加班加点的几条规定都难以落实。在这种情况下去讨论学校特色建设，是没有多少意义的。因此，学校建设首先要强调法治精神，教育工作者更要理解法律法规条文背后的价值意蕴，坚守住以法治校、治教的底线。

（2）合“理”性。这里的“理”即道理、规律。学校建设自然要遵守、遵循教育的基本规律，教育之“纯”，学校之“纯”，就在于按照教育规律办学。顾泠沅教授在一次研讨会上曾介绍国际教育评估组织对不同教学法、教学模式进行广泛调研与分析，结果发现，不同教学法、教学模式排在前几位的元素是趋同的，如：学习动力，挑战性的学习期望；安静、合适的学习时间，为学生提供有效的学习机会；教学的针对性，等等。可见，在千姿百态的教学法、教学模式之中，蕴含着共同的规律性的东西，正是这种合“理”性，构成了这些教学法、教学模式主要的生命元素。从学校建设这个命题来看，讨论合“理”性，至少要重点关注以下两个方面：第一，学校如何承担培养什么样的人、怎样培养人的使命。1945 年哈佛大学出版了引起广泛讨论的报告《自由社会的通才教育》，在报告的开始，提出了教育的两个目标：“帮助年轻人完成生命中独特的，有专门意义的任务，尽可能地使他们适应作为公民和共同文化的继承者与他人分享的那些共同领域。”（［美］约翰·古得莱得：《一个称作学校的地方》，苏智欣等译，华东师范大学出版社，2006 年版，第 139 页）苏霍姆林斯基在《把整个心灵献给孩子》中说：“真正的学校，那是儿童集体的丰富多彩的精神生活，它以多种多样的志趣和爱好把施教者与受教育者联系在一起。”（［苏］B.A. 苏霍姆林斯基:《育人三部曲》，毕淑芝等译，人民教育出版社，1998 年版，第 9 页）这些阐释也许或多或少有他们个人性格的色彩，但其基本内涵则体现了教育和学校的纯粹精神。第二，学校作为一个组织必须体现的基本精神。比如亨廷顿论及“制度化是组织和程序获取价值观与稳定性的一种进程”，人们可以从适应性、复杂性、自治性、内部协调性等方面衡量组织和程序的优化程度。（［美］塞缪尔·P·亨廷顿：《变化社会中的政治秩序》，王冠华等译，上海人民出版社，2008 年版，第 7、10 页）再如，组织结构的优化、机构能 力的建设、学校文化的创新等等，都是有基本规律需要我们理解、发现和表达的。

（3）合“时”性。“文章合为时而著”，“寻找属于自己的句子”，一定会烙上鲜明的时代印记。《剑桥科学史》指出：“艺术品中蕴含着一条普遍规律，即：每个时代的文化象征着该时代特有的现实，但这一规律常常被忽略。”（［美］罗伊·波特：《剑桥科学史·18 世纪科学》，方在庆译，大象出版社，2010 年版，第 562 页）这种时代性特征，从历时的角度看，是时代特色；从共时的角度看，则是共同文化。学校建设的时代性，第一，是其批判性，应当从对现实的反思和批判起步。学校千校一面，学生缺少生机，这是因为：考试文化占据统治地位，学校不敢越雷池半步，多多少少走向呆头呆脑、了无生气；许多教育工作者专业性相当淡化，对经验性、习惯性的做法比较倚重，难有专业意识、专业追求、专业坚守；标准化的思维影响深广，学校和学生都成了某个模子里的产品，千校竟然“一面”。学校特色建设首先要正视这些问题，并且通过实践否定、去除这些弊病。第二，是其建设性。每个时代的学校象征着该时代特有的现实，学校文化自当体现鲜明的时代精神。学校转型发展的内涵——质量的优质化、形态的多样化，也是时代诉求的一种体现。当然，学校建设还应有大视野，要站立在思想前沿，去审察、思考问题，关注时代进步的整体要求，领悟时代精神的本质意蕴，这样我们才可能在文化建设的意义上去讨论学校特色建设的问题，也才可能以学校特色建设推动学校的整体进步。

三、学校建设要彰显独特性

1. 认识你自己

认识你自己，相传是刻在古希腊德尔斐阿波罗神庙的三句箴言之一。学校特色建设不是空穴来风，不是推倒重来，它一定与学校的历史，与学校的地域，与学校的师生都密切相关。所以，学校要开展特色建设，首先要做的就是“认识你自己”。

（1）认识学校的文化传统

首先，我们必须辨析清楚经常被我们混用的两个词语：传统文化和文化传统。庞朴先生在《传统文化与文化传统》中精辟地论述道：传统文化落脚于“文化”，它“产生于过去”，“既是财富，又是包袱”；而文化传统则落脚在“传统”，它“是不死的民族魂”，它“不具有形的实体，不可抚摸，仿佛无所在；但它却无所不在，既在一切传统文化之中，也在一切现实文化之中，而且还在你我的灵魂之中”。（庞朴：《传统文化与文化传统》，载《中国社会科学季刊》1993年第4期）作为文化传承与创新之地，学校也有无所不在、流淌于师生灵魂之中的文化传统。在笔者参加的一次研讨会上，陈玉琨教授强调中小学特色建设要体现内在性，就是要我们对学校文化传统给予重视和理解。认识学校的文化传统，不仅可以从中找到学校特色建设的优质种子，而且也能找到学校特色建设的丰饶土壤。

（2）认识风土文化

俗话说：一方水土养一方人。学校不是与世隔绝的象牙塔，所属地域的风土文化对于学校特色建设来说也是丰富的营养。以我所生长、生活的江苏来说，风土文化可以用三个字来概括：湿、水、蘇。

首先是“湿”。日本学者和过哲郎在《风土》一书中把风土划分为季风型、沙漠型、牧场型三种，他认为长江下游属于季风型地域，其风土特征是潮湿。“潮湿”带来湿润、丰饶，但湿气又是难以忍受、难以防御的，这种“潮湿”孕育了季风地带的人忍受和顺从的特性。“他们明显保持着一种紧迫感，在忍耐的深处蕴藏着一股斗志”，“从好的一面来看，这种不动声色就是一种从容不迫的态度”。（[日]和过哲郎：《风土》，陈力卫译，商务印书馆，2006年版，第108、112页）

其次是“水”。江苏是个多水的省份，季风带来的是水，水的滋润给人的性格带来的影响主要是在三个方面：一是内蕴。海纳百川，有容乃大。江苏的教育就是吸收、融合了诸多元素，显得内涵丰富，底蕴深厚。二是灵动。水是最灵动婉转的事物，江苏的教育也善于因时、因势而动，时刻保持与时俱进，甚至是引领潮流。三是水气。水气氤氲，润泽而鲜活，江苏的学校教育也如水一般，充满旺盛的生命活力，时时能感受到生命的律动。

最后是“蘇”。“苏湖熟，天下足”，从“蘇”的字形结构中我们可以看出，江苏雨水丰沛，从而草木丛生，成为鱼米之乡。因为衣食无忧，丰衣足食，于是有更多的读书人，有更精致的艺术，更讲究的生活方式。江苏的教育也是如此，讲求精致巧妙，讲求精益求精。

（3）认识个体性特征

风格即人，学校的办学特色在某种意义上是个人或群体的性格使然。

这里的“人”首先是指一校之长，校长的胸襟、学识、追求甚至秉赋性格，都会成为学校特色的文化元素。这里的“人”同时也包括师生群体，以及家长和社区、学校利益相关者群体，他们对学校的期望、参与学校建设的作为，甚至他们在社会上的身份和地位，构成了学校组织的个性。这里的“人”还指学校历史上的前辈们，他们中有的人已经成为学校的文化符号，他们创造的学校历史中蕴含着“这一个”的群体性性格基因。同时，又要注意到，作为学校组织群体性的性格又不是单一色调的，美国学者弗瑞德·伦恩伯格和阿兰·奥斯坦在共同编写的《教育管理学：理论与实践》中指出，“机构、角色和角色期望”构成了社会系统的规范维度，“个体、个性和需要—偏好”构成了社会系统的个体维度。“作为社会系统的学校必定是‘有人居住的’，而且这些人各有各的特点和需要。因而，承担某种角色的个体在行为和行为反应上就不同于其他个体，我们能够通过对个性的分析来认识这些差异。”（［美］伦恩伯格，奥斯坦：《教育管理学：理论与实践》，孙志军等译，中国轻工业出版社，2003 年版，第 47 页）所以，认识学校组织的个体特征，更多地要从主导性与丰富性的互动与联系中加以审察。

2. 文化立校

学校是一个文化场所，学校除了文化一无所有。学校要进行特色建设，实现特色发展，就必须建设属于自己的文化，实现文化立校。

（1）以核心价值观为统领

学校的内在要素非常丰富，靠什么凝聚起来、统领起来？就是靠核心价值观。这种核心价值观与学校丰富的文化样态，是丰富性与一致性的统一，是“多”与“一”的统一。文化，首先是“五色为文”，充满着丰富的色彩和形式，拥有着丰富的内涵和外延，具有多个部分、多个层次、多个维度、多个形态，是多样的、多元的、多维的。同时，文化又是“以文化之”，又包含着内在的一致性。正如福柯所言，“一致性”是“一个文化得以存在的条件和组织原则”，（［澳］J. 丹纳斯，T. 斯奇拉托，J. 韦伯：《理解福柯》，刘瑾译，百花文艺出版社，2002 年版，第 20 页）学校文化在性质上保持一致性，可以将各种文化现象整合成一个不可分割的整体，从而实现“多”与“一”的内在统一。

（2）以制度创新为抓手

文化不是悬置于半空中的东西，而是要落实到制度中，落实到课程上。文化立校需要制度创新，需要根据教育环境的变化和学校的实际情况对学校制度进行适度革新。学校在制度创新时，要注意以下四点：一是更加关注合乎教育规律，让制度促进而不是阻碍学校沿着科学的轨道向前发展。二是更加关注激发内在活力，让制度的功能定位不在于管人，而在于激发人的内驱力，调动人的积极性。三是更加关注参与合作共享，让制度成为组织成员的凝合剂，成为群体智慧的催化剂。四是更加关注执行落实力度，让制度不仅挂在墙上，而且体现在实践里，落实在行动中。

（3）以课程教学改革为重心

彭钢认为，“课程与教学应该是学校文化软实力的重要组成部分和重要标志”，因为课程与教学“内在地体现了学校的教育理念和教育哲学”，“综合地体现了科技应用和人文风貌的总体水平”，“直接表现着师生的发展和发展成就”，“鲜明地体现着学校的特色”。（彭钢：《课程与教学：一种重要的学校文化软实力——全面建设学校课程能力的有关思考》，载《江苏教育研究·实践版》2008 年第 2 期）课程教学是学校的中心工作，也是学校文化的重要内容。在基础教育课程改革的背景下，离开了课程教学的革故鼎新，文化立校很容易就沦为空谈。课程教学改革要注意以下几点：一是形成并落实教育哲学的课程表达，让学校的教育哲学渗透到课程教学之中，让课程教学体现着、表达着学校的教育哲学，从而实现教育哲学与课程教学的对接。二是探索特色课程、特色学科建设，让学校的课程教学生长在校本文化的土壤之上，彰显学校的独有的优势和个性。三是提倡基于标准、源自心灵的教学，让课程教学既符合课程标准的规范性要求，又体现教师的个体灵性；既具有科学性，又具有艺术性。四是创建具有个性的实践模式，鼓励学校和教师开展课程实践探索，形成具有浓郁校本特色和个性特征的课程实践模式，让课程教学不再千校一面、千人一面。

（4）以新型交往关系为纽带

文化在学校的空间存在，常常是以人的交往关系为纽带的。首先是人与物的关系。正如C·A·埃尔伍德所言，“一切文化都是人心的产物”，（［美］怀特：《文化科学——人和文明的研究》，曹锦清等译，浙江人民出版社，1988年版，第82页）物质总是投射着人的精神元素，同样，人的精神也往往需要以物质形式来表达。在学校教育中，于人与物的双向互动中，文化氤氲而生，成为一种弥散于学校各个角落的具体的存在。其次是人与人的关系。雅斯贝尔斯说过：“人与人的交往是双方（我与你）的对话和敞亮，这种我与你的关系是人类历史文化的核心。”（［德］雅斯贝尔斯：《什么是教育》，邹进译，三联书店，1991年版，第2页）教育就是一种交往过程，在交往的过程中，人与人不仅实现了精神世界的沟通和理解，而且也让现实的教育世界逐渐“去蔽”，成为敞亮的存在。最后是人与社会环境的关系。康德有一句名言：“人性这根曲木，决然造不出任何笔直的东西。”昆德拉也说过：“有信念的人则是一个被限制的人。”但是，这种因限制而形成的“曲木”并不是没有力量的，相反，内隐于人身上的文化就是弯枝，能在外力的压迫下，反弹出力量，体现出文化的品性。学校文化也是一根弯枝，它有一种柔性的力量，与社会环境保持一种适度的张力，不断反弹出自己的力量，反弹出自己的特色。

3. 走校本发展之路

从某种意义上说，地域、生源、传统、定位的差异是学校发展的重要基础，学校特色就是自身优势资源的有效放大。在差异中发现自我的优势，并进而发展为自己的特色，这是校本发展的基本路径。反过来看，校本发展也能促进学校特色建设，实践证明，越是校本的，往往就越是特色的。

（1）坚持“基于学校”

校本，顾名思义，即是以校为本。因此，基于学校，是“校本”的题中之义。

只有基于学校的传统、方位和环境，学校特色建设才能根深蒂固，枝繁叶茂。一是基于学校传统，在文化继承中发展。学校有自己的文化基因，漠视甚至是清除这些基因，必然会使学校伤筋动骨，元气大伤。学校特色建设不应逆势而动，而应顺势而为，与学校的文化传统相对接，让文化传统成为学校特色建设最丰饶的土壤。二是基于系统方位，在差异彰显中发展。学校特色不是绝对的，而是相对的。“一所学校的特色不是孤立的，只能在与其他学校的比照关系中显示出来，这种比照关系是它存在的基础。”（孙孔懿：《学校特色再审察》，载《江苏教育·教育管理版》2008 年第 11 期）所以，基于学校实际，在系统方位中为自己准确定位，从而实现差异发展、错位发展，是学校特色建设的基本路径。三是基于社区环境，在深度融合中发展。中国学校与西方学校的一个巨大区别在于，中国学校是文化孤岛，而西方学校则是没有围墙的，是与社区融合在一起的。因此，在中国，哪所学校在与社区的融合上有所突破，就会产生鲜明的特色。

（2）坚持“通过学校”

在一个开放的时代，学校特色建设需要借鉴外在的资源和力量，但是，借鉴不是依赖，只有“通过学校”，充分利用学校内部的物质、文化和人力资源，学校特色发展才能找到最佳的发展路径，才有可能获得强劲而持久的力量。“通过学校”实现校本特色发展，首先要体现主体性，发挥教师、学生的主体作用，激发师生的教育智慧，调动师生的教育热情，引导师生关注并参与学校的建设。其次要体现实践性，让学校发展不仅仅成为纸上的规划，而是落实为具体的教育教学实践行为，成为促进师生成长的实实在在的力量。第三要体现问题性，基于原有或生成性问题的发现与解决，让学校发展更具现实针对性，让学校机体保持健康的状态。最后要体现开放性，以学校为中心“向四面八方打开”，把社区资源调动和利用起来，实现学校发展与社区发展的良性互动，让学校成为清冷新鲜的流动活水。

（3）坚持“为了学校”

校本发展“为了学校”，不是为了牌子，也不是为了票子，而是要指向学校根本、本质的发展，指向师生能力的全面提升和素质的终身发展。因此，学校特色建设要始终保持清醒的头脑，要特别注意防止功利化现象的出现。一是防止形式化。形式很重要，但是形式主义的危害巨大。学校特色建设不能摆样子，装面子，搞花架子，而要付诸实实在在的行动，要见到实实在在的效果。二是防止精英化。

学校发展要面向全体学生而不是个别学生，要发展学生的全面素质而不是个别特长，特别是在义务教育阶段，更不能搞甄别的、选拔的教育，而要让每一位学生都能受到教育阳光的普照。三是防止时尚化。校本发展要把握教育的内在规律性，要坚守学校一贯的教育哲学，不为时尚的潮流所动，不为时髦的口号所惑，踏踏实实提升学校的教育水平，形成学校的教育特色。四是防止绝对化。那种非此即彼、成王败寇的革命式、绝对化思维不适合用来指导校本发展，校本发展应该怀包容之心，持中庸之道，以温和的、渐进的方式推进学校的变革，推动学校的发展。

本文根据作者在2011年江苏省普通高中校长学习会上的报告充实整理而成，发表于《教育研究》2013年第10期，人大复印资料转载。

地域文化背景下的学校文化建设

“如果要完成一场深刻的、更加持久的变革，最为重要的就是‘重塑’学校文化。否则变革就会肤浅而不持久。”（富兰：《教育变革的新意义》）“重塑”的方法之一，就是激活地域文化元素，从中吸收充分的营养。

一、地域文化是学校文化的重要基因

1.地域文化是文化多样的源头

联合国教科文组织在《文化多样性宣言》（2001）中指出：“文化在不同的时代和不同的地方具有不同的形式。这种多样性体现在显示构成人类各群体和各社会特性的独创性和多样性中。文化多样性是交流、革新和创新的源泉，对人类来讲就像生物多样性对维持生物平衡一样必不可少。”地域文化则是文化多样化的源头。

2.地域文化是课程开发的重要资源

学校文化其主体是学校的课程教学文化。新课改提出“三级课程”的思路，这种课程政策的调整，最主要考虑到各地各校课程实施的条件、课程资源和地方文化的差异性很大，新的课程政策为了增加课程的适应性，通过课程的多样性更好地实现课改的核心价值观，地域文化是课程开发的重要资源，现应受到我们高度的重视。

3.地域文化是学校特色的“底色”

地域文化是亚文化，比主流文化更生动、更丰富、更显特色，能够作为学校特色的“底色”，事实上已经有不少这样的案例，比如苏州第十中学，被誉为“最中国的学校”，其实就是“最苏州的学校”，最“江南的学校”。学校在某种意义上已经成为苏州的一个缩影。

4.地域文化包含育人的丰富营养

一方水土养一方人，每个人“天生”的印记就是他的家乡，他的祖国。文学思想家丹纳说：“作品的产生取决于时代精神和周围的风俗。”“周围的风俗”自然也是一个人成长的重要元素，对地域文化有一种文化自觉的态度，学生的成长就多了一个精神源头。同时，地域文化因子的激活，也有助于我们爱家乡、爱祖国的教育。柳宗元在诗中说：“若为化得身千亿，散上峰头望故乡。”在全球化的背景下，让学生在成长的过程中形成乡土情结，这本身也是教育的目的之一。

二、学校文化建设视野中地域文化的基本特点

1.内容的丰富性

地域文化“是在人类的聚落中产生和发展的，它以世代积淀的集体意识为内核，形成一种网络状的文化形态、风俗、民情、宗教、神话、方言，包括自然生态和种族沿革等等，组成一个相互关联的有机的交流”。（田中阳：《论区域文化对当代小说艺术个性形成的影响》，载《中国文学研究》1993 年第 3 期）江苏省淮安市在推进地方课程、校本课程建设中，就把地域文化分为六大板块，即以洪泽湖和京杭大运河为代表的水文化，以明祖陵为代表的大明文化，以吴承恩故居为代表的西游文化，以周恩来为代表的红色文化，以淮安传统社会形态为代表的耕读文化，以淮扬菜为代表的美食文化，比较充分地体现了地域文化题材的丰富性，为基于地域文化的学校文化建设打开了比较广阔的空间。

2.物态的意义性

地域文化往往具体表现为某种物质形态，但我们不能仅仅关注这些物质形态，而是要研究、提炼、把握某种精神。正如有的学者所说：“地域文化是以地域为基础，以历史为主线，以景物为载体，以现实为表象，在社会进程中发挥作用的人文精神。地域文化与地理有联系但不是地理，与历史有联系但不是历史，与景物有联系但不是景物。从时间上看，在历史发展上有其持续性，在当下意义上有其现实性。地域文化，并不单单是指向场景和物体本身，而其本质指向主要是景物背后的东西，而景物所固有的内涵、所传递的信息，所隐藏的秘密和所带来的意见。”（李建平《关于地域文化研究的几个问题》）比如江苏苏州、扬州的园林，苏州的刺绣，南京的云锦，昆曲，淮扬菜，等等，这些物态传递出来的是千百年来江苏的丰足富饶，以及这片土地上生活方式、生产方式的精致，比较高雅的审美趣味，好学悦读的文化风俗，千山万水千才子的社会系统。

3.风貌的独特性

所谓地域文化，是以文化差异为基本前提的，是人无我有、人有我优的东西，五十六个民族五十六朵花，是争奇斗艳、丰富多彩的五十六朵花，曾有学者将我国南北文化差异做了归纳，如南柔北刚、南甜北咸、南敞北封、南经北政等10多个方面，具体到南与北，又可以将差异性再加划分，如江苏的吴文化、维扬文化、楚汉文化等等，挖掘、梳理地域文化，特别要注意这种差异性。

4.“形象”的整体性

地域文化是一个地方给人的基本印象、基本形象，但梳理地域文化，应该有智慧，而不能陷入文化遮蔽的陷阱。比如江南文化，“江雨霏霏江草齐，六朝如梦鸟空啼”，长期以来，大都以这种面目示人，于是给人的印象是一种女子情调，杏花春雨，绮丽香梦。但我们研究地域文化，负载着文化传承的使命，一定要看到整体面貌。江南文化不都是脂粉气的，明清转换之际，这一带抵抗最烈，遗民最多，有人认为明清之际的江南文化是辛亥革命思想的渊源所在，是现代文化的真正发源地，可见江南文化内在的风骨是了不起的。

5.影响的两面性

庞朴先生（江苏淮安人）曾有专文论述传统文化与文化传统，他认为传统文化对应当代文化和外来文化而言，是传统的文化；文化传统产生于民族的历代生活，成长于民族的重复实践，形成为民族的集体意识和集体无意识，是今天还活着的，是民族精神；他还说，传统是财富，也是包袱。这些论述对我们都有重要的意义。关注地域文化，就是要辩证地了解和掌握传统的两重属性，把它当作财富，而不是成为包袱。

三、地域文化背景下学校文化建设的主要路径

1.传统与现代融合

学校文化应该追求现代文明与文化传统的融合。就如苏州的“双面绣”，它是一个整体的美。首先要尊重传统，特别要珍惜那些记载历史的建筑和自然景观，“一草一木总是情”，许多校友、游子对母校、对家乡的感情是与某个具体景观联系在一起的。在精神继承方面也是如此，那些仍“活”在我们今天生活中的传统值得我们高度重视，但我们并不是一味怀旧，我们正在现代化的道路上，我们要追求现代意义、现代精神，关键是二者要融合。这种融合包括知识，也包括冲突，冲突引起审美张力也是一种创造。

地域文化是我们的一种文化资本，我们应当主动背起这“看不见的行李”，这本身也是“绿叶对根的情意”。我们还应与时俱进，鼓励创新。有许多学校都把重点放在课程创新上，这是应该充分肯定的。

2.景观与意义一体

王国维在《人间词话》中提出“境界说”，这种境界是以视觉经验为基础的。他又提倡“不隔”。怎样才“不隔”？“真景物”与“真感情”的浑然天成。我们以为，学校文化建设可以从王国维的审美观中吸收营养，物态要有意义，形似更见神韵。

3.坚守与开放并举

对地域文化，包括学校传统，我们很多校长、老师充满深情，但又要认识到，坚守某个地域的文化传统，不应与开放相对立，我们的文化继承，提倡的是融合。一个地方文化传统的生命力，很重要在于它对某地文化，特别是对现代元素吸收、消化的能力，这样我们的学校文化才既是地域的，又是世界的，既是传统的，又是文化的，充满着一种和声之美。

4.吸收与反哺互动

学校文化与地域文化的关系是双向互动的，学校文化应从地域文化中吸取有益的养分，同时也应参与地方文化的梳理和建设，特别是要发挥自身作为教育机构的职能作用，给予地域文化以“反哺”，利用自身的文化优势，为地域文化注入与时俱进的先进文化的基因。

5.一般与特殊统一

学校发展最忌千校一面。学校文化本身追求特殊与一般的高度统一，相互之间可能有许多相同、相似之处，又应有其无可替代、难以复制的特色所在。重视各种地域文化，并不是一个地方的学校从“大一统”变成“小一统”，要注意到“十里不同风”，学校所在地域还有小的文化差异性，比如南师附中、金陵中学、南京第一中学，其中金陵中学处在新街口大商业中心，南京一中处于夫子庙小商品市场，南师附中政治元素相对多些，这些地域文化都对学校的文化建设产生了深刻影响；另一方面要与学校本身的传统、办学定位、教育理念、发展方向等等结合起来，熔铸自己的特色。

本文发表于《教育研究与评论》2014 年第 6 期。

对百年名校发展问题的几点思考

老校并不等于名校，如何在百年老校的文化传承中实现突破和创新，继而开启学校下一个百年的辉煌，使百年老校成为真正意义上的百年名校，是我们肩负的历史重任。以下是我对百年名校发展问题的几点思考。

一、百年名校发展命题的提出

为什么会提出百年名校发展这样一个命题？也就是其必要性和重要性是什么？我想可以从三个方面去认识：

第一，从教育的性质和本质来认识。教育是什么？教育本身就是一种文化传承，在这方面，我们百年名校可以说资源最丰富，也最有条件把文化传承这篇文章做好。文化传承是指上一代人和下一代人，或者同一代人之间相互影响，有时下一代人也会影响上一代人。这些影响渗透在一些组织，特别是像学校这样的组织中，并通过一个建筑空间，使文化传承看得见也摸得着。现在提出百年名校发展这样一个命题，就是从文化传承这个角度来讲的，它提示我们要更加重视代代相承的文化并将其发扬光大。

第二，从江苏的文化特征来认识。江苏之所以能搞百年老校建设，是与江苏的文化传统密切相连的。江苏注重人文的文化传统源远流长。不是哪个地区都可以有百所百年以上的名校，我们江苏有这个条件，这是江苏的优势。大家都知道，前几年有关台商在大陆投资特点转变的讨论中提到了这样三个阶段：第一个阶段是以血缘、亲缘关系投资为主要特点，老祖宗、亲戚在哪里就往哪里投，这种情况在福建等东南沿海地区比较多；第二个阶段主要是劳动密集型投资，如珠江三角洲、东莞等地区；但到了第三个阶段，投资者开始考虑子女教育问题，考虑社会资源的可持续发展问题，所以长三角，特别是苏南、上海、浙江等地区成为投资热点。人文积淀厚重是江苏的优势和传统，百年名校的发展战略就是要继承传统，放大优势。

第三，从教育发展的新要求来认识。教育的发展和进步提出了很多新的要求。比如说十七大报告中提出“学有所教”——“学有所教”是对学习体制的一个要求，同时也是对学习质量的要求；又提出“教育现代化”，办“人民满意的教育”——这个现代化不仅是指学校数量，更强调高质量。这些都是给我们教育工作者提出的新要求。我想百年名校的建设也要努力办成人民向往的教育、人民自豪的教育、人民骄傲的教育。当教育发展到一定阶段，总有一些新的要求，可以说百年名校命题的提出就是响应了新要求。现在南京、苏州等地的教育行政部门都明确提出百年名校这个研究课题，教育部去年也组织了百年名校发展重大战略课题，可见大家对这个问题的认识是相同的。

二、百年名校的标志与内涵

百年老校要办成名校，而不只是老校，需要在以下四个方面体现优势：

第一，百年名校应是历史传统与现代文明的有机结合。苏州市教育局顾月华局长将苏州百年老校的文化特征概括为双面绣，这是一个非常形象的比喻。苏州百年学校正如双面绣，一面是历史传统，一面是现代文明；一面是探索实现教育民主和普及的大众化之路，一面是满足品牌教育需求的精品教育选择；一面柔，一面刚；一面是乡土的，一面是世界的。百年名校是从历史中走过来的，如果说没有对历史的继承，今天就看不到百年名校；如果说百年学校不能引起人们深情的回想，那么它肯定不是百年名校。

第二，百年名校应是形与神的融合。学校总是有物质形态的，它的令人回望，是因为这些物质形态的东西与某种人和事联系在一起，于是它就有了“附加值”。

学校建设就是要体现形与神的统一，在物质建设中体现精神意蕴。

第三，百年名校应是名师、名人、名校、名园交相辉映。“名园办名校，名校育名人，名人办名校，名校彰名园”是苏州十中百年办学历史的真实写照。作为一所“古典校园与现代教育完美结合”的园林式学校，苏州十中拥有名石、名木、名人、名园，名人辈出、名师云集，悠久的历史、厚重的文化得到有效的彰显和传承。当然不是所有学校都是名园，十中是一个名园，但我们更多的学校要在培育名师、建设名校、培养名人上下功夫。

第四，百年名校应是特殊与一般的高度统一。百年名校在价值追求上与其他学校有很多共同之处，应该反映时代教育的先进性；但同时又应该是特色鲜明的，甚至是无法替代的。这当中，特别强调要把实现特色与学校的发展规划结合起来，强调在学校卓越发展的基础上彰显传统。

三、怎样建设百年名校

对于怎样建设百年名校这个问题，我提几条建议供大家参考。

第一，要有宗教般的情感。教育是神圣的事业，建设百年名校需要我们对学校和学校文化有一种宗教般的情感。宗教情感主要强调三个问题：第一是热爱。爱是最重要的。第二是执着。宗教就是非常执着的，想做成某件事情，不管遇到多少困难，也要这样做，百年名校的建设非常需要这种执着的品质。第三是忘我。忘我是一种精神，百年名校建设需要忘我的教育工作者。

第二，要有坚守的品质。首先要坚守教育价值观。对于百年名校的校长们来说，更应该认真考虑国家究竟需要什么样的人才、我们需要提供什么样的教育。正确、理性的价值观，以及对教育本质的回归是我们始终要坚持的。现在都在谈应试教育，作为校长对此要有清醒的认识。我知道不少优秀学校对学生作息时间和文化课时间都有非常严格的规定，而且查得非常认真。难道这些学校不考虑升学率吗？当然也会考虑，这些学校的优秀包括有较为理想的升学率，但它们的校长把回归教育本质放在了第一位，以促进学生全面发展为目标，真正推进了素质教育。我真的希望江苏的学校能更大气一点，真的希望江苏有一批校长从来不谈升学率，从来不谈清华、北大，并且当他们不谈这些时，没有一个人会对他所在的学校有丝毫怀疑，大家都知道这是最上等的学校和最有内涵的学校。当然，就目前阶段需要对升学率有所考虑，我们也是充分理解的。我并不反对关注高考、关注升学率，但我们更需要校长及其他教育行政部门的领导对国家倡导的教育价值观予以充分认可和积极实践。除了对升学率的追求，我们是不是还应该有些什么？我们送很多孩子进入知名大学，但我们能否对他们的一生负责？如果将来有一些学校，你不要问他们考上北大、清华的学生有多少，尽管他们也会有不少学生进入知名学府，但他们已经到了不需要用升学率来评价其教育质量的阶段。到那个时候，江苏的素质教育就会有大的发展，这些名校长就真正有“名”了。其次要坚守学校的文化传统。百年名校的影响说到底就是文化的影响，这些文化传统是特别要珍惜、要发扬光大的。再次要坚守自己的教育哲学。所谓教育哲学，是校长对教育基本问题的认识，并可抽象概括为学校内带有行动色彩的内容，如校训、校风、办学目标、理想等，要大力发扬这些共性的价值观。

第三，要有创新的能力。百年名校需要创新，也就是我们所说的发展，这也是我们此次研讨会的主题。作为百年名校，不只是把学校的校史整理好就行了，还需要创新。尤其是课程教学文化的创新，不但是共性的国家课程层面的创新，也可以把学校的建筑、景观作为一门课程。同时也非常希望百年名校能够梳理一下历史上曾设立过的课程，并结合当前国家课程改革的要求提出自己学校的课程规划，加强学校自主构建课程的能力。

第四，要有建设的品位。这里首先是要强调三个“为本”，即以人为本、以教师发展为本、以培育社会需要的人才为本。我想这是一个核心问题，从中可以看到一种对人性的观照，看到一种关爱，这是最本质的。其次是强调融合意识，强调浑然一体、浑然天成，建筑景观、物质制度、刚性柔性都应很好地融合，形成一个协调的整体。再次是强调高雅大气，要有宽阔的视野。最后是强调特色鲜明。一所百年名校应该说自己的话，不重复别人，要时刻清楚“我在哪里”，为此学校要加强特色建设，使大家都能看到学校独特的文化风貌。

本文是作者在江苏省百年名校研讨会（在苏州十中召开）上的报告，蒙《教育发展研究》编辑同志根据录音整理，发表于《教育发展研究》2008 年第 2 期。

让学生像树林里的树一样生长

学生是成人过程中的人，其主要特点之一就是未完成性，正是这种未完成性为教育提供了广阔的空间。未完成性包含了许多可能性，也为我们按照某种目标培养、塑造学生提供了可能性，学生管理正是以这两种可能性为基础的。

学生成长的过程，既是顺其天性的过程，也是符合社会规范的过程。康德谈教育时说过，一棵长在旷野中的树，无拘无束，没有制约，于是枝枝杈杈就会疯长，就不能成材。现在有些官二代、富二代、星二代，在社会上不断生发事端，可能就是成了这种长在旷野中的树。怎么让儿童在成长过程中既能顺其自然，又能符合基本的社会规范呢？康德说，那就是树林中的树，既能顺其自然，又有其他树相互制约、相互影响，于是就能挺拔向上，成为有用之材。学生管理就是要让学生成为长在树林里的树。

一、用什么来进行学生管理

（1）用制度管理学生。首先，学生管理制度要“合法”，要体现国家基本法律，包括《儿童权利公约》等关于儿童权利与责任方面的基本精神，同时也要符合教育行政部门制定的教育法规。关于教育、关于儿童保护的法律法规，这些年来已经逐步完善，学生管理制度不能与之相冲突。其次，学生管理制度要“合理”，即要符合教育的基本规律，符合儿童成长和发展的基本规律，所谓顺其天性，顺其自然，“顺”就是要遵循基本规律。再次，学生管理制度要“合时”。“文章合为时而著”，学生管理制度要与时俱进，适应教育改革的新趋势，体现管理科学发展的新精神，这样才能保持制度的活力。

（2）用文化熏陶学生。学校的制度、组织、课程、活动，都是有文化意蕴的，好的学校文化，恰如弥漫于学校中的空气。学校文化成为校园里流动的风，于是就有了学风、教风、校风。学生管理的文化意蕴首先要关注育人目标。培养什么样的人是教育最基本的问题，一方面我们要充分理解国家明确的基础教育培养目标，另一方面要结合时代要求反思中国教育的不足，使培养目标有新内涵。比如我们经常说到的创新精神、实践能力培养的问题。再如，我看过一份资料，美国有个调查，欧美背景的学生家长自觉重视孩子社会交往能力培养的占 67%，东亚背景的学生家长主动关注孩子社会交往能力的仅占 18%。又如，袁隆平是南师附中的校友，他说他的爱好是自由，特长是散漫。南师附中还有一位杰出校友邓中翰，在校时受过处分。如此宽松的学校，一些具有创新潜质的学生尚且感到格格不入，一般的学校管到什么程度可想而知。这些都是值得我们深刻反思的。其次，学生管理要有儿童立场，儿童有儿童的特质，有儿童的情感，有儿童的哲学。英国夏山学校的校长尼尔说：“我正在漆门，罗伯特跑来往门上扔泥巴。如果他来了一段时间，我会教育他。但如果罗伯特刚从一所管理严厉的学校转来，我就会和他一起往门上扔泥巴。毕竟解放罗伯特远比漆门重要。”我想，这就是儿童立场，就是坚定地站在儿童一边！再次，学生管理也要体现学校的特色。我们讲一个学校的文化，其实就是说一个学校的特色。恰如一些专家提倡的，学校特色要体现基础性，因为我们是基础教育阶段的学校；要体现全体性，面向全体学生，让学生的个性得到良好的发展；要体现内生性，是从学校文化土壤中生长发展起来的。在这种特色文化熏陶下成长的学生，既然具有了基础教育阶段的特性，就不可能如人们诟病的千人一面。

二、怎么进行学生管理

引导学生认识理解制度、规范背后的道理和文化。要成为制度、规范的执行者，不仅要知其然，更要知其所以然，学生理解了制度、规范的文化意蕴，才有可能贵在自觉。

要充分认识社会规范养成的缓慢性、持续性。社会规范的遵守有时需要社会的整体进步。上个世纪90年代初，全国教育报刊社的老总到上海建平中学参观，当时建平中学很自豪的是，学校草坪上那些带有装饰作用的灯，没有被学生用脚踢掉。而现在几乎所有学校都不会担心学生用脚踢灯了。社会规范的养成又是一个长期的过程，只有滴水穿石、持之以恒地努力，体现足够的耐心，允许经常的反复，才可能“习惯成自然”。

学生管理制度需要与学校课程互相映照。学生管理的制度设计与学校的课程设置，都是出于育人的目的，二者是相辅相成、相互映照的关系。比如社会规范的很多要求，是通过课程来渗透的。再如让学生个性健康发展，既需要制度的激励，又需要课程的选择性为个性养成提供足够的空间。

要化被动为主动。制度设计就要有育人的思想内核，引导学生参与设计、参与管理、参与评价，引导学生从“要人管”走向“自己管”。

要引导家长参与管理。中国教育有一个很大的弱点，就是学校是一座“文化孤岛”，与社区相融度不够，与家长也很难形成合力。现在有些学校尝试建立家长委员会，引导全体家长参与管理、参与教育活动，这是值得激赏的。学校与家长有没有形成合力，决定了我们对学生的教育是事倍功半还是事半功倍。

本文根据作者在2013年长三角校长论坛所作的点评整理而成，发表于《江苏教育报》2013年628期。

当代教育家的社会责任

雨果在《伏尔泰百年忌辰讲话》中写道："100 年前的今天，有一个人死了。他虽然辞世，却是不朽的。他走的时候满载着岁月，满载着最赫赫有名的、最令人生畏的责任感！"雨果其实也写了自己。1885 年 6 月 1 日，法国巴黎万人空巷，近 200 万人，整个法国都在为一个人送葬，这个人就是雨果。雨果亦如伏尔泰，高举社会责任感的大旗，成为国家、欧洲乃至世界的良心，得到了人民永远的热爱和怀念。

在讨论教育家、追望前贤时，我们发现，蔡元培、陶行知、晏阳初等等，一个个伟大的名字，都是与社会责任感紧密联系的。今天，提倡教育家办学，首先就是要求我们如同教育家，或者多少有些教育家的意味，尽到自己的社会责任。这个问题可以从三个方面展开讨论。

一、教育家需要什么样的社会责任感

教育家的社会责任感由一些基本的元素构成：

（1）教育家的社会责任感是一种文化自觉。自觉，就是我们知道在做什么事情，主动积极地去做。教育家的自觉意识，往往来源于对教育价值的深刻认识。陶行知在大学毕业时就认识到，"人民贫，非教育莫与富之；人民愚，非教育莫与智之”，“不教育其群者，必受外侮，而臻于之”。于是，陶行知在办教育的过程中，表示“哪怕卖掉裤子也要坚持下去”，“穷到要饭也要办教育”。自觉，还往往来自使命意识。20世纪初，儒学遭受灭顶之灾，梁漱溟挺身而出，砥柱中流，竭力扶大厦于将倾。自觉，还可能来源于对于知识的责任。罗家伦说知识的责任包括对负责的思想负责。季羡林先生在德国哥廷根大学读书时，瓦尔特施密特教授常常为他一个人讲授印度学，二战爆发，导师应征入伍，已经退休的原印度学讲座教授西克年逾八旬，重返讲坛，并把毕生绝学教给这位东方学子，其中包括用20年时间才解读的吐火罗文，西克教授在这方面是世界的最高权威。如果征求意见，季羡林可能不一定学吐火罗文，但西克教授不由分说，一定要教给他，正是知识分子的责任所致。

（2）教育家的社会责任是一种角色意识。在汶川地震中，我们看到了一批校长、老师为了保护学生，顾不上自己的安全，献出自己宝贵的生命。这是角色意识使然。蔡元培先生出任北京大学校长之前，北大前身京师大学堂还是封建主义一统天下，一些教师不学无术，热衷于攀龙附凤，学生中的富豪子弟带听差，打麻将，吃花酒，逛妓院。社会上曾将它与北京上等妓院集中区“八大胡同”和参众两院，并称为“八大胡同两院一堂”，可见腐败混浊的程度。蔡元培先生就职后，大刀阔斧，坚持解聘后台强硬不学无术的教员，留用和聘请了一批像李大钊、陈独秀、鲁迅、沈尹默、刘半农、马寅初、钱玄同、陈垣、李四光、马叙伦等左派和进步人士，大胆地“仿世界各大学通例，循思想自由原则，收兼容并包主义”。在蔡元培的倡导下，学校成立了由李大钊、邓中复主持的“少年中国学会”“马克思主义研究会”等多种学会以及“新潮社”等社团组织。由陈独秀、鲁迅等七名编委轮流编辑的《新青年》杂志畅销全国，成为一代青年的向导。蔡元培亲自批准一位勇敢的女性王兰（王昆仑的姐姐）入校当旁听生，最终赢得女禁开放。学生中的种种不良习气大为改变，研究学问，追求真理，关心国家民族前途的越来越多。蔡元培先生倡导的科学与民主思想，为轰轰烈烈的五四运动开拓了道路，北京大学一时间成了中国社会前进的灯塔。杜威在评价世界大学校长时曾说过，蔡元培先生对中国社会进步的影响力，是其他世界著名大学校长无法比拟的。这是因为蔡先生把“北大校长”这个角色做得有声有色，做得无愧社会，做得名垂青史。

（3）教育家的社会责任感还应当是一种国家思维。真正的教育家都应当急国家之所急，想人民之所想。“近代留学教育之父”容闳曾就读于美国耶鲁大学。“整个大学期间，中国可悲状况时时出现在我的脑海中，那令人痛惜的一幕幕，使我的心情一直都很沉重，特别是到了最后一年，我的心情更加压抑。”“我决心要做的事就是：中国的年青一代应当享受与我同样的教育利益；这样通过西方教育，中国将得以复兴，变成文明富强的国家。我的志向就是实现这一目标，而此目标犹如一颗明星，时刻指明我前进的方向。我竭尽我的全部智慧和精力朝着这一目标奋斗着。”毕业后，容闳一直致力于中国留学教育事业，历时18年，终获成功。在当代讨论“国家思维”还有另一层内涵，即现实生活中，很多校长、老师也是非常负责的，但许多人是为一种短视思维负责，为部分“家长思维”“校长思维”负责。所有的教育只是为了学生参加高考，干着牺牲学生终身发展的蠢事。强调“国家思维”就是要真正从国家根本利益着想，从民族振兴的未来着想，坚持国家的教育方针，努力把国家的需要和学生本体的发展内在统一起来。贯彻教育方针，遵循教育规律，才是真正尽到了我们的社会责任！

二、当今教育面临的历史使命

在当今教育界，我们应当在哪些方面尽到社会责任？作为有教育家追求的校长，其社会责任感用武之地何在？

（1）做一个精神高贵者，办理想的教育。精神高贵者与精神中庸者有什么区别？雅斯贝尔斯有过一个分析，他认为，前者会昼夜不停地思考，并为之形销骨立，后者则将工作与自由时间分开；前者有冒险精神，能静听内心细微的声音，并随着它的引导走自己的路，而后者则要别人引导，要别人为他订好计划；前者有勇气正视失败，而后者则要求在他努力之后就有成功的保证，事实上谁也不会给这种保证，因此，他们也很少作出努力。江苏海门市东洲中学张炳华校长的教育信条是“以灵魂唤醒灵魂，以思想孕育思想，以素养托起素养”。精神高贵者一定能培养更多的精神高贵者。现在应试教育的积弊已经到了无以复加的时候，尤其要呼唤精神高贵者的出现，呼唤理想的教育。办理想的教育，底线就是如锡山高中的唐江澎校长所说：忠诚——忠诚于国家教育方针，忠诚于国家课程方案；从规范做起，在规范的基础上创造，办理想的教育，办大气的教育，从容办教育，真正培养出民族的脊梁。

（2）在信息化背景下，深入推进教育变革。这是所有教育面临的问题，基础教育亦不能例外。信息化风起云涌，带来人们生活方式的重大变化。根据有些国外学者的见解，起源于希腊的书写时代，其文化意义是地方的；起源于意大利的印刷时代，其文化意义是西方的；起源于美国的视听时代，其文化意义是全球的。在万维网上，“主体间性”得到最普遍的体现，因为网络社会就是个性间的共在。汪丁丁等学者认为，万维网带来的变化，一是超文本的出现，二是网络记忆逐渐代替大脑记忆。我们置身于信息化时代，面对万维网，仅仅把它当作一种工具，这是远远不够的，怎样在“我与它”的关系的基础上，不断激活网络世界中潜在的主体性，形成“我与你”“我与我”的关系，怎样适应万维网带来的深刻变化，改变教育方式，创新学习方式，我们有很长很长的路要走。

（3）真正以学生发展为本，创新人才培养模式。当前，中小学尤其要重视两个问题。第一，要改变师生的生活方式，还师生自由时间。马克思认为，时间是人的发展空间，自由时间是人的主体性的确证，是人的自主、全面发展的必要条件。学生学习的时间应是制度性时间与选择性时间的有机结合。选择性学习往往都是自主性学习、探究性学习，何况我们还应留出时间让学生自由支配以得到更多的发展呢！所以，现在讨论人才培养模式的创新，很重要的一条就是以师生拥有合理的自由时间为前提。第二，创新人才培养模式要以课堂教学改革为重心。在现阶段，课堂教学是学校教学的重头戏。关注课堂，提高质量，在相当长的时间内都是改革深化的重点。从共性角度看，课堂教学要关注基础目标的达成度、有效思维的时间长度、情感内化的深度、教学个性的亮度。

（4）在大众教育的背景下，创造适应学生发展的教育。我们的教育在规模、数量上，已经实现从精英教育向大众教育的转变。精英教育转向大众教育，最深刻的变化主要是，从学生适应学校、适应教育，转而成为学校和教育适应学生。现在学校的教育规模较大，班容量较大，指向学生个体的教育是远远不够的。当前要认真研究在班级授课制的情况下，将共性的学习和个性化的学习结合起来，将个体的学习与合作学习结合起来，将课内学习与课外学习结合起来；教学要关注不同层次的学生，要学会为特殊的学生制订教育教学的方案，上不封顶，下要保底，使每个孩子都得到充分的发展。

（5）积极培养学校的课程能力。新课改建立国家、地方、学校三级课程管理体制，普通高中课改更是要求培养学校课程自主权。课程改革是一个由上而下与由下而上相结合、相呼应的过程。如果只有顶天，没有立地，如果课改不在学校层面扎根、生长，那么就意味着失败。学校是课改发生的基本单位，是课改多主体中的核心主体，是课改积极可能性生成的土壤，当前课改的瓶颈一方面是某些评价制度改革不到位，另一方面就是地方和学校课程能力不足，因此要大力加强学校课程能力建设，学校要在课程规划、课程实施、课程资源开发和配置、校本课程设计、课程评价等方面形成能力，确保课改落到地上，生根开花。有一批学校在课改中脱颖而出，无一例外都是因为这些学校形成了较强的课程能力。大批学校应当跟进，在课程能力建设中创造新天地。

（6）与社区融为一体，真正实行开放式办学。当我们接触到西方中小学时，我们都会感受到人家办学的开放性。学校与社区是互动相融的，我们也有这样的探索，比如江浦五里行知小学的杨瑞清校长，他的教育哲理是“人人都是办教育者，人人都是受教育者”，师生与村民形成一个发展的整体、管理的整体。但这样的典型是极少见的，大多数学校以围墙隔绝与社区的联系，精神的围墙则更高。现在不少学校在探索校本管理。校本管理的主体是学校利益相关者，其中有校长、师生，也有教育行政部门和社区民众。办现代教育一定要突破围墙，融入社区。美国旧金山的一位教育主管每个学期都有深入学生家庭的家访计划。如果我们感到与社区融合在制度、文化上还没有到时候，就学学这位“老美”，每学期有计划地家访，应该说不是很难。我坚信，只要坚持这样做，一定会给我们的办学带来许多新的气息。

（7）把学校建设成学习型组织。彼得·圣吉出版《第五项修炼》后，又于2000年推出了《学习型学校：献给教育工作者、家长和所有关心教育的人的第五项修炼》，其中的很多思想都会给我们带来深刻的启迪。我们要注意的是，讨论学习型学校，不能仅仅从管理学的角度，同时也应该从教育学的角度，把握学习对一个组织发展的意义。从管理学的角度，也应在本质意义上把握。比如我们在谈论共同愿景时，都会重视集思广益，但不少校长的“讨论”，只是征求意见，只是一种管理的策略，学习型学校建设要求进行深度会谈，要求会谈双方或各方有思想的充分自由，有创见的见解能够如泉流涌出，汇合在一起，从而形成共同愿景。生物学家刘易斯·托马斯在科学研究中惊奇地发现：“群体拥有自己的智慧，自己的能量，一个结构有序的群体就是一个相互作用的磁场。”学习型组织这样的群体虽然由若干个体组成，但具有与个体不同的性质与特征，这样的群体不是个体数量的相加，可以通过合理的结构凝聚成一个整体，从而具有整体的性质和特征。要把学校建设成学习型组织，需要我们在学校精神层面、愿景层面、管理层面、文化层面进行真诚的富有成效的探索。

（8）处理继承与创新的关系，建设百年名校。我们有很多百年名校，这些学校怎么发展，是我们应当给予关注的。百年名校要实现古典与现代的完美结合。教育本身是一种文化传承，百年名校在这方面最有条件，资源最丰富。文化传承一旦跟一些社会组织，特别是学校这样的组织融合在一起，与具体的物质环境、建筑空间融合在一起，就看得见、摸得着，让人感受深刻。百年名校的建设是一篇文章，需要我们充满深情地、富有创意地写好。

三、我们怎样去落实社会责任

以上谈了八个方面，都是富于挑战性的，当然还可以列举一些，这说明我们创造的空间很大，时代需要大批具有社会责任感的教育家，或者是“在路上”的前行者。无论从哪个方面突破，“教育家们”都会坚持一些基本的东西。

（1）坚定信仰。信仰是人生前进的灯塔，情怀生成信仰。陶行知的“捧着一颗心来，不带半根草去”，是其人生的一根红线，是其教育思想的灵魂。马寅初人在校园，心系苍生，思考的是理论，关注的是实际，着眼的是中国，辐射的是世界，探索的是历史，透视的是未来。正是其博大的情怀成就了这样一位“马克思的‘马’”！思想支持信仰，教育家应当有深邃的思想。林贤治写陀思妥耶夫斯基：深邃的灵魂比峡谷还深。多少人谈到陀思妥耶夫斯基时，一眼望不见他那黑暗的底部，然而却又同时感受到从谷底升腾起来的温暖的雾气。肤浅难以形成伟大的信仰。作为教育家，思想的湖泊里应当包容了对教育的深刻的理解，应当有自己成熟的教育思想。执着是信仰的标识。有了内在的信仰，就会有外在的执着，就会有卓尔不群的高贵气节。陈寅恪“独立之精神，自由之思想”，顾准成为“用鲜血做墨水的笔杆子”，陶行知办教育如同“背着爱人在游泳”，都是因为信仰而人格闪光。

（2）绘制蓝图。作为教育家的改革蓝图应当有前瞻性，应当是理想教育的设计图纸。巴尔蒙特说：“为了看看阳光，我来到世界。”天降大任于斯人也，教育家的蓝图应当有朝霞般的灿烂作底色。教育家的蓝图，又应当有凝聚力，应当是一个团队共同愿景的生动表述，当然还应当具有可操作性，应当立足现实，切实可行，或者是创造条件后具有可行性。

（3）反思实践。教育家的改革是需要坚持科学精神的，因此在教育实验的过程中要大力提倡科学精神，应当不断怀疑，不断追问，不断调整，不断完善。只有这样，我们才能追寻到生命的意义，才能真正感受到太阳每天都是新的。

（4）学会传播。影响力是衡量教育家的重要标志。在改革中我们要做的，第一，用事实说话，高质量的改革成就就是最好的证明。第二，要勤于记载，苏霍姆林斯基在繁忙的教育与管理之外，以顽强的毅力从事研究，坚持写教育日记，并针对 3700 名学生作个案记录，他能详尽地说出 25 年中对 178 名“最难教育”的学生所进行的工作和学生曲折成长的过程。如果没有勤奋的记录，苏霍姆林斯基很难成为教育大家。杨瑞清从教以来写下的 140 多本教育日记，可能是难以替代的重要研究资料。第三，善于提炼，提炼的过程是一个反思的过程，总结的过程，提升的过程，精当的提炼还会大大增加改革成果推广的可能性。洋思中学的先学后教，东庐中学的讲学稿，都是在实践中逐步提炼、逐步完善而成的，精当的概括对推广他们的经验起了很大的作用。第四，学会传播，在信息化时代，利用各种平台，传播自己的思想，在传播中不断完善自己，也是非常重要的。酒醇香门面又好，自然会产生强大的影响力。

本文根据作者在 2008 年长三角校长论坛上的报告整理而成，发表于《江苏教育》2008 年第 17 期，多家报刊转载。

智慧教育：教育工作者的自觉追求

在智慧教育的天地中，生命之花在绽放，生命之帆在张扬，生命之歌在唱响。关注智慧教育，研究智慧教育，践行智慧教育，应当成为我们的自觉追求。

一、智慧教育首先是一种道德追求

伦理性是智慧教育最重要的品质。“有一种智慧叫师德”，就是从伦理学角度强调智慧特别是教育智慧的内涵。

1. 智慧的内核是善

在一次讨论智慧教育时，薛法根老师讲了一个大家熟知的故事：一个小和尚经常趁着夜色悄悄地踩着一把椅子翻墙溜出去玩。一天晚上，小和尚深夜回来，发现那把椅子软绵绵的，仔细一看，原来是老和尚蹲在原来放椅子的地方。小和尚以为会受重罚，没想到老和尚拍拍身上的尘土，走了。小和尚顿时羞愧万分，从此再也没有违反寺规。这个故事给人的启示，首先不是“教育无痕”，而是一种善，一种爱。从这个角度解读智慧，智慧就是具有强烈的做好事情的意识、欲望，又能选择最恰当的方式方法。恰如苏格拉底所说：“……一切的事情都系于灵魂，而灵魂本身的东西。如果他们要成为善，就都系于智慧。”（张法琨：《古

希腊教育论著述》，人民教育出版社，1994 年版，第 45 页）

2. 智慧教育的“深处”是一种伟大的使命感

我们为什么要追寻智慧教育，甚至“为伊消得人憔悴”？这必定是源于一种伟大的精神力量。李吉林老师在其著作《情境教育的诗篇》引言中写道：“鸟是黎明的歌手，呼扇着翅膀去迎接清晨的第一道阳光。小鸟的歌是会飞的歌。”“情境教育就是给孩子添翼，用情感扇动想象的翅膀，让孩子的思维飞起来，让孩子的心儿飞起来，快乐地飞向美的、智慧的、无限光明的、童话般的王国。这是我心中的小鸟之歌。”“多少次，多少回，小鸟之歌在我心中鸣唱。歌声中，儿童的眼睛、儿童的智慧、儿童的情感，让我激动不已。此情此景，如诗如画，我仿佛也是诗人，饱含着深情。在儿童的心田上，写着明天的诗句。”（李吉林：《情境教育的诗篇》，高等教育出版社，2004 年版，第 1、2、6 页）正是“为了儿童”的教育理念，正是如普希金所云“憧憬未来”的诗意追寻，李吉林老师成为一个“执着的探索者，不倦的学习者，多情的诗人”，卓然而成大家，谱写了情境教育的绚丽诗篇。

范梅南认为：“当我说，‘我听到孩子在床上醒来’，那不是我‘深处’所听到的东西。在孩子的召唤中还有一种我们听到的更根本的声音。我们体验到这是一种力量。这是这个孩子所拥有的征服那位能‘听到’的人的力量。”“做父母意味着生活中有了召唤——教育的召唤。”“教育的召唤就是那种召唤我们聆听孩子需求的召唤。”（马克斯·范梅南：《教学机智——教育智慧的意蕴》，教育科学出版，2005 年版）范梅南认为，“使命”这个词在词源上也有召唤的意义。千千万万个优秀教师力量的源泉，都是这种精神力量，这也是教师这个职业的崇高和伟大之处。

3. 智慧教育关爱每一个学生

范梅南在其论著中引用了这样的例子：“当学校的老师第一次走进教室的时候，他看到他们都在那儿，随意地、一组一组地坐在课桌间：他看到高大的和个头矮小的，面目粗犷的与眉清目秀的；他看到了脸色阴沉的和气宇轩昂的，身材匀称的和身体畸形的——好像他们是创造的代表，他的眼神，教育者的眼神，拥抱了他们所有的人，并把他们看到眼里。在这个眼神里包含了使命感，教育者的伟大之处。”（马克斯·范梅南：《教学机智——教育智慧的意蕴》，教育科学出版，2005年版）教育者的眼神，“拥抱了他们所有的人”，阳光普照，这才是智慧的教育。经常在课堂看到老师与精英学生的巧妙配合，其他学生则成了“跑龙套”的；经常看到教学环节环环相扣，行云流水，却没有关注到相当一部分学生“缺场”；经常看到一些学习尚有困难的学生头抬不起来，口张不开来，手举不起来。因为他们可能“碍手碍脚”……智慧教育必须切实解决面向全体学生的问题，而且要特别关注学习可能存在困难的学生，尤其是要让学生保持正常学习的心态，即使是你“再等一下”“相信一定能……”还是难如人愿，也要用得体的方法解除他的尴尬，保护他的自尊。孙双金老师执教《黄河的主人》，一位女生对“艄公”一词的解读产生了困难，老师给予引导，还是表达不出来，课堂上出现了暂时的凝固。“老师，我来——老师，我来——”其他学生呼喊着举起了要发言的小手，而孙老师神情自若，向要发言的学生摆摆手：“让她再思考一会儿。”但这位女生仍然说不出来，孙老师亲切地说：“让大家帮助一下好吗？”这位女生郑重地点了点头。这个教学细节可以看出孙老师以“平常心”对待公开课，以尊重为处理问题的前提，所以显得很智慧。

二、创造性是智慧教育的重要特点

智慧是内含创造性的。《辞海》对“智慧”的解释是：对事物能认识、辨析、判断、处理和发明创造的能力。智慧教育从“智”的角度看，在教学领域，就是指教师在特定情境中创造性地开展教学活动。这种教学的智慧应当追求遵循规律和主动创造的统一。

1. 创造的基础，是对教育规律的准确把握

在教学活动中，存在着种种制约着教学的主客观条件，这些条件包括了或联系着一些教育规律和教学原则，准确地把握教育规律，可以从分析教学条件入手。比如“备学生”，是备课不可或缺的内容，以语文为例说，研究学生一是看学生身心发展的规律，二是看学生语文学习的特点，三是看学生学习具体内容的知识起点和情感起点。儿童是“用形式、声音、色彩或感觉”（乌申斯基语）思维的，在小学中低年级，加强语文教学的直观性，就比较切合其身心发展的规律。学生

开始学习议论文、说明文等应用性文体，远不如学习情节性和抒情性较强的文章那样有兴趣，从学生学习这类文章的情感起点出发，在教学中有机地添加包装性的感情色彩就很有必要，这些又与学生认识事物和学习语文的特殊规律有关。特别要注意的是，要透过现象看本质，看清司空见惯的教学现象中蕴含着的教育科学原理，从而体现出对教学条件分析的深刻性和对教育规律把握的准确性，这就使我们的分析有了基础。如果不能准确把握教育规律，所谓“创造”很可能只是哗众取宠的“噱头”，最多是断线的风筝，眩人眼目地飘荡一阵也就无影无踪了。

2. 创造的本质，是对教育规律的灵活运用

教学的创造，归根结底，就是苏霍姆林斯基所说，使“科学跟实践相结合”，“把原理变成我们创造性劳动的活的经验”。它是以适应教学的主客观条件的制约为前提，能动地利用这些条件；是以遵循教育的基本规律为前提，灵活地运用这些规律。它常常以不落窠臼、不拘一格、始料不及、出人意料的面目出现，具有不同凡响的“艺术”效果。比如，教育学生大多强调表扬为主，教育时机更多地提倡趁热打铁，这是一般规律。但是，“把教学和教育的所有规律性都机械地运用到他身上的那种抽象的学生是不存在的”。有时，“冷处理”或者“当头棒喝”，可能效果更好。有位老师批改学生的作文，在指出一名学生用词不当和句子不通的毛病后，写下评语：“文章应以通顺为本，正如风行水上，清新、朴实、自然，故意雕琢，反会弄巧成拙。”那位学生是整个年级的一号种子，整天被“捧着”“哄着”，已经不习惯听到批评意见了，他回应老师的批语，气呼呼地写道：“请问老师，什么叫‘通顺’，市井语言是否通顺？鲁迅的文章是否通顺？鲁迅能‘翻造’、雕琢，别人为什么不能？过多的挑剔是不是吹毛求疵？”这位老师反复思考：明明是毛病不敢正视，几句并不重的批评都听不进，在漫长的人生道路上怎么能经受住风浪的考验呢？于是决定敲他一“棒”，再批道：“文章是写给别人看的，通顺自有客观标准，如果不求语言的规范和行文的畅达，陶醉于市井式或学究式的文风之中，反以鲁迅先生类比和自况，那是不妥当的。望面谈。”这个学生没有立即来面谈，老师也不急于与之面谈。10天后，这位学生终于找到老师面谈，并承认了自己的错误。显然，对于“这一个”学生，当头棒喝和10天的等待就是对教育规律创造性的运用，就是教育的智慧。否则，这位学生是难以有所触动的。

三、智慧教育应该关注学生智慧学习

从道德角度看，智慧教育是善行，是大爱所致；从智力角度看，智慧教育是一种创造的力量。这都是从教师的角度，从教育行为去分析的。智慧教育不仅要关注教，更要关注学，关注学生智慧地学，智慧地成长。

1. 激发学生的学习热情

前不久看到一份有关某中学学生研究性学习的调研报告，发现相当一部分学生对某些课程的学习缺乏兴趣。比如对于语文的学习，不喜欢的比例就很高，令人震惊的是不喜欢的学生中，75%是因为不喜欢自己的语文老师，不喜欢语文老师的课，有的同学直言，我喜欢语文，我喜欢写作文，但老师的教学使我感到痛苦。试想，不喜欢，在课堂上昏昏欲睡，纵然老师讲得口干舌燥，“没有功劳也有苦劳”，其学习效果显然很差，更谈不上讨论智慧的问题了。所以，让学生智慧地学习、发展、成长，首先就是老师用教学智慧激发学生的学习热情，调动其内在积极性。苏霍姆林斯基认为：“所谓课上得有趣，这就是说：学生带着一种高涨的、激动的情绪从事学习和思考，对面前展示的真理感到惊奇甚至震惊，学生在学习中意识和感觉到自己的智慧的力量，体验到创造的欢乐，为人的智慧和意志的伟大而骄傲。”这个“有趣”，是以学生的体验来描述的，也可以看出教学必定是智慧的，正是教育智慧使学生的热情充分激发出来，这种激发，应有意为之。

（1）着眼于激发主动性，就是通过教学发展学生的兴趣和求知欲，强化学生学习和发展的内在动力，让他们在主动性的学习状态中去自觉地探索知识。

（2）着眼于形成聚发性，就是要把学生引向智力活动的活跃状态，以至高峰状态，使学生能够积极质疑，提出有质量的问题；能够在思考问题时体现一定的深度和广度，把握问题的实质，寻求各种解疑方法，并进而得出正确的结论；能够在成功以后再接再厉，不断发挥创造潜力。

（3）着眼于培养批判性，就是鼓励学生突破成律，摈弃陈见，不迷信书本，不迷信老师，善于独立思考，敢于坦陈己见，树立追求真理、发现真理的信心和勇气。

2. 为学生搭建表现的舞台

在传统教学中，老师是演员，学生是观众；老师是主角，学生是配角；老师在独白，学生在接受。新课程重构的课堂，成为师生共同生活、共同展示的舞台，它是老师的，更是学生的。

（1）重视对学习活动的设计。这里的学习活动是指学生作为主体参与实践、经历过程、亲身体验的课堂学习活动，在学习活动中，学生的主体意识、创造意识、合作意识都能比较容易得到激活，个人的学习潜能也能较好得到发挥。有的老师注意设计一些学生游戏、表演、展示的环节，只要能成为课堂教学的有机组成部分，都会收到较好的效果。苏教版高中语文教科书设计了“活动体验”，以亲历性、活动性、体验性为特点，作为语文学习的基本方法之一，受到了不少学生的欢迎。

（2）给学生提供空间。有的老师认为，“给学生多大的空间，他的施展腾挪就有多大的舞台”。在课堂教学中，留有空间的方法很多。比如，组织小组合作，提供选择性学习的建议，还应注意创设教学情境，使之成为学生活动、展示、创造的舞台。有位老师教学《特殊的葬礼》一文，利用课文的空白点，构建了一个交流、演说的情境，要求学生撰写现场演说。学生经过紧张的思考，激情澎湃地将对瀑布的热爱和同情，对环境的忧虑，通过自己的言语表达出来。在这里，老师不再是教科书的解读者、教案的执行者，而是一个善于创设情境、富有教学智慧的人，也不再是单单传授知识，更多的是唤醒学生的创造力。

（3）保留学生的空间。提供空间，是指在教学过程中为学生设计、创造空间；保留空间，则指空间本来就是学生的，但在学习过程中学生遇到困难，老师“进入”了，但在这种情况下，老师还要不失时机地撤出来。范梅南在其论著中举过这样的例子：

> 在其他同学面前演示一个10年级的科学实验的结果时，考瑞完全失去了他的潇洒和信心。现在他感到十分尴尬，简直就希望能钻到地底下去，这样他就永远不必见到他的同学们了。孩子们注意到了他内心的斗争，有些开始窃笑，而其他的同学则为考瑞感到很尴尬，于是假装不去注意。这使得情形变得更糟。考瑞僵立在那儿，

脸上抽搐着。那种安静变得让人无法忍受。就在这个时候，老师打破这种尴尬，递给考瑞一支粉笔，并问他是否能够用两三个要点将主要的结果弄出来。考瑞这时有了一个机会，转过身去，镇定了一下自己，不面对其他孩子。同时，老师向班上作了一些评论，以帮助考瑞回忆和梳理结果。结果，考瑞的实验结果陈述做得还不错。老师最后说："谢谢你，考瑞。你刚才经历了一个很艰难的时刻。我们都经历过类似这样的时刻。你做得很好。"

考瑞的老师所做的是让一个可怕的、尴尬的经历变得可以承受。通过机智的干预，她使得考瑞的体验变得轻松些、可以承受。虽然这是一个考瑞不会觉得自豪的尴尬时刻，但他还是可以挺过去的。老师闯进来挽救局面，而不是取消考瑞作为陈述者的地位（比如，建议他坐下来），她实际上帮助挽救了考瑞的空间，使他能够恢复对局面的控制。在闯进情境之后，她又迅速地撤出来，让考瑞自己去处理。

这个教例非常值得玩味。我们见过许多类似的场景，但许多老师进去了，就根本没有"撤退"的意味，理所当然地把孩子的空间"占为己有"；有些老师进去了，也不能给学生切实的帮助，更谈不上机智地退出。考瑞的老师非常智慧，当事情出现问题时，她是在场的，她给考瑞的帮助是得法的，降低坡度，只要求列出两三个要点；这个帮助又是得体的，以"向班上作了一些评论"的方法，尽量不着痕迹地支持他；在可能时，她又机智地撤出，为孩子保留了空间，创造了空间，使孩子摆脱了尴尬，恢复了信心。

3. 以智慧生成智慧

智慧可不可以教，见仁见智，众说纷纭。我以为关键是如何理解这个"教"，如果说，这个"教"是教养，是熏陶，是感染，是引导，我想，智慧是可以教的。其中最基本的一种方法是身教，一个智慧型的教师，在教学过程中，常常让学生感受到创造的魅力，享受到创造的喜悦，这就是最好的"教"。仅仅从示范性方面说，智慧教育带给孩子的除了深刻的人文关怀外至少还有：

（1）创新精神的示范。老师刻苦钻研，追寻智慧教育，形成卓异的教学风格，那种锲而不舍的执着，那种创新的渴望和意识，那种因自信而形成的创造的热情和成功的喜悦，都会与学生共享。师风可学，这种创新精神会深深感动学生，成为他们创造性学习的催化剂。

（2）思维方式的示范。讨论课改问题，很多同志都认为学习方式转变与否，是新课改能否成功的重要标志，而学习方式的背后是生活方式和思维方式。智慧教育，就是创造性思维方式绽放的花朵。这些方式方法，在老师是运用的过程、示范的过程，在学生则是观摩的过程、练习的过程、形成的过程。

（3）学科课程学习方法的示范。对教学的主客观条件进行最优化的组合，在教学中另辟蹊径，别具一格，这就是教学的创造性，就是智慧性教学，其中必然包含了学科特殊的学习方法的示范。以讲读课文说，不是千篇一律地按顺序讲读，而是根据教材特点适当采用变序方法，就体现了一定的创造性，其中也包含了创造性阅读方法的指导，比如文眼突破法，有助于学生认识文眼的表现形态；由果溯因法让学生得到进行梳理事件因果链条的练习；跳跃讲读法在学的一面是跳跃阅读法，属于快速阅读的一种。

四、追寻智慧教育，促进专业化成长

教师是新课改的实施者和开发者，新课改实践创生的过程，也是师生持续成长的过程。追寻智慧教育，无论是对新课改的实施，还是教师的专业化发展，都应当看作是题中应有之义。

1. 提升道德境界

智慧教育首先是一种善，一种爱，一种德性。宜兴第二实验小学吴红华老师说得好：“拥有爱心，是一个教师走向成熟和成功的事业‘护照’，一支拥有爱心的教师队伍是学校最宝贵的财富。有爱心，就会有等待每一朵花儿静静绽放的耐心和海纳百川的宽容。智慧是知性与德性的和谐统一，教师德性的具体体现，就是‘爱’。”这所学校通过多种活动，让教师感受爱，理解爱，学会爱，让教师体会“没有爱就没有真正的教育”，从而将对学生的爱渗透在教育的每个细节中。所谓态度决定一切，对学生、对事业、对生活的大爱，使我们面对具体的情境，有了倾心的关注，有了敏锐的感知，有了准确的判断，有了智慧的行动。

2. 把握实践智慧的特点

教师的知识包括本体性知识、条件性知识、实践性知识和一般文化知识。智慧教育是经验性的、实践性的，属于实践性知识。认识并把握这种知识的特点，有助于更好地建构这类知识。

（1）情境性。教育智慧总是生长在具体的情境之中。作为情境，其基本特点一是整体的，它往往是综合、整合而成，有着多个维度；二是可以内在生成的，情境内在的生命活力使其具有灵动性，可以不断生成；三是开放性，情境内部的各个子系统是相互开放的，情境对于外界也是开放的。这些特点使得情境成为生长智慧教育的沃土。教育者一方面要学会从学生的视角理解情境，另一方面要置身其中，恰如其分地根据情境的具体情况作出准确的判断和行动。

（2）缄默性。实践性知识是教人怎样做的知识，又叫作内隐性知识、缄默性知识，它往往是通过具体的行为来实现的，一句关怀的话语，一阵此时无声胜有声的沉默，一个心照不宣的眼神，一次传达暖暖爱意的接触，透现的都是教者的智慧。尽管常常只能意会不能言传，体现的是一种直觉思维，但它对教学的影响力是明显的。

（3）敏锐性。从实践感知走向实践智慧，我们需要的是不断提升自己在教学情境中敏锐把握的能力，这种敏锐可能是学养所致，也可能“功夫在课前”，还可能已经形成了对特定情境准确的判断力。这种敏锐有时表现为一种教育机智，“机智表达的是关注一个人的全体存在的智慧，是对他人的主体性、对他人的特殊之处的一种主动的敏感性”。“运用机智意味着能够看到呼唤敏感性的情境，能够理解所看到的东西的意义，能够感受这个情境的重要，能够知道如何做和做什么，而且能够实际地将某件事做得十分贴切。”正如很多论者所言，要将机智变得很具技术性、程序化，那是不可能的，但“还有必要指出机智在实际的情境中是以一种积极的、规范性的方式表露出来的。机智的基础条件是对某种智慧的倾心关注，是它们激发了机智的行为”。（马克斯·范梅南：《教学机智——教育智慧的意蕴》，教育科学出版，2005 年版）

（4）个体性。“学会了教学的所有技术但仍然不适合做教师，这是有可能的。

显然，教师的培训内涵要比传授知识和技巧深得多，甚至也比教授职业道德规范深得多。成为一名教师还包括具有那些不能被正式传授的东西：教育智慧的最具个性色彩的体现。”（马克斯·范梅南：《教学机智——教育智慧的意蕴》，教育科学出版社，2005 年版）个体性是实践性知识的共同特色，那些公共知识已经内化、个性化，已经转化为一种实践能力。充实实践性知识，往往是与对教学个性、教学风格的追求联系在一起的。

3. 在实践和反思中成长

范梅南认为：“一位不仅仅是作为知识传授者的教师需要不断地感知怎样做才是在教育上正确的言行。”实践性知识的获得靠的就是对课程、学科教学法的不断实践和研究。在当前，特别要重视通过校本培训、校本教研，充分发挥团队合作的优势，激发学习、实践、研究的热情，放大个体积累的作用，努力让智慧成为教师的生活方式。十分欣喜的是，我们看到了许多学校在追寻教育智慧的过程中，自觉地构建学习型组织，引导教师学习知识，启迪智慧；自主实践，显现智慧；促进反思，生成智慧。笔者曾在宜兴第二实验小学参加过有关智慧教育的讨论，该校的做法是很有借鉴意义的。

第一，学习启动。通过名篇导读、名师引领、沙龙讨论、学术提升等多种方式为教师充电，给教师树立努力的标杆，培育他们的研究意识和反思能力。

第二，活动带动。（1）科研导航。以课题为抓手，引导教师围绕“创设生活化情境，展开体验性活动、实施发展性评价等要点开展深入细致的研究，以研养教，以研兴校”，通过参与研究，促进教师专业成长。（2）话题引路。在实施智慧教育的过程中，以“什么是智慧教育”“怎样生成教育智慧”“如何成为智慧型教师”等话题组织活动，引领教师。（3）实践提升。经常开展教育教学研讨活动，为教师提供探索智慧教育的广阔舞台。

第三，常规促动。（1）分层备课。每月组织一次备课研讨活动，同时对不同类型的教师提出不同的要求，使他们都能得到相应的发展。（2）抽查说课。学校组织有关人员随机抽查教师说课情况，要求教师们说教材、说教法、说教学过程、说集体备课后自己根据实际情况所作的个性化教学设计，促使教师明明白白走进教室。（3）示范上课。每周一次“骨干会课”，校级组织优质课评比，促进教师研究课堂教学。（4）交叉听课。周周有安排，周周有活动，让教师互学互补，相互促进。（5）优化练习。精编试题习题，提高练习效度，减轻学生负担。（6）反思总结。采用课后写反思笔记，编错题集，撰写教学随笔、教学案例等，使大家用笔、用心记载教学过程中的困惑，记载无法预设的精彩，记载自己的感悟心得，丰富自己的教学生活和教学思想。据我所知，许多学校都有这类创造性措施，相信这些学校也都已经享受到其中的乐趣。

本文根据“2005年江苏省小学语文特级教师智慧教育论坛”上的主题报告修改而成，发表于《江苏教育》2007年第3期，多家报刊转载。

追求理想的课堂

什么样的课堂才是理想的？我们一直在探究，在追寻。在我看来，理想的课堂至少具备以下几个特点：

一、理想的课堂，孩子应当是真正的主人

在现实的课堂中，许多老师为了体现教学向生活的回归，往往致力于创设各种生活情境，却没有意识到课堂教学本身就是教师和学生的生活，教育不仅是为学生未来的生活作准备，也是学生当前正在经历的生活。课堂必须是学生真正的生活，学生应当成为课堂教学的主人，而不是通常所看到的，在课堂生活中被异化为仆人、游人或者成人。

学生不是仆人，他们有主动意识和主动性，有欲望，有热情。在传统的课堂中，学生没有主体地位，甚至被“非人化”，成为装载知识的容器和任人摆布的工具。新课程强调以人为本，要求老师心中装有学生，充分尊重学生的积极主动性，充分唤醒学生的主人翁意识，激发他们投入学习的热情。

学生不是游人，课堂不是游乐场，学习不是走马观花，轻松愉快不是新课堂的本质特征。学习要有明确的学习任务和目标要求，学生必须具有认真学习、达成目标的责任感，应当逐步培养自主学习、自主发展的主体能力。

学生不是成人，正如卢梭在《爱弥儿》中所说：“在万物的秩序中，人类有他的地位；在人类的秩序中，童年有它的地位；应当把成人看作成人，把孩子当作孩子。” 应当提倡用儿童的眼睛去观察，用儿童的心灵去体验，用儿童的方式去研究；应当关注学生的成长性和发展性，给学生更多的理解、支持、宽容、关爱，引导学生按照身心发展的规律，“好好学习，天天向上”。

二、理想的课堂，教师必须彰显主体性

新课程在强调学生主体性的同时，并不排斥教师的主体性。因为课堂教学同样也是教师的生活，理想的课堂应该充分释放教师的智慧、激情、潜能和创造力。只有具有主体性的教师，才能培养出具有主体意识的学生。教师的主体性主要表现在以下几个方面：

（1）在对待教材的问题上，新课程强调教师“用教材教，而不是教教材”。“用教材教”是一种以学生发展为本的“人本教学”，在这里，教材是“范本”，是“凭借”，相对于“教教材”来说，教师具有了更多的主体性，具体的教学内容需要教师根据学生的特点、学生的基础和学生的需求进行选择、改造甚至创生。教师对待教材要“入乎其内，出乎其外”。而且，作为课程开发主体的教师，不仅仅“用教材教”，其自身也是课程的一部分。当课程从具体的教材形态走向经验和过程时，教师的经验和知识、与学生的对话和交往、对教学过程的调控等，都是重要的课程内容。

（2）在处理自己与学生关系的时候，教师也应当体现主体性。新课程强调师生的民主、平等，强调尊重学生，弘扬学生的主体性，但这并非要以削弱甚至消解教师的主体性为代价。我们不能给自己戴上新的“紧箍咒”，过分迁就学生，过分纵容学生，甚至对学生只敢表扬，不敢批评。身教重于言教。如果教师丧失了自己的主体性，丧失了自己的尊严，又怎么能培养出具有主体精神的学生呢？教师不仅是一名教师，也是一个完整的人，课堂教学应该是师生共同的生活经历，应该是师生共同分享、共同成长的过程。

（3）教师的主体性还表现在对自我的认同和自我反思方面。就像任何真实的人类活动一样，教学不论好坏都发自教师的内心世界。教学其实就是教师把自己的灵魂状态、自己的学科以及自己的生活方式投射到学生的心灵上，因此，追

寻理想的课堂，教师认识自我与认识学生和学科是同等重要的。真正好的教学不能降低到技术层面，真正好的教学来自教师的自身认同与自身完整。不好的教师把自己置身于他正在教的科目之外，在此过程中，也远离了学生。而好教师则在生活中将自己、教学科目和学生联合起来编织成复杂的联系网，以便学生能够学会编织一个他们自己的世界。这些编织者用的方法各不相同：讲授法、苏格拉底式的对话、实验法等等。但他们所表现的都是真实的自我。一节课不仅展示的是一位教师的教学基本功、教学风格，而且展示的是一位教师的教学思想、教学理念和人格魅力。

三、理想的课堂，应当体现师者对课堂的敬重、敬畏

课堂是具有神圣意义的。雅斯贝尔斯说："教学活动关注的是：人的潜力如何最大限度地调动起来并加以实现，以及人的内部灵性与可能性充分生成。"康德说："教育可以不断进步，后一代都比前一代强一步，达于人类之完成，因为教育是完成人类本性的大秘密。"教育关乎人的本性，关乎人的灵性，关乎学生的精神发育和精神成长，实在是"天大的事"，于是它是有神圣感的，自当敬畏。

课堂具有充分的复杂性。爱因斯坦说："一个人对于宇宙人生，一定要有敬畏之心，因为其中充满了许多奥秘，而这些奥秘永远不能被解释清楚。"杜威说："教育艺术是一切人类艺术中最困难和最重要的一种。"他们都强调了教育的复杂甚至神秘。从历史性看，教育是个人与历史文化的双向认同，个人在接受历史文化，同时也在创造历史文化，历史文化在传承中得到保留又得到发展。从综合性看，教育是跨学科的，即便是一门知识类课程的学科，它也必然横跨别的学科，涉及教育学、心理学、社会学、伦理学、哲学等等。从实践性看，教育是一门实践科学，实践科学的一个重要特点就是犯错误，只要实践，就可能出错，教育就是在不断纠正错误中推进的。从发展性看，对教育的探索，是一个螺旋式上升的过程，永远没有止境。

怎样才是敬畏课堂呢？海舍尔说："所谓敬畏……就是发现世界不过是上帝的影子。"孙正聿说："上帝就是规定人的思想和行为的依据、标准与尺度，哲学本体意义上的观念构成了心中的上帝，上帝不是一种对象化的存在，而是一种观念。"这种观念就是要把教育教学当作上苍交给我们的天职，就是要有使命感、

责任感，恰如一些优秀老师所说：“课比天大！”如是，教育就真正成为神圣的事业了。

四、理想的课堂，应当坚持基于标准

课程标准是学科教学、评价和教材编写的依据，理想的课堂应当坚持基于课程标准。

要超越学科，超越课堂，理解课程标准的基本方向。比如修订前后的课标都体现了基础教育课程改革的基本精神：（1）坚持以“三个面向”为指导思想；（2）坚持关注“新人”培养的改革目标；（3）坚持“为了每个学生发展”的核心价值观；（4）坚持超越学科中心的开发、实践理念。修订后的课程标准之“新”体现在六个方面：（1）充分体现社会主义核心价值体系；（2）突出创新精神、实践能力的培养；（3）进一步彰显学科课程特点；（4）更为合理地设计目标内容；（5）进一步优化教学建议；（6）改进、充实评价建议。把握这些基本精神，有助于我们坚持课程改革的基本方向，有助于我们真正理解、落实课程标准。

要理解课程标准的教学期待。教育部组织的大规模调查研究表明，课程标准与教学实践的吻合度只有50%，个中原因很多，但总体看说明在教学实践中落实课标还有很多工作要做。其中明晓课程标准的教学期待就很有必要，仅仅从按照课程标准精神组织教学看，至少要强调：（1）正确理解“三维目标”，提倡以经验和活动为载体，落实“三维目标”；（2）培育课程意识，关注人的发展；（3）注意从课程体系的高度认识具体的教学内容；（4）强调教师、学生即课程；（5）提高对课堂变化的敏感性，等等。

要在具体教学过程中落实课程标准。华东师范大学的崔允漷教授在这方面做了深入研究，崔教授认为：（1）教学目标源自课程标准。唐江澎老师在教学目标叙写的探索中，曾经比较“目的”与“目标”两个词语：“目的”英文作goal，含义往往与教育者的主观愿望等同，常常是一种指针和方向，是应然状态的理想；“目标”英文作objective，原意是流水线上生产出的产品，用于教育领域，体现出用预期的教育结果来支配教育行为的思想，目标是目的之具体化，是可观察、可界说、可测量、可评价的，是实然状态的实践。新课程教学就是基于课程标准叙写教学目标，而不是像传统教育编写、叙写的是教学目的。（2）教学评价的设计先于教学设计，有了教学目标，就要考虑这些目标怎样落实，怎样评价，然后再去设计怎样教学。（3）教、学、评的内在一致性。教学行为要指向学生学习结果的质量，教师要像专家一样思考，达到教学目标、教学评价、教学过程的一致性。

五、理想的课堂，应当树立“洗课”观

在我还年轻得没有超过35岁时，领导就委以重任，让我带几位更年轻一些的老师。我的“带”一个基本的功课就是“洗课”，我要求他们拿出自己的备课笔记，先讨论哪些不应该教，哪些可以不教。我的基本观点是，如同煮饭先淘米，炒菜要拣菜、洗菜一样，把课“洗”干净再上，课就会简洁、洗炼，就更具有效性。

（1）“洗”去过高的目标。教学目标要基于课程标准，要从知识体系里揣摩某些知识、能力方面的要求，要看到知识的学习需要循序渐进、应当螺旋式上升的特点，有的老师面对高一学生，就按照高考要求去组织教学，所有的知识点教学都是“深挖洞”，学生就不堪重负，也就没有正常状态的知识学习。有的学者批评高中无教学，大致指的就是这种情况。

（2）“洗”去过杂的内容。有些老师备课上课是“韩信点兵，多多益善”，把所有能连缀上来的内容都放进课堂，这种课的负担主要在于“繁”，还是要回到课程标准，回到教科书，要关注核心素养，不能可以教的都不放过。相关知识、能力、素养方面的要求，要从教科书具体情境中考量，它需要我们，只需要我们强调突出某个方面，这样才会形成教学的重点。

（3）“洗”去过偏的走向。无论怎么假设，都难以穷尽课堂的生动变化。课堂自是一篇文章，它也是有脉络的，要注意从文路、编路、教路、学路四路统一上提炼教学主脉，在课堂发生重大变化时，也要注意顺势推进，而不是手忙脚忙地东一榔头西一棒，课堂的简洁之美主要在于课堂教学主脉的提炼和展开。

（4）“洗”去过花的形式。马克思说过一个意思：单纯的形式是没有的，只有内容的形式。有的老师上课，“乱花渐欲迷人眼”，甚至成为一种炫技，这种为形式而形式的课广受诟病，在于它离开了教学的基本规律，忘记了“为什么教”这个前提性问题。理想的课堂很重要的一个方面，在于学科的特质、知识呈

观方式的特点与教与学的策略是匹配的。人们讲的教学的针对性也是包括这方面要求的。

（5）“洗”去过虚的议论。基于课程标准的教学、教学评价要回到教学目标上来，而不是大而化之、笼而统之的那些空话、套话。教学目标应当是具体的、可测量的，看得见、摸得着的，应当是教学过程有血有肉的一部分，而不是点缀、外加，更不是画蛇添足，多此一举。

“洗课”最重要的是一种意识，而不仅仅是一种技术，当然以技术来体现这种意识的努力也是应该肯定的。

六、理想的课堂，必须营造主动、有效、利于创新的思维场，追求积极的思维文化

西方的哲人讲：人是思想的芦苇。人类的发展史同时也是人类思维方式不断变革的历史，人类的进步与人思维方式的进步是密不可分的。因此，我们要十分关注学生的思维。教学过程本身也是一个思维建构、创造的过程，理想的课堂教学，应注重对学生思维习惯和思维品质的培养。评判课堂教学的质量高不高，关键看学生是不是在进行积极主动的思维，看学生有效思维的长度。

如何构建课堂的思维文化呢？应当根据不同的学段、不同的学科，明确思维能力培养的不同目标和侧重点。比如说，小学低中年段的学生，我们要考虑其直观形象思维占主导的思维特点，尽量以直观、形象的教学手段进行教学。而对高中学生，则更要注重培养他们的理性思维能力。在语文学科中，语言文字往往是直观的、直觉的，与形象思维联系在一起的。为此，在引导学生体验品味时可以更多地从直观形象思维切入。而在数学学科中，我们则应着重培养学生的逻辑推理等抽象思维能力。

应当充分运用文本，引领学生进入思维的天地。教材这种文本其实是作者、编者的思维产物，教师要引导学生与文本对话，这种“对话”是学生与文本作者、教材编者思维的相互对话。在与作者、编者思维的对话中，学生可以建构思维的过程，感受思维的力量，分享思维的快乐。

形式也是内容的一部分。在培养学生思维能力时，我们要把握好课堂教学中思维的容量与节奏。从思维的容量来看，理想的课堂教学中教学内容要非常饱满，

保证学生在学习过程中有大而合理的思维容量。从思维的节奏来看，课堂教学应该遵循学生的思维规律，不同年龄的学生，保持注意力的时间长短是不同的。比如说小学低年级的学生，他们的注意力只能维持20分钟左右，为此，教师在进行教学时，要注意控制学生的思维节奏，如果过于紧张，学生则易于疲劳；过于拖沓，学生的注意力又难以集中。因此，理想的课堂教学中，学生的思维应该是张弛有度、错落有致的。

七、理想的课堂还必须营造真实、和谐、宽松的情感场

从师生关系看，以前的课堂教学往往是教师执行“教案”的过程，学生的反应、学生的感受都不予考虑。教师环环相扣，步步紧逼，学生如履薄冰、小心翼翼地去“揣摩”教师的想法。课堂如战场，学生正襟危坐，战战兢兢，“不敢乱说乱动”。新课程强调教学过程是师生之间的交往过程，强调在课堂教学中营造自由、宽松、和谐的心理氛围。理想的课堂应该能够从教师和学生的一言一行中，体察出师生之间自然的交往，应当是和谐、宽松甚至充满亲情的情感场。课堂可能是轻松、热烈的，也可能是紧张、平静的，但师生之间愉快的情感沟通与智慧交流应该贯通其间，课堂应该充盈着自由呼吸的空气。

从课堂教学的情境来看，我们应创造与教材内容相契合的教学情境，以促进学生积极的情感体验。课文不是无情物，师生俱是有情人。著名教育家布卢姆曾经说过：“以积极的情感体验和深层次的认知参与为核心的学习方式，能促进学生包括高层次思维在内的全面素质的提高。高峰的学习体验，是学生对学科产生新的兴趣的源泉，是重大的态度与价值变化的刺激物。”积极的情感体验是推动学生进行主动、有效学习的重要催化剂。

同时还要关注到，情感教育、审美教育不仅是促进学生学习的手段，也是教育的目的。蔡元培先生曾经说过：“美育者，应用美学之理论于教育，以陶养感情为目的者也。”新课程明确提出要注重学生的知识与能力、过程与方法以及情感、态度和价值观三维教学目标的有机整合，因此情感教育也是新课程下课堂教学的重要任务，理想的课堂教学应该有利于培养学生积极向上的情感和态度。

八、理想的课堂，教学方式应与学科教学内容、学生需求紧密结合

教学方式的变革，其背后是深层的思维方式和生活方式的变革，其实质是在变革思维方式与生活方式。自主、合作、探究的学习方式体现的是一种引导所有学科教学的积极价值取向，但是面对不同的学科内容，不同的学生需求，自主、合作、探究的学习方式必须有“学科化”的解读。比如说，探究式学习，其“规范”的程序一般是：提出问题→形成假设→组织探究→搜集资料→整理资料→得出结论→社会实践。但在不少学科教学中，探究性学习则可以约定俗成地理解为在问题情境中发现问题、解决问题并生成新问题的学习活动，其意义在于培养学生的探究意识、探究精神和理性思维的能力。

我们也应当正确认识有意义的接受式学习。接受式学习从形成到发展，经历了一个漫长的历史阶段，它之所以具有如此顽强的生命力，与教学过程的本质特征是很有关系的。在教学过程中，学生学习的是前辈经过世世代代的积累而传承下来的精神遗产，如果都让学生亲身体验、亲自探究的话，根本无法完成学习任务。这就决定了学生在教学中学习的大部分是间接知识。在一定条件下，接受式学习是至今为止经过了历史考验的最为经济、有效、快速的教学方法。特别是奥苏贝尔的有意义接受式学习方式，是我们教学中不可缺少的重要方式。但是什么样的学习方式应成为主要的学习方式，应视具体的学科、具体的教学内容而定。有意义的接受式学习往往适用于已成定论的学习内容。

教学方式的选择还要从学生出发，心中真正有学生，着眼于培育、发展学生的主体性。在超越的基础上研究、把握学习的规律，才能择善而从得其法。但我们经常看到一些老师，方式、技术的意识太强，走向形式化。例如多媒体的运用，在有些老师那里比传统还传统，学生的回答正好“预设”了，就点击出来，学生的回答预设中没有，就置之不理（还不如手里拿着一支粉笔哩）。有时学生的思维刚要打开，老师却把多媒体打开了，画面的呈现替代了学生的思维。提倡活动、合作，有些老师得其形而忘其神，不考虑是否需要，组织学生一会儿分组讨论，一会儿表演，一会儿看多媒体演示，忙个不停，造成教学情境的过分晃动，影响了教学的效率，这些都是应当克服的。

九、理想的课堂，应该体现学科课程的特点

《基础教育课程改革纲要》指出，要“改变课程结构过于强调学科本位、科目过多和缺乏整合的现状”，要“体现课程结构的均衡性、综合性和选择性”，理想的课堂教学应该强调学科之间的渗透、整合，但是这种渗透和整合应该是在充分考虑学科课程特点的基础上。因为学科课程在促进学生形成系统的知识结构，深入地学习和掌握知识方面的价值是不可替代的。特别是随着学生年级的升高，学生的兴趣和能力发展逐渐开始出现分化，学习知识的难度也在逐渐增加，这时学科课程对于学生发展的作用越来越突出。

然而，有一些教师不能很好地把握学科特点与拓展整合之间的关系，在课堂上，有时过分关注了对学科课程的拓展，甚至是为了综合而综合，使自己的课堂教学成了一锅“大杂烩”，往往是种了人家的田，荒了自己的地，是舍本逐末的伪综合。

其实，每一门学科都有自己的特点，在培养学生的素质和能力方面都有不同的价值，理想的课堂教学应该充分体现出学科课程的特点。比如，语言的规范性要求是语文课程与其他学科以及在生活中运用母语相比，应当体现的一个重要特点。在语文课上引导学生讨论问题时，我们就不仅要评价表达的内容，还要关注表达得怎样，关注语言的规范性、准确性和生动性。即使在教科技常识类文章时，我们关注的重点仍然应是语言素养，应是对理性的、抽象的、逻辑的语言的感受和理解，应是体验和领悟一种严谨、深刻和简约的美。只有把握住了语文的特点，在课堂上，在走向生活时，倡导综合时才不会失去“语文味”。

十、理想的课堂，应当编织天职图景

在《教学勇气——漫步教师心灵》一书中，作者引比克纳的观点描绘了一种天职图景：“是你深层愉悦与外部世界的深层渴望相遇交融的圣地。”我自己在一线教学时，是时有这种感觉的：备课时有些自己的发现，对教学设计有些小小的陶醉，恨不得早点上课与学生分享，这大概算是内部的深层愉悦了；孩子们对我的教学有一种信赖，总是有所期盼，往往提前三分钟就都坐在座位上用盈盈的笑意迎接老师，这就有了外部的深层渴望。于是，这样的课往往精彩纷呈，诗意

灿然。我只是“时有”，许多优秀老师的课堂则是“常有”这种“天职图景”的。

在这种天职图景的编织中，第一，师生都是激活的主体，组成了充满生命活力的学习共同体，如马克思说，“劳动是生命的自由表现”，教与学的劳动是主体的自由创造，才会迸发出灿烂的火花。第二，师者是多种审美角色的融合，他是审美的主体，要去发现教材的美、学生的美、生活的美；他又是审美的客体，在学生眼中，老师在审美课堂中是作为审美对象存在的；他还是审美中介，要通过最合适的方式，引导学生进行审美性学习。第三，学习的过程要让学生产生知识的充实感、精神的升华感，教学审美不是虚饰，不是空话，而是应该伴随着知识的学习过程展开，不断有所收获，有所长进，能力的形成、智慧的提升、道德的进步，自然而然在其中展开。第四，课堂有适宜的温暖和润泽，学生如坐春风，惬意怡然，愉悦感、幸福感自然而然地洋溢出来。

编织课堂教学的天职图景，还要有超越教室空间的意识，比如语文课程，很重要的是建立语文生活的观念、语文学习要坚持面向生活，让语文学习的外延与生活的外延一样广阔；要在语文学习时引导学生还原生活，哪怕是诵读，也要如叶圣陶先生要求的，“激昂处还它个激昂，委婉处还它个委婉”，在还原的情境中更真切、更深刻地理解作品；如倡导积极参与生活，在参与生活中提升语文能力，提升语文素养；要倡导诗意生活，既在生活之中，又超越生活、引领生活，走向高水平的语文生活。这样的“课堂”更诗意、更理想，也就具有了更高的境界。

本文根据《中国教育报》记者访谈录音整理而成，“访谈录”发表于2006年2月23日《中国教育报》，收入本书时作了进一步的充实。

让课堂向四面八方打开

到中小学听课，常常感到有些老师顾忌太多，束缚感比较严重，课堂因此而有较明显的封闭性，打不开。针对这种状况，近些年来，笔者到处呼吁：让课堂向四面八方打开！

一、打开体制之门

有位学者到美国访问，到了一所高中，问校长：贵校一年级有多少学生？校长有些茫然，答曰："不知道"。到了第二所高中，这位学者带着茫然继续问校长同样的问题，得到的答案仍然是"不知道"。这位学者仔细一打听，原来在这些学校，传统的"年级—班级"运行的体制已经不存在，学生进校后，根据自己的情况选择课程，同一学科有层次不同的课程（如荣誉课程、AP课程、基础课程）供学生自主选择，每个学生一张课程表。在其他一些发达国家，如澳大利亚，所有高中都是分层次教学的。这种情况我国也有学校在尝试，比如李希贵任校长的北京十一学校，就尽可能为学生提供适切性课程，学校不存在传统的班级，也没有班主任，每个学生都按自己的课程表走。这是目前突破"年级—班级"体制最为放开的情况，学生的课程已经从被动的接受走向主动的选择。也有的学校在某些局部努力突破"年级—班级"制的安排。比如南师附中早在上世纪80年代就开展分层次教学的实验，在“年级—班级”体制下，每个学生对主要的文化科目可以有 ABC 不同层次的自主选择，每个学期可以根据自己的实际情况进行调整。在苏州景范中学这所初中里，数学和英语是按 ABC 不同层次组织教学的，教学与学生知识的起点、学习的需求有了更高的吻合度，学生在原有层次上的提高更加切实。对于绝大多数学校来说，这种体制的突破，只是由于课程样态的变化和学校的文化追求，多多少少有所表现，比如学校节庆活动、文化主题活动、综合实践活动、社团活动、兴趣小组活动等等，都是可能打破年级、班级的限制，更加贴近学生的个性和需求，更好地体现教育的内在规律的。

打开体制之门，除了解决好“教给谁”，还要考虑到“谁来教”。在网络化的环境里，“亚平老师”可以给中小学生上课；大洋彼岸可以与我们形成课堂的互动。我们也可以根据课程的特点，让家长、社区人士走进课堂。在许多学校，我们看到课堂中的学生地位的变化，他们有的已在边学边教，以教促学，教与学的主体有时已是一种重叠和融合。随着时代的发展和教学改革的深入，这种“教给谁”“谁来教”的变化将会越来越丰富，越来越深刻。

二、打开资源之门

过去的教学是一本教参打天下，新课改后在教学资源的创生方面有很多突破，网络化的技术进步又大大拓宽了资源的边界。但是，倚重教参，依赖集体备课中他人的努力，对课堂生成的资源视若不见，拒网络资源于千里之外，这些现象并不鲜见。因此，仍然要强调打开资源之门。第一，理解课标，吃透教材。课程标准和教科书是教学的核心资源，怎么运用它是一回事，但理解它、吃透它是基本前提。帕克·帕尔默提出，要在个人意义上出神入化地理解教材。笔者早在 20 多年前就提出，教材在我们面前应当达到通体透明、形神兼备的境地。真正吃透了，才能活用、用活。第二，要拓开教学资源的无限时空。比如，可以打破体制性的限制，在普职融通，学校与家庭、社区融合方面做出切实努力；可以打通课堂与生活的联系，有的学校开设“汽车里的物理学”“家庭中的化学”等课程模块，就是有益的探索；可以柔化学科与学科的边界，倡导跨学科、综合性的教与学；更应该主动适应信息化、网络化的趋势，让资源之门向四面八方打开。第三，确立教师即资源、学生即资源的观点，积极创生资源，及时捕捉、有效转化课堂即时生成的资源。第四，有效整合资源，真正实现“用教材教”。打开资源之门的目的，是为了选择创生更多的资源为教学服务，是为了更好地“用教材教”。所谓“用教材教”，诚如有些老师在实践中体悟的，应包括：连贯性地教，把教学内容放在整个知识体系里审察，对哪里有过铺垫，哪里又在螺旋式上升的通道中有着呼应，都应有清醒的认识；整体地教，要有育人的意识，从人的发展的基点出发，而不是只教知识，甚至只教纸笔测试可以检测的知识点；选择性地教，教材往往有综合功能，教学资源更是有无限的丰富性，要回到为什么教这样的意义思考上，明确教什么；具体性地教，课程标准的要求要在课堂里落地，各种资源要有效整合体现有用性，这样的教学才是实实在在、扎扎实实的；创造性地教，让教学资源的选择、创生、整合、运用，成为创造性教学的有机组成部分，让教学更具创造的活力。

三、打开定规之门

在教学中，有很多规定性的东西，比如成规，约定俗成；规章，形成制度条文的要求，必须执行；规范，明确一定的标准，引导教学行为。这些在一定意义上都是必要的，但如果死搬硬套，僵化不变，肆意发挥、过犹不及，那就不是好的东西了。因此，第一，要敢于打破已是成规的规矩。比如学生在课堂总是发言要举手，有的老师对不举手发言很是忌讳，是明令禁止的，新课改后在有些课堂上，我们看到有的老师鼓励学生大胆发言，自由“插话”，这样的课堂往往充满生机。再如笔者在一所初中看到，学生分组讨论时全都齐刷刷地站起来，前倾着身子在热烈讨论，老师告诉我们，这是学生自己提出来的，因为他们感到小组讨论互相有声音干扰，听不清楚，如果站起来靠近一些效果就好得多。在这里，坐着讨论交流的规矩就被打破了。第二，要敢于打破制度的规定。我的一位同事在一所小学听课，上课的数学老师刚打开电脑，教室里的保险丝坏了，校长立即冲出门去找保险丝，10 多分钟后，保险丝换上后，老师打开电脑，呈现的是两道数学题，如果用粉笔把这两道题目抄到黑板上，最多 2 分钟。下课后，我的同事与这位老师交流，问他为什么非要等保险丝换上不可，这位老师无奈地说：“不行啊，学校规定信息技术要与课程整合，如果抄题目，我就违反了这项规定啊！”细想想，我们的教学制度还有不少类似的规定。我们一方面要反思这些规章制度的合理性，另一方面还是要多问问：我们作这些规定是为什么。第三，要防止规范的僵化和片面性，比如上课要提倡多给学生一些鼓励，多给学生一些信心。有的学校就提出了一些标准，比如上课要微笑着看学生，学生答对了要给掌声来鼓励。有些老师没有从本质上理解这些规范要求，而是重在表象，重在形式。于是，许多课堂就掌声不绝了。有位老师听课时做了记录，她听的这节课掌声响了 50 次。课堂情境的一个要求，是应当具有相对的稳定性，50 次掌声则不断打破这种稳定性，打断教学节奏，这样的课堂教学肯定是低效的。有些地方在课改进行到七八年时出了一项规定，每节课鼓掌不允许超过 3 次，一方面可以看出掌声有些“泛滥成灾”了，另一方面又给人感觉总是把某种教学规范固化成操作性的动作，规范因而就可能成了束缚教学自由的东西。

四、打开结构之门

“把课看作是相对于教学过程而言的一种独立的整体系统，是在时间和空间中进行了一种有目的的活动。”（［苏联］M·N. 马赫穆托夫：《现代的课》，杜殿坤译，载《外国教育资料》1984 年第 3 期）打开结构之门，就是要努力突破传统的时空结构的限制，让广延性和持续性更生动地得到体现。传统的教学结构空间意识比较淡薄，新课改以后，这种状况得到明显改观，主要体现在学生组合的小型化、多层次。一些老师在总结小组合作的经验时提到：学生发言的次数多，有助于他们口头表达能力的提高；学生毫无拘束，畅所欲言，可以随时得到别人的纠正和补充，有时还引起争论，有助于激活思维；教学中有些观察项目，可以在小组边观察边讨论，从而加强了训练的综合性；学生在小组讨论的基础上，再在课堂当众陈述观点或回答问题，产生了跃跃欲试的情绪，有助于改变接受现成结论的被动状态；通过小组合作的形式，学生的自主性得到发展，合作精神也得到较好的培养；等等。但是我们也看到，一些课堂上小组合作只是摆设。笔者参加一次全国性的活动时看到一位老师让学生分组坐，有 17 名学生背对老师，一节课都很难与老师有眼神的交流。这种空间结构的改变其实走向了另一种封闭，或许是更封闭了。因此，在空间结构变化时要充分考虑“为什么”，再去设计“怎么做”，从新课程的实践看，应当注意到空间结构的改变：第一，以学习小组为合作学习的基本单位；第二，空间变化要保证信息交流的网络更加优化；第三，课堂空间的形式要根据实际教学需要安排；第四，小组合作的形式要融入整体的教学设计。

从时间角度看，教学结构要呈现纵向形态，18 世纪末德国教育家赫尔巴特曾把教学过程分为四个阶段：“明了”，教师向学生明确讲述新教材；“联想”，教师要通过谈话对新旧观念进行分析、比较；“系统”，学生在新旧联系中得出结论，形成原理、法则、规则；“方法”，通过各种练习把已学到的知识应用到实际中去。此后赫尔巴特学派又把“明了”分为“预备”和“提示”两个部分，这样就构成了五步教学法。后来很多教学方法都是以此为基础衍变而成。新课改开展以来，课程的纵向结构呈现多种形态。现在的“翻转课堂”更是把课堂内的传授知识和课后的内化学习彻底颠倒。笔者以为，万变不离其宗，这方面的变化要体现：第一，坚持以学生发展为本；第二，充分考虑学科特质和知识呈现方式的特点；第三，蕴含教学结构的基本规律；第四，体现信息化、网络化的积极因素；第五，与空间结构的变化相互呼应；第六，打开通向课后练习和生活实践之门。

五、打开预设之门

教学总是要预设的，关键是要有生成性教学的观点，认真预设但又不被预设捆住，前面列举的那位小学数学老师，预设的第一个环节就是打开电脑，出示数学题，出了意外就不知所措了。这位老师出现这种状况的原因，除了因为要执行有关规定以外，还有另一重因素，就是因为预设如此。打开预设之门，第一，要倡导生成性预设。要尽可能多地对可能的情境进行假设，以最大可能适应教学情境的变化；以生成性教学的观点指导预设，让预设后的教学充满生成性，这种生成可能是预设的生长、形成，可能是预设的丰富、拓展，也可能是预设的批判、改变。李吉林老师有一次在外地上大型公开课，在与学生接触时发现，这个班的老师怕学生跟不上已经匆忙教过一遍。李老师立即调整教学方案，教学取得了圆满的成功，这就是因为她的预设是基于生成性教学的，是包含生成性的广阔空间的。第二，要倡导教学机智。无论多么周密，预设总不能穷尽课堂的千变万化，因此，老师要具有教学机智。按照多尔等课程论专家的观点，教学机智是一种素质而不是一个事件。借用甘地的一个故事很能说明这个观点：甘地在上火车时，一只草鞋掉下火车了，火车晃荡着已经启动了，甘地随即脱下另一只草鞋扔下去，他要让捡到鞋的人得到一双草鞋。在这里，甘地原来陷入自己丢掉一只鞋子的窘境，但他立即将之转化成捡到草鞋的人得到一双草鞋的情境。这就是素质！面对动态生成的课堂，我们的教学机智从根本上说，就是坚持以学生发展为本位，去推动情境的深化或转化。第三，要在动态生成中追求相互映照的境界。多尔主张课堂教学演奏不是古典乐，而是爵士乐。演奏爵士乐是在和声框架与旋律框架的基础上，根据观众情绪和自己的感受适当地进行意想不到的变化，这样，每次演奏都是一次新的创造。课堂教学应该在此基础上前进，恰如王小妮在《上课记》中根据自己的教学经验道出的体会："一堂好课有不可操纵性，它在进行中自我定位，自动选择脉络走向，参与者互相映照，在诗意这种人自身很原初的感知面前，谁也不是老师。"（王小妮：《二〇〇九上课记——我们间的不同与相同》，载《人民文学》2010 年第 6 期）

六、打开评价之门

课堂评价是课堂教学的有机组成部分，主要是师生在教学过程中对当下某些认识、某些观念或表现的评判和取舍，带有很大的随机性和过程性；评价一般没有规范而统一的答案，往往与教师本人的经验风格有关，又与学生个体的认知水平有关，与教学进程和场景有关，带有情境性和模糊性；评价不是为了考核，而是为了教学进程的丰富性，为了教学目标的全面达成；评价有时也延伸到课外，如练习或测试等，但它又是课堂教学的自然拓展，是大课堂的一种体现。打开评价之门，第一，要基于学生的发展规律评价。在一次学校接待外宾的活动后，斯霞老师布置学生写一下这件事。有个孩子写了这样一句话："昨天学校来了一批法国客人，我发现法国阿姨也是女的。"斯老师笑眯眯地欣赏孩子的写话，而一位年青教师看后大惑不解，因为在她看来这是病句，是应该毫不留情地划上红叉叉的。斯老师告诉她，孩子了不起啊，孩子在进步啦，也许孩子很快就知道全世界的阿姨都是女的啊！斯老师从孩子成长的过程出发，用"童心"来评价，就使孩子得到了"保护"。第二，要根据学生的具体状况评价。学生是千差万别的，用一把尺子来评价是行不通的。笔者在一次听课中发现，一个初三孩子到台前演讲，满脸涨得通红，还有些结结巴巴，但他演讲结束时，在老师示意下全班送给他持续的热烈的掌声。一打听，原来这个学生特别内向，两年多来，一直没有勇气走到讲台前演讲，可以说，老师和同学们等待了两年多，今天他实现了“第一次”，于是，大家把热烈的掌声送给他。笔者还看到在另一个课堂里，一位男生回答问题很有见地，但老师却对他比较冷淡，有些同学课堂表现明显不如他，却得到老师的肯定和赞扬，下课时问其详，老师浅浅一笑：“他这几天尾巴翘到天上去了。”这些从学生个性特点和具体情境的表现出发，让评价更具针对性、适切性的做法是应该得到肯定的。第三，要倡导评价的多元化、丰富性。课堂评价的主体不仅在老师，课堂评价的方式更不仅仅是正确与错误的判定，应该更多元、更丰富。比如，有位老师上课时设计了“半块黑板”，留下半块给学生，主要记载学生课堂上的发现和创造、生动和精彩。开始时，那半块黑板记录的东西很少，但渐渐地多了，撑不下了。于是一次上课时，老师郑重宣布：现在老师只能用三分之一块黑板，绝不敢越雷池半边。顿时，班上响起一片掌声和笑声。这“半块黑板”的创造，既有老师对学生学习的评价，也包含学生的自我评价，这种评价每天都悄悄地在课堂里实施着，每天也都在催生孩子们的进步和生长。老师宣布只用三分之一的黑板，班上响起掌声和笑声，也包含了学生对老师的评价，而这种赞叹和感谢，又会转化为师生前行的动力。

七、打开思维之门

思维是人的特质。怀特海说：“教育所要传授的是对思想的力量、思想的美、思想的条理的一种深刻的认识，以及一种特殊的知识，这种知识与知识掌握者的生活有着特殊的关系。”（［英］怀特海：《教育的目的》，徐汝舟译，生活·读书·新知三联书店，2002 年版，第 21 页）教育对思维能力、思维品质的培养，很重要的就是要让学生的思维打开、再打开。第一，要让每个学生都有思维的机会。国际教育评估组织对世界上有广泛影响的教学模式进行研究，发现有些基本元素是趋同的，如让学习充满挑战性的欲望；课堂要有合适的安静的时间，让每个学生都有学习的机会；教学的针对性。为什么有些课从头到尾都很热闹，甚至高潮迭起，掌声、喝彩声不断，但并不能称作好课？就是因为这样的课堂上只在少数学生有思维的机会、学习的机会。第二，要引导学生把思维的空间拓展开来。有的老师很习惯把学生的思维引向一条逼仄的小巷，比如小学低年级有一篇课文《大松树和小松树》，是写小松树长在山顶，于是就认为与长在山谷里的大松树相比自己了不起。一些老师总是按照“教参”的提示，让小松树去检讨。其实，课文情境中的大松树和小松树有多种对应关系，我们完全可以引导学生跳出单一的思维套路，让思维向四面八方打开。第三，要让学生有思维的自由。有些同志认为，素质教育的核心就是让学生自由地思想，我是高度认同的，好的课堂就是要让学生如沐春风、自由思想，创造性思维的火花总是在自由思想时才能迸发。第四，要引导学生掌握正确的思维方式。一般而言，思维方式就是逻辑与推理和直觉与洞察两种，要根据学科特质，根据知识呈现方式的特点，根据不同学段的训练要求，根据具体的教学环境，引导学生掌握思维这种“特殊的知识”。第五，要重视学生思维品质的培养。思维品质是个体思维活动中智慧特征的表现，诸如深刻性、灵活性、敏捷性、批判性、创造性等。思维品质的培养要植根于学科学习的土壤，比如在语文学科，培养思维的逻辑性，就要关注揭示作者的思维轨迹，认识课文包含的思维法则，要求学生理解性表达遵循思维的规律；培养思维的深刻性，就要关注感情的深刻性、事物的本质性、主题的丰富性、性格的复杂性等等。第六，要培养学生发现问题、生成问题的能力，教师要有意识地引导学生在关键点、疑难点、含蓄点处流连，让学生学会在这些应该着力的地方生成问题；要创设问题情境，培养学生发现问题，提出问题的能力；在问题初步解决后，引导学生或是触类旁通，或是浮想联翩，或是穷追不舍，或是举一反三，打开新的天地。

八、打开心灵之门

教育是一种灵魂与灵魂的对话，课堂自当是心灵交流的空间。让课堂向四面八方打开，自然要打开心灵之门。中央四套《中国文艺》栏目有一次做吴彤的专题，吴彤作为当代摇滚音乐的代表人物之一，在跨界音乐、古典音乐和流行音乐等诸多领域都达到较深的造诣，主持人孟盛楠介绍时做了一个打开双臂的动作，并说了这样一段话：“无论是肢体，还是心灵，只有打开了，才能拥抱到别人。”教学亦然！第一，教师要敞开自己的心扉，和学生做主动的、坦诚的交流。这就需要源自心灵深处地热爱学生，渴望与学生进行思想的碰撞、情感的交流。第二，要关心学生、研究学生，倾听学生内心深处的声音，在情感的高度默契中进行交流。

于漪老师曾经有过这样一个案例：有一次，于漪老师出差回来时，看到给她代课的青年教师正准备去讲评作文，这位青年教师告诉于老师：这次作文写《我的母亲》，有一位女生的作文写得感人至深，今天作文讲评课，要请这位女生读作文。于老师立即问道："征求过意见吗？"这位青年教师告之已经得到女生的同意，于老师说："她不大可能同意啊！再问问孩子吧。"话音未落，那位女生怯生生地来到办公室，请求老师不要让她读作文。原来于老师在家访时了解到这个孩子的父母已经离异，妈妈新组织了家庭。在这样的新家庭里，她对妈妈的感情比一般家庭的孩子要更深，因而作文就特别感人。但她是不大愿意别的同学知道她是有后爸的。因此，在受到表扬的冲动后，她又后悔了。于漪老师备课不仅了解学生的认知起点，而且掌握学生的情感状况，老师和学生的心灵就是完全相通了。第三，对心灵变得粗暴和冷酷的孩子，要以"美疗"打开其隐蔽角落。苏霍姆林斯基说，他的教育体系的一个方面可以称为"美疗"，"在心灵变得粗暴和'鲜廉寡耻'的儿童面前，我揭示自然美、音乐美、绘画美。这需要时间和巨大的耐心"。"这种最微妙的精神影响的复杂性和多面性，既能施影响于情感和心灵，也能通过心灵施影响于理智。""美在激励学生心灵时，仿佛打开了其中最隐秘的角落。"（蔡汀、王义高、祖晶主编：《苏霍姆林斯基选集〈第5卷〉》，教育科学出版社，2001年版，第443—444页）通过"美疗"之类不着痕迹的教育，那些顽童的心会变得柔软起来，师生之间心灵的交流就可以有效地进行。

打开心灵之门，最根本的还是在于教育源自心灵，帕克·帕尔默认为教学是通达灵魂的镜子，教师要通过三种通道描述自我内部景观，凭智能，思考教与学的方法；凭情感，可以与学生进行有效的交流；凭精神，对生命的爱与对工作的渴望，生成我们与学生精神联系的渴求 。智能、情感、精神三个方面融为一体，我们内心就是完整的、富于力量的，我们打开的就是灿烂的心灵世界。

本文系作者在第二届苏派语文教学论坛上的报告，发表于《教育发展研究》2014年第8期。

第二辑

让学校到处流淌着奶和蜜

夫子庙小学印象记

南京市夫子庙小学坐落在古韵流芳的夫子庙景区，毗邻祭奠孔子的大成殿，自觉接受孔子文化的熏陶。每次到夫小去，都会感叹“青砖小瓦马头墙，回廊挂落花格窗”的精致，都会感受孔子文化丰厚底蕴的弥漫，也都会为夫小师生们的坚守和执着而感动。感慨之余，还会随着夫小在历史与现实之间的“穿越”，形成对学校“古典般”的印象。

印象之一：素以为绚兮

> 子夏问曰：“‘巧笑倩兮，美目盼兮，素以为绚兮’何谓也？”子曰：“绘事后素。”曰：“礼后乎？”子曰：“起予者商也，始可与言诗已矣。”
>
> ——《论语·八佾篇第三》

《诗经》里的《硕人》是赞美卫庄公夫人庄姜的，“巧笑倩兮，美日盼兮”是形容这个女子可爱的微笑，眼睛转动，日光流盼，非常美丽。但子夏不明白“素以为绚兮”是什么意思，因为“绚”是色彩绚烂，“素”是洁白，洁白的怎么会变成色彩绚烂呢？孔子就回答说：“绘事后素”，也就是绘色事先要有一个洁白的质地，然后才能画出色彩鲜明的画。孔子的意思是指一个女子应该先有皮肤洁白的质地，然后才能更好地显出“巧笑倩兮，美目盼兮”的美丽。于是子夏就说：“礼后乎？”子夏能想到做人的道理：人的本质是最重要的，礼是后来加上去的。孔子因此赞美子夏说：“起予者商也（“商”是子夏的名字），始可与言诗已矣。”意思是说，使我受到启发的是商啊！这样的学生，我可以和他谈诗了。

每次见到夫小冯爱东、刘红这样的校领导、老师们，我都会想到《论语》中的这个片段，都会想到“素以为绚”“绘事后素”。我特别在意这个“素”字，我甚至以为至“素”其实也是一种“绚”。这种“素”按照子夏的理解，就是做人的底色。做人有个洁白的底色，才可以真正的“绘”，也才会有真正的“绚”。什么是做人洁白的底色？我认为就是一个人向上向善的追求。只要到夫小去，我就会感受到他们的纯真洁净，感受到他们的朝气蓬勃。“我来到这个世界，就是为了看见太阳。”夫小人的昂扬与奋发，其实就是让巴尔蒙特的诗句成为师生们的精神大合唱。我不知道他们自觉与否，但我看到学校的领导老师不懈努力着的，就是引导孩子们打好精神的底色。夫小对孔子文化的传承，直抵孔子思想的核心，“亲仁”是贯穿学校文化建设始终的。一部《论语》，“仁”出现了109次。后人说：“故孔门宗旨，惟是一个仁字。”（明儒罗近芳语）在孔子那里，甚至也是在中国文化中，“仁”是宗旨，是根本精神，是文化要义，是核心理念。夫小的教育首先致力于打下“仁”的基础，是紧扣根本的。有了这样的精神底色，孩子们一定会成就绚烂的人生。

印象之二：风乎舞雩

> 暮春者，春服既成，冠者五六人，童子六七人，浴乎沂，风乎舞雩，咏而归。
>
> ——《论语·先进第十一》

有一次，子路、曾皙、冉有、公西华四个人陪孔子坐着，孔子让每个人说说自己的志向，其他三人各言其志后，孔子让曾皙说，曾皙弹琴接近尾声，铿的一声把琴推开，说了上面这段话，孔子长叹一声道：“我同意曾点（曾皙名点）的主张呀！”可以说，这是曾皙的同时也是孔子的理想。我常常把这段话看作一幅画，看作一幅如沐春风的乐学图。关于“乐学”，孔子有不少论述。比如“饭疏食，饮水，曲肱而枕之，乐亦在其中矣。”（《述而》）“女奚不曰，其为人也，发愤忘食，乐以忘忧，不知老之将至云尔。”（《述而》）“知之者不如好之者，好之者不如乐之者。”（《雍也》）为什么讲“乐学”？是因为学习让人经历到了强烈的审美体验，感官的愉悦和情感的震撼让人得到审美的满足，又产生更强烈的审美愿望。“假我数年，若是，我于《易》则彬彬矣。”（《史记·孔子世家》）孔子本人就对更深层次的审美有着强烈的期盼。

夫小的孔子文化教育，就其内涵说，就是两个关键词，一个是“亲仁”，另一个则是“乐学”。他们对乐学课堂进行了多年的研究与探索，他们强调的“乐学”，是由主动学习、快乐学习而激发的主体精神力量的昂扬。学生与学习本身完全相融，获得心灵的愉悦和情感力量的震撼，在学习过程中得到审美的满足，学习的动力系统得到彻底激活，并对新的学习充满向往，激发出更强烈的审美期盼。这样的理解是抵达孔子“乐学”精神内核的！更为可贵的是，在夫小听课时，在看刘红等老师的教学故事时，我都深刻地感受到夫小的课堂有点夫子游学的味道，夫小的孩子在课堂上有了些如曾皙描述的，在舞雩台上沐浴春风的感觉。

印象之三：郁郁乎文哉

> 子曰：“周鉴于二代，郁郁乎文哉！吾从周。”
>
> ——《论语·八佾篇第三》

孔子说：“周朝的利益制度是以夏商两代为根据，然后制定的，多么丰富多彩啊！我主张周朝的。”可见在孔子那里，丰富多彩是十分重要的。《礼记》说“五色为文”，也是指文化的丰富性。在夫小，看过孩子们的活动，我心里念叨的就是孔子的这句“郁郁乎文哉”。“开笔礼”“成童礼”“状元礼”是夫小的三大经典礼仪。金生鈜教授对此有过深刻的解读：“在这样的庆典中，儿童跟随着礼仪指引的方向，憧憬自己前进的道路，把接受教育和成长看作是一种公开的承诺，从而在仪式的严肃中获得一种价值认同。”学校在“尚礼”方面还有奥运缶、民乐团、古诗新唱等弘扬传统礼乐的活动，还有秦淮小导游、民间小艺人、文明小天使、我能行俱乐部等角色体验活动。在这些活动中，学校旨在“浸润”，好的立意借助好的形式表达，是可以直抵师生心灵的。

在夫小学校文化建设中，制度、组织、课程、活动、环境是整体设计的。亲仁尚礼：浸润式德育建构；志学善艺：游历型课程建设；切问近思：乐学课堂实践探索；诲人不倦：贤达教师自主发展；择善而从：道德领导制度变革；孔韵流芳：主题校园环境建设。他们在尝试建构孔子文化关照下的素质教育实践框架，努力探索学校文化建设新的路径；而且，在守护与超越中，已经有了令我们欣喜、感动的累累硕果。人们在讨论学校文化时关注于三个方面，第一是学校的核心价值观，它回答“为什么”，比如夫小传承孔子文化，文化化人，文化立校。第二是“做什么，怎样做”，就是制度、组织、课程、活动、环境等方面，在夫小构成了丰富多彩的文化主线体系。第三则是可能看不见摸不着的，如同流动的空气，又无时不在，无处不在。在夫小，“郁郁乎文哉”就在于我们感受到师生对学校的核心价值观有了高度的认可，形成了高度的自觉，举手投足之间，有了一种“夫子气”。而我们相信，这种气度、气质、气味的东西会伴随孩子们的一生，我想，这就有了真正的文化，这也是夫小真正成为名校的力量所在！

本文为《江苏教育研究》“幸福教育的样子”专栏文章。

乐在其中
——无锡师范附属小学的“乐学教育”

“乐学教育”是无锡师范附属小学的一面文化旗帜，上个世纪90年代，国家教委向全国推广“愉快教育”的成功经验，锡师附小是7所实验学校之一。迈入新世纪以后，他们又在“捍卫童年”的思想指导下，深化乐学教育的研究和实践，特别是在课程开发等方面取得了新的成绩。每次到锡师附小，迎对孩子们的盈盈笑脸，喜闻师生们的欢声笑语，就会感到和他们一样乐在其中，甚至还想和他们一起哼唱1915年时光的校歌：“弟敬师爱和乐一堂，你我地久天长。”

一、儿童文化是“乐学教育”的思想根基

1. 关心儿童是锡师附小百年发展的重要文化基因

首任校长提出学校的“三大使命”，即成为当地教育研究的中心，养成师范生的基地，实施儿童教育。1931年创办的校刊《儿童与教育》，今天依然勃勃生机。改革开放后提出：“轻负担，高质量，把学校办成儿童成长的乐园。”进入新世纪，又提出“捍卫童年、启迪童年、放飞童年”的办学理念，申明并实践：我们有一个承诺，那就是捍卫孩子的童年；我们有一个告白，那就是启迪孩子的童年；我们有一个希望，那就是放飞孩子的童年！

2. 理解儿童是锡师附小近些年来重要的理论功课

每次看到锡师附小的材料，除了在中小学材料中常见的鲜活感外，还常常有我为之感动的学术性。钱阳辉校长在鼓励老师们创造自己的教学风格时，提出要经过“抽象的贫乏——丰富的杂乱——清晰的结构”这样一个不断建构的过程。教师群体对儿童文化的理解其实也经历了这样一个过程，才在儿童观方面形成具有相当深刻性的理性认识。

（1）童年价值。恰如经济学家萨默斯说，童年的部分意义在于童年本身，童年是否幸福，不仅在长大后是否成功，还要看儿童所持有的那些福祉是否得到享受。童年对于一生的价值，正如刘晓东教授打的比方：如同树木一样，那最初的年月被记录在年轮最核心处。也如周国平教授所说，在每一个看到懵懂的孩子身上，都有一个灵魂在朝着某种形态生成。

（2）儿童文化。儿童文化是快乐文化，表现为对生存理想的追求。儿童文化是整体性文化，他们总是用整体的方式感觉世界和对世界作出反应。儿童文化是活动性文化，其中以游戏精神为核心，表现出自由的想象和创造，勇于体验和合作，都是童心、童趣、童真的真实表现。儿童文化是开放性文化，儿童文化是未定型的，不成熟的，过渡性的，它始终处在生长状态，极具可塑性和再生性，再加上信息时代的特征，儿童文化的结构表现出多元和开发的状态。

（3）儿童发展。小学是基础教育的基础，这个基础应该是全面而深刻的，说全面，是说生长点应该多样，分布要尽可能均衡；说深刻，对这些生长点的认识和理解要超越知识和技能，达到思想和理念，即对核心知识、核心规律、核心思想要深刻理解儿童的发展应该有自己的状态，犹如树木生长，只要给予阳光、雨露和空气，生长是自己的事。

（4）儿童教育。教育是保护、唤醒、滋养、引领。说保护，就是保护儿童的童心、童真、童趣，这是一个人最重要的精神核心；说唤醒，就是激活儿童生命中蕴含的千百万年人类进化的“真善美”的基因；说滋养，就是创造文化氛围，通过“濡化”让儿童在多元文化的相遇中实现文化的超越；说引领，即商定一个目标，确立一个理想，提供一次资源，给予一定的支持，引导孩子们更好地走向未来。

我在这里摘抄锡师附小材料中的片段，是源于我对他们理论探索的勇气的钦佩，同时我感到，明乎这些道理，对于我们每个实践一线的同志走向自觉状态是十分重要的，所以希望有更多的同志分享这些理论功课的成果。

3. 浸润于儿童文化是锡师附小文化建设的生动气象

在锡师附小，理解儿童、热爱儿童、儿童为本、儿童立场等等，不只是光荣的“过去时”，不只是理性的表达，而是一种空气、一种味道，内化于心灵，凝炼成制度，见诸于细节，弥漫于校园。为了儿童发展的“得”，他们敢于“舍”，向社会宣称，不追求升学率，希望给学生宽阔的知识和充满生机的活力；强调“不去争第一”：第一的背后有损失，我们追求的是上乘；不理睬竞技体育——自己搞健康运动会，学生100%参与。有了这些“舍”，学校轻松了，学生轻松了，老师轻松了，也才有真正的儿童成长意义上的“得”。正是要“捍卫儿童”，他们多了些“无”，但“无”中生成了“有”。学校没有通常见到的大片绿地，没有为了养护树木花草设置的围栏，没有一块竖着的“不许践踏”之类的警示牌。正是这些“没有”，使学生的活动拥有了最大可能提供的空间，所有的花、树都沿墙栽种，小树林、小竹林种得很稀，让孩子们轻易就能在其间穿越。处处用心，让每个细节都体现着以儿童为本。儿童文化是很容易被虚化的，但锡师附小却做得很实，这种“实”主要来自我们下面要详细讨论的课程开发，他们的部级规划课题就是“乐学教育的深化——浸润于儿童文化的课程开发”，其中许多对课程独到的理解、发现和表达，相信会给兄弟学校带来有益的启迪。

二、课程开发是乐学教育的主体路径

1. 课程开发的思想建构

锡师附小的课程开发，在基本原则上明确要处理五个关系：第一，处理核心知识与背景知识的关系，兼顾知识的广度和深度，使二者相生相长。第二，处理直接经验与间接经验的关系，努力让儿童的体验、感觉、实践等直接经验与间接经验相结合，使之相遇、交融，达到视界融合。第三，处理一般发展与特殊发展的关系，关注培养学生的兴趣特长，以求学生全面而有个性地和谐发展。第四，处理认知过程和情意过程的关系，将二者有机相融，使教育教学情智交汇。第五，处理教师主导与学生主体的关系，充分发挥师生双方的能动作用，让师生投入全部的知识、智慧、情感、价值，让课程开发与实践焕发生机和活力。

2. 课程开发的整体框架

锡师附小形成“三类六型”的课程整体框架：

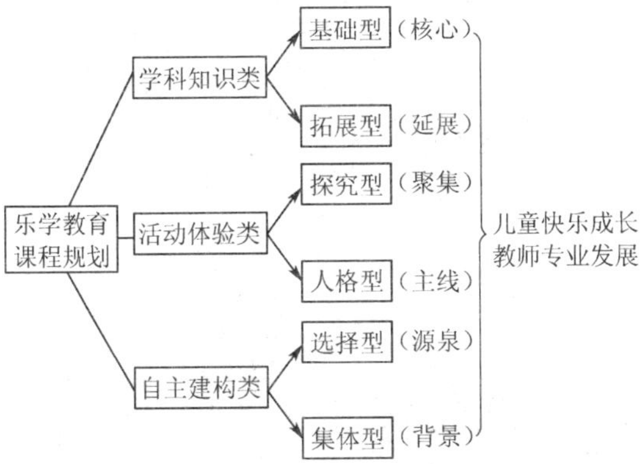

课程结构体系分为学科知识类、活动体验类、自主建构类三大课程，这三大课程在儿童的学科、活动、兴趣等发展空间中互为影响、紧密关联。三大课程又分为六型课程门类：学科基础型建构从文化理解出发，回归儿童快乐、游戏、自由、本真的境界，在儿童视界的观照下提升对学科知识的认识和把握能力，起着核心作用；文化拓展型课程引领学生读万卷书，行万里路，起着横向延展的作用；合作探究型活动从儿童主体出发，关注社会文化现实，在儿童与社会、自然、自我、成人等方面开展多种实践活动，聆听儿童获得有关生活世界的自主体验，有着纵向深入的功能；儿童人格体验型课程像根红线贯穿于学习和生活的全过程，成为课程的主线；自主选择型课程从儿童的特殊要求出发，为每一位儿童开设满足他们自主发展需要的课程，彰显和生成儿童独特的文化和个性，具有源泉作用；班级经营型课程则是儿童学习的背景，是儿童生活的家园。“三类六型”课程不是绝对孤立、相互割裂的，而是你中有我，我中有你，纵横交错，整体交织，形成了立体的课程框架，从不同的侧面与角度引领儿童的全面发展和教师的专业成长。

3. 国家课程的校本化开发

锡师附小对国家课程开发的基本思路是：课程定位的确立——课程改造的思路——教学实践形态的探索。课程定位根据学科特点、儿童要求和乐学教育思想确立；课程改造的思路包括教学内容的改造和教学过程的优化；教学实践形态的探索从转变儿童学习方式的角度展开。如数学学科的开发实践路线和框架是：

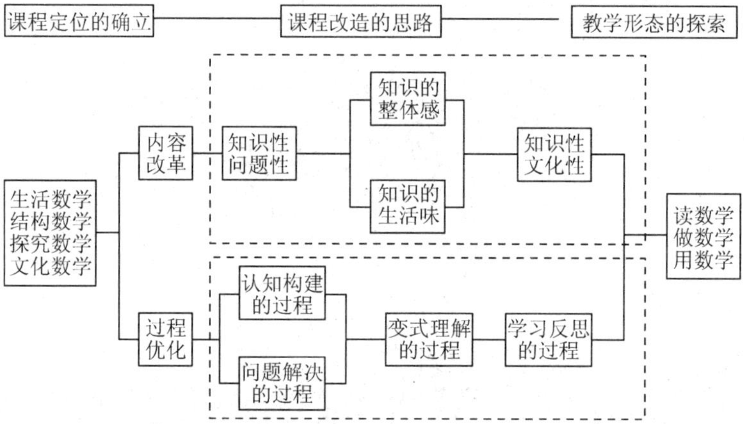

4. 校本课程的开发

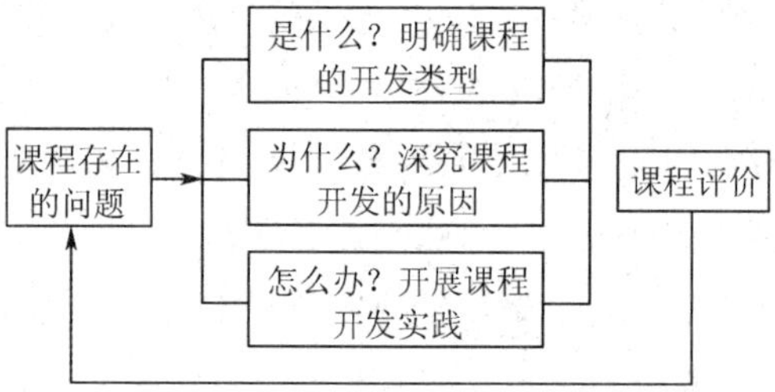

校本课程开发的思维模型是：

例如，学校开发了"自我选择"课程，其中有"主题节日""校园吉尼斯""十万个为什么""兴趣跑课"等。以"兴趣跑课"说，就是针对有些校本课程不能满足学生的兴趣要求，不能顾及学生的个性差异，有时甚至强制性地要求所有学生必修某一种统一的校本课程，还有以打造学校特色为借口。锡师附小努力为每一位学生量身定做"兴趣跑课"的校本课程，学校在征求学生、家长和教师意见的基础上，提供选修课目录菜单，让学生自主选择，学校根据学生的选择打乱原有年级、班级和人数限定，根据课程本身的特点重新进行编班，学生根据自己选定的课程到相应班级选修喜欢的课程。学生可根据自己的实际情况，申请更换课程。

课程评价采用描述性方式，并尝试学生、家长、教师三方共同参与评价，使“兴趣跑课”真正成为个别化、个性化的课程，深受孩子们的喜爱。

三、审美性是乐学教育的重要特征

1. 审美性的自觉意识

“乐学教育”主要不是感官上的愉悦，它的深刻性在于其审美化的实现。锡师附小对这个问题有清醒的认识。第一，他们理解的儿童文化有一个重要的元素就是快乐文化，他们的课程浸润儿童文化包括指向让儿童享受童年的快乐时光，这里的快乐更多是成长意义上的，是包含知识的充实感和精神的升华感的。第二，他们在课程设计和课程实施中，非常关注规律性与目的性的统一，审美形式与审美内容的统一。在儿童发展灵魂性观念的统摄下，他们非常重视对核心知识、认知知识、认知策略、思维能力、学科特质的理解和把握，同时又在教学过程优化、教学风格的铸造等方面着力，追求伦理性、科学性、审美性的内在统一。第三，他们较好地处理了乐学（教）与苦学（教）的关系，关注师生主体性的唤醒，让教学和学习真正成为“自由的生命表现”（马克思语）；重视内驱力的激发，让教与学处于“高涨而又热烈的情感中”（哥白尼语）；不断赋予师生挑战性的期望，让他们在教与学中“体验克服困难后的自豪感”（苏霍姆林斯基语）；引导师生走向创造性教与学的境界，让师生深刻体会到知识是“探索和创造的成果，亦是用思维和心灵劳动的结果”（苏霍姆林斯基语）。

2. 快乐课堂的实践

课堂是学校教育的主阵地，锡师附小多年来致力于快乐课堂的研究与实践，形成了自己对课堂独特的理解与发现。我个人特别感兴趣的有：第一，注意对儿童学习资源的研究。研究整体的知识背景，在整体意义上更好地把握知识、智力、精神、情感、意识、思想、生活等等触点；研究知识的核心小系统，“小立课程，大作功夫”，尽可能精简知识，腾出时间让学生活动；研究知识背后的资源，揭示知识的神韵，更好地把握知识的本质；研究作为课程资源的儿童，关注儿童的知识起点，关注儿童创生的可能性，珍视儿童的错误，使孩子成为课程的有机组成。第二，将游戏引进学习过程。儿童文化的核心是游戏精神，游戏中包含的民主、平等、合作、想象力、自主性、体验性、兴趣性，对于教与学都有直接的启迪意义。锡师附小自觉地把游戏当作儿童教育生活的重要组成，将儿童的游戏设计成教育发生的游戏，挑战思维的游戏，来自生活又超越生活的游戏，与学科本质、儿童文化相融的游戏。第三，改进评价机制。充分尊重儿童，让儿童在学习过程中充满“安全感”；放还儿童权利，维护儿童在学习过程中的合法权益；及时提供评价，根据具体情境选择即时或延时方式；提倡综合多元，整合多种力量，关注儿童整体发展。第四，开展主题研究，比如：（1）弹性化的教学设计（更多关注生成，更多关注儿童文化的教学设计）；（2）学科单元综合活动（探索实现学科课程的重组、排序、整合的课程）；（3）体验作业的研究（变革作业形式，尝试儿童参与）；（4）儿童快乐作文研究（提供儿童自我开发、自主管理、自我评价的空间）；（5）游戏数学（搭建知识与生活、知识与儿童、知识与生命的桥梁）；（6）儿童作品展室（为儿童的表现搭建舞台）……这些主题研究与快乐课堂形成互动相融，有效促进了课堂教学改革的深化。

3. 教学风格的追求

歌德说，风格是艺术所能企及的最高境界。很难看到如锡师附小的老师，有那么多自觉追求教学风格的，这也可见附小的老师们有相当一部分已经在教学艺术的探求中拾级而上，渐入佳境，这些老师的教学在很大程度上是具有审美性的。在我看来，锡师附小老师风格形成的有些努力是具有普遍意义的。第一，超越教学技艺，关注整体发展。乌申斯基说，教学在某种意义上是最高级的艺术，“因为它力求满足人类最伟大的要求——人的本性的完善”。我想，这首先是指教师自身。教师在教育活动中，是审美主体、审美客体、审美中介多重美学角色的综合，才能真正成为人师，也才能在教学艺术的探求中不断精进。锡师附小在建设道德共同体的过程中，首先着眼于每个道德主体的建设，提出修炼进取之心、谦虚之心、反省之心、善良之心、理智之心，就是在追求“人的本性的完善”。如是，才能以灵魂唤醒灵魂，引导孩子们“人的本性的完善”。第二，教学风格是专业素养的自然表现。在锡师附小，这种专业素养包括：爱心——教学风格的内在灵魂；儿童观——教学风格的理论底色；技艺——教学风格的重要凭借。正是这些专业情意、专业理性、专业能力使教学风格的发展水到渠成。第三，对于组织群体，理想的教学风格应提倡主导性与丰富性的统一。一方水土一方人，锡师附小的教师们形成了一些风格的共性，他们将之归纳为大气、审美、扎实、有度，这是附小特有的学校文化熔铸而成的。但每个人都是一个独特的个体，老师们在具有这些共性的同时，又都能“寻找属于自己的句子”，形成了自己的鲜明特色。正是这种主导性与丰富性的统一呈现出“万紫千红总是春”，使得“乐教”的教师群体更具审美的魅力。

本文为《江苏教育研究》“幸福教育的样子”专栏文章。

高扬生命的旗帜

——常州市局前街小学的“生命关怀”教育

如果把东西方哲学做一个比较，不难发现，西方哲学是向外的，是以知识为中心展开的，所以有强烈的“科学”精神；东方哲学则是向内的，是以生命为中心展开，强调教化、修行的，所以有强烈的“生命”意识。面对社会转型期的纷乱和迷茫，李伟平和他的同事们从东方传统文化中汲取营养，高扬生命的旗帜，提炼出“生命关怀”的教育哲学，并以此作为学校文化之魂，引领学校教育的重建，也给我们带来许多启迪和思考。

一、“生命关怀”的内涵

从李伟平和局前街小学老师们的讲述中，我们领悟到“生命关怀”的内涵：

（1）生命的完整性。提出“生命关怀”，就是基于对生命整体的认识。学者们对种生命和类生命有过许多讨论，大致认为种生命是自然的、物质的、本能的，与动物共有的；类生命是文化的、精神的、人类共有的。人之所以为人，正是在于人有文化意义上的生命，人们正是在这里讨论生命的意义。中国传统文化哲学中有生命“往上翻”的比喻，就是提倡人类超越动物本能，提升精神境界，而不是“向下堕落”（牟宗三语）。在学校情境中讨论生命的完整性，还应有终身发展的视角。“生命关怀”不仅在当下，还要同样关注生命的终身存在与发展，关注在人生路上生命不断地“向上翻”。李伟平校长提出关注“生命的意义追求”，“激发孩子内在的生长力”，都是基于对生命完整性的理解和把握。

（2）态度的主动性。李伟平认为，与自然生命不同，人的精神生命的时间与空间是不一样的，一个人如果采取积极主动的生存方式，在同样的自然时间里更加勤勉，就会获得精神生命的延长；在同样的生存空间中拓展奋进，甚至可以感受生命空间的海阔天高。“生命关怀”强调的就是义务、责任、担当。李振刚先生在《中国古代哲学史·自序》中写道：“人的伦理义务和道德责任不仅不可以逃脱，而且具有自身的内在圆满性和价值绝对性。人尽了自己的伦理义务和道德责任，其存在价值便与天地同久，与日月同辉。”这种境界正是李伟平和他的团队“向上翻”的方向。他们认为，源于内心的责任贵在自觉，主动而为，就会获得新的生命的感受，就时间纬度说，会获得成长感、希望感；就空间纬度说，会获得舒展感、丰富感；就生命状态说，会获得新鲜感、力量感。（李伟平：《教育是一种生命关怀》，在“生命关怀”教育理念研讨会上的主题报告）

（3）方式的体验性。文化哲学认为，任何文化形式都是生命的符号形式，是不同的生命形式，而要把握这些生命本质，就要靠陶冶、唤醒和体验。如狄尔泰提出，有体验、表达、理解三种生命存在的过程，并将体验作为教育的本体论起点。（薛晓阳：《学校精神文化建设的新视野》，载《教育研究》2003年第3期）局前街小学的“生命关怀”，其基本方式就是体验，而且更多的是其中的“亲验”。“亲验”是指体验者亲身置于一定的世界关系和生活情境中，经历或受过感动，对自身及其他存在的生存状态及其意义有所体验。相对而言的“想验”，则主要是在积累一定的生活阅历的基础上，运用自己的想象去领悟别人的存在状态。（刘惊铎：《体验：道德教育的本体》，载《教育研究》2003年第3期）局前街小学十分在意引导学生进行交往性实践，这种交往有师生交往、生生交往、学校与家长的交往，甚至还有与小虫小鸟、小猫小狗、小花小草的交往，这些交往构成了儿童发展的丰富的外部世界，这种交往关系也构成了儿童实践的主要范畴。同时，学校又搭建种种舞台，提供各种岗位，给老师和学生的发展提供情境和土壤。在这样的交往和情境中，生命的过程也就有了自我体验的意味。

二、“生命关怀”的实践

近些年来，李伟平“生命关怀”的学校实践，隐含着学校教育重建的宏大意旨，他们的“重建”在某种意义上就是把“生命关怀”落到实处。

（1）重建组织。这样的组织结构的特点是：第一，从垂直走向扁平。决策层最大可能地缩短了与基层的连接、联系，中层连接基层则形成了支持与服务的关系。第二，从单一走向多元。行政组织、非行政组织并存，构成具有活力的开放的组织体系。第三，从统领走向合作。每个组织内部都构成责任人与合作者的关系。新的组织形成上下沟通的直接性、责权分工的明确性、活力激发的内在性，一方面努力体现“生命关怀”的理念，另一方面为“生命关怀”理念的落实提供了有力的保障。请看常州市局前街小学的组织结构图：

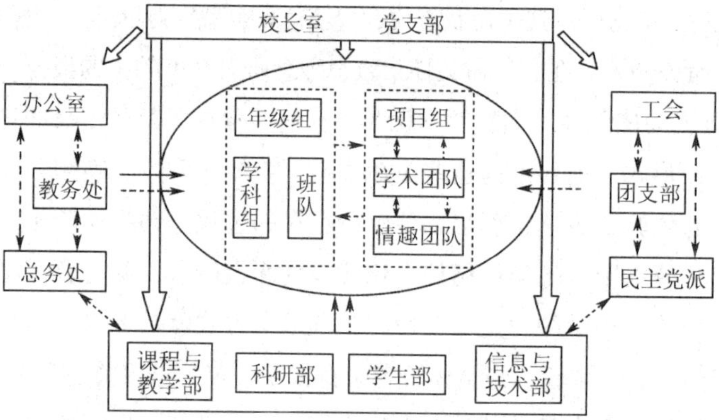

（2）重建制度。局前街小学的制度重建，其实也可以看成“生命关怀”理念的制度表达。第一，生（师）本性。李伟平说自己只为一件事而这样做，那就是为师生健康主动发展而做。他们的制度设计努力把成事与成人结合起来，在成事中成人，以成人促进成事。这里的“成人”照顾到全体，又不忽略每一个个体。如班级岗位设计，人人有岗，每个学生都参与到班级管理之中。第二，民主性。从2003年开始，学校每三年制订并实施主动发展规划，每一轮规划的制订，都是学校利益相关者共同介入，几上几下反复酝酿。大家共同描绘学校发展的“共同愿景”，就会齐心协力去为之努力，局前街小学的制度制订大致都经过了这样的民主程序。学校还开辟了“局小论坛”，构成一个集思广益的稳定渠道。第三，反思性。局前街小学建立了制度更新机制，以动态生成保持制度新态。每个月学校都要对相关制度进行调研，发现问题，提炼经验，同时反思制度是否合理，是否需要更新，这就使学校的制度建设保持张力，具有不断创新的质素。

（3）重建课堂。局前街小学是以“生命关怀”理念贯注课前、课中、课后，形成整体课堂教学优化的。课前，通过教材重组实现书本世界与生活世界的沟通，在教学设计上具体到一类学生和每个学生的前在、现在、潜在状态。课中，展开立体、灵动、开放的结构（见下图）。课后，在教学评价中关注全体与关注差异结合，重视结果与重视过程并重，学科知识的积累与学科价值的获得统筹，促进教学全面发挥育人功能。

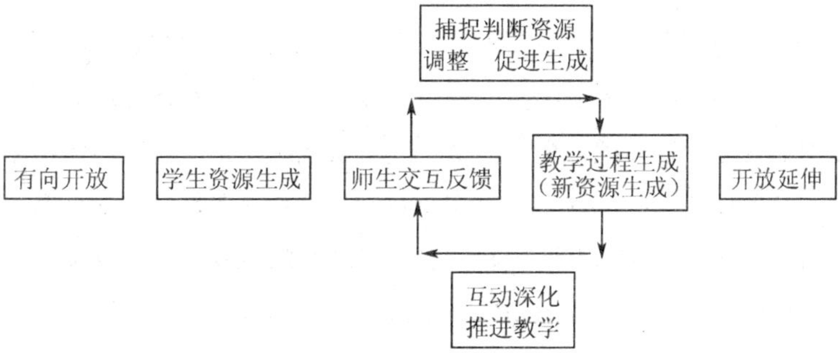

三、“生命关怀”的发展

李伟平的“生命关怀”理念还在实践之中，恰如局小的老师们所喻，现在吹奏的还只是悦耳的“春曲”，距离硕果累累的“秋收”尚有些时日。由于工作关系，笔者与伟平等校长经常有交流，基本上是一个“坐在路边鼓掌的人”。这里从旁观的角度提一些建议，供李伟平的团队参考，以四个“从……到……”概括。需要说明的是，这里的“从……到……”并无排斥的意味，而旨在强调边际的扩展。

（1）从理念到目标。李伟平校长提炼出“生命关怀”的教育理念，有了学校文化的核心价值观，在这个基础上，我非常希望“生命关怀”融进局前街小学的培养目标。一所学校的培养目标是国家对学生规格要求的校本化表达，局前街小学校本化的培养目标就是具体回答局小的老师、学生是“什么样子”，具有怎样的“生命关怀”的气质。这样，“生命关怀”就有了行走的力量，就会引导学生们的人生旅途都能高扬生命的旗帜，奏响“向上翻”的音程。

（2）从引领到修身。李伟平提出“生命关怀”有着性格的使然，他本身是经常为教师着想、为学生着想的校长，他注重师生“亲验”，自己则有较多的“想验”。往高标准说，李伟平是一名人民教育家培养对象，“生命关怀”也远远不止于一两位引领者，所以强调引领与修身的内在一致是很有必要的。中国传统文化非常强调“己欲立而立人，己欲达而达人”，“自天子以至于庶人，壹是皆以修身为本”。（曾参：《大学·第一章》）诺贝尔奖获得者黑塞写过一篇《获得教养的途径》的文章，他强调文化经典是我们每个人获得教养的途径，我以为一个优秀的教师也应该成为学生获得教养的途径，同时又有引领学生发展的担当，这样就从己立、己达走向立人、达人了。

（3）从经验到科学。从李校长和局小老师们的讲述中，我们会有很多的感动，他们已经做得很多，已经有了丰富的经验，这很重要。“实践出真知”，由实践领悟的知识和技能比很多理论更加靠谱。随着实践的深化，局小还要积累经验，同时要有一种理论建构的勇气，这就需要我们从经验走向科学，学会用理论解释我们的行为，在经验的基础上形成我们自己对教育问题独特的理解和表达。也许在许多个李伟平的努力下，我们会发现中国教育理论的一些本土性、原创性的东西，这种光荣的使命是不可能在书斋中完成的，我希望李伟平们添就“舍我其准”的勇气。

（4）从彰显到内隐。局前街小学努力让“生命关怀”落到地上，做出了很多看得见、摸得着的努力，这很重要，而且还需要这方面的努力。但是我更期盼一种境界，那就是局小的老师们在《局小教育》中所描绘的：“带着生命的气息，装满关怀的香气 / 随着暖风四处飘逸 / 一棵树 / 一片叶 / 一种色彩更浓的倾诉”。

如果我们的“生命关怀”有了这样的气味，又如同到处流动的空气，甚至这种气味还会伴随着孩子们的终身行走，那是一个多么令人陶醉的场景啊！以我对伟平校长和局前街小学的了解，我们应该对此充满期盼和信心！

本文为《江苏教育研究》“幸福教育的样子”专栏文章。

郁郁乎文哉

——海门市东洲小学的文化建设

有位学者在访问海门市东洲小学后，发出这样的感慨：一棵草长在别的地方就是一棵草，但长在东洲小学的校园里，那就是文化了。在这个校园里，一草一木总关情，每一堵墙壁都在说话，可以借用孔子当年的一句评语："郁郁乎文哉。"

文化，如果与民族、地域、群体、组织联系在一起，它就是特色。美国著名人类学家露丝·本尼迪特认为："（文化）是通过某个民族的活动而表现出来的一种思维和行动方式，一种使这个民族不同于其他任何民族的方式。"（［法］维克多·埃尔：《文化概念》，康新文、晓文译，上海人民出版社，1998 年版，第 5 页）1982 年在墨西哥城举行的第二届世界文化政策大会上，联合国教科文组织成员国将文化定义为："文化在今天被视为一个社会和社会集团的精神和物质、知识和情感的所有与众不同显著特色的集合总体。"东洲小学"郁郁乎文哉"，有她与众不同之处，这主要可以从三个方面审察观照。

一、文化资源的丰富性

东洲小学的文化旗帜是"新生活学校"。什么是新生活学校？我在琢磨这个问题时，感到用一两句话很难言其详。但是，如果转换一个角度，从这个文化主张的精神的物质的资源构成来看，似乎又是很清晰的。第一，她是一所新校。东洲小学创办于 1992 年，迄今也只经过 20 年的历程。"新"有时是一种贫乏，但空白有时也意味着无限，曾有诺贝尔奖获奖诗人写下令人瞠目结舌的诗句：“让空白向四面八方打开。”一无所有，在东洲小学成了自由思想的财富，“一张白纸，正好画最新最美的图画”。比如，为了让孩子们双休日在学校里面能学习、活动，他们建设了学校少年宫，于是，就有了海门市少年宫，等等。第二，这是一群新人。从新学校的意义上看，这所学校的领导、老师都是新的，而我这里说的“新”，则主要在发展的意义。因为他们追求、实践、创造新生活，你和这群人接触交流，常常感到他们的变化，“苟日新，日日新”。第一任校长许新海考察过香港教育，回来就办起了“地球村”，进行了综合课程的探索。学校领导、老师相当一部分都有海外进修、游学的经历，两任校长还分别拿到博士、硕士学位。更重要的是他们对新愿景的追寻：新生活学校让儿童学会生活，让儿童在新生活中准备新的生活。第三，新课改构成了学校蓝图的基本色调。特别是本世纪以来，学校是伴随着课改的推进前行的，课程改革的一些基本精神生气盎然地贯注到学校的纲领和实践之中。比如，新课改以后，课程这个概念的地位逐步上升，东洲小学在发展进程中，注意以课程的方式推动改革的深化；新课程以超越学科中心的视角设计课程，突出综合性，许新海同志提出以综合为基本特征，设计学校课程；新课程更加注重选择性，东洲小学开设了 90 多个社团选择性课程，开展新生活教育主题性文化活动，使学校课程更好地面向每一个真实的个体。第四，新教育实验的积极影响。许新海师从朱永新教授，他对朱永新教授说过这样一段话：“东洲小学的新生活教育当初源起可能不在新教育，可能源起东小自己的土壤，东小自己的田野，在这样一种田野生长起来以后，接下去它的成熟需要有一个新的更高理论层次的支撑和支持。”于是，新生活学校也就成了新教育实验的一部分。第五，陶行知创造教育思想的影响。许新海说他们在实验过程中“想到了陶行知，找到新教育的核心就是他的生存教育”。陶行知先生 1935 年发表《创造教育》，提出“由行动而产生思想，由思想产生新价值，这就是创造的过程”。（《陶行知全集（第 3 卷）》，四川教育出版社，2005 年版，第 446 页）陶行知的创造教育就是新教育，就是生活教育，“生活即教育”“社会即学校”“教学做合一”是其三个根本主张，新生活学校在某种意义上就是创造性地实践陶行知的教育思想。

当我们梳理了“新生活学校”生成的文化资源后，再来看现任校长祝禧对新生活学校的描述：它有核心的价值观，独特的学校精神，完善的学校课程体系，系列的学校文化活动，一流的教职员工队伍，富有文化追求，致力于信念和智慧，是科学和人文统一的积淀厚重、风貌独特、充满活力、和谐发展的幸福家园。其中所指，内涵丰富，但图景又是相当清晰的，时代精神、草根原创、群体特征、文化传统，在一个契合点汇合交融，于是，生长出这所“新生活学校”。

二、文化战略的丰富性

建设新生活学校是东洲小学的文化主张，怎样实施，这就需要谋划文化战略。通过对东洲小学的考察，我们可以把这种战略做如下归纳。

一面旗帜：新生活教育。从对东洲小学生成“新生活”思想的文化资源看，这里所说的新生活至少有：（1）真实的生活。首先是儿童的生活，儿童纯真是新生活最为至要的核心元素；其次是要真实地呈现生活、参与生活、体验生活，进而适应生活、创造生活。（2）完满的生活。就是更加关注学生精神发育、精神成长。康德说，教育使人成为人。后面的这个“人”，是物质与精神的统一，是自然生命与社会生命的统一，是种生命与类生命的统一。（3）充实的生活。“新生活学校”指向教育意义上的生活，“教育即生长”，应该不断给师生有充实感、升华感，有扎扎实实而又拔节向上的感觉。（4）创造的生活。陶行知先生说：“儿童的创造力是千千万万的祖先”，“与环境适应斗争所获得，而传下来之才能之精华”，“教育是要在儿童自身的基础上，过滤并运用环境的影响，以培养加强发挥这创造力，使他长得更有力量，以贡献于民族与人类。”新生活学校自然如陶行知先生主张的“六大解放”，把孩子的头脑、双手、嘴、眼、时间和空间解放出来，使他们能够更加健康地成长。

两个主体：师生。在祝禧校长的介绍中，我们感觉到有一个词使用频率特别高，这就是“共”，“共居”“共度”“共享”“共创”等等，在新生活学校里，师生同为主体。以2003年启动的文化英语课程来说，老师们编写了校本阅读课程，学生则按照教材主题单元收集相关信息，自己制作幻灯片讲演。此时，教师即课程，学生即课程，师生共创课程，不仅仅是一种理念，已经成了行动和收获。东洲小学的服务理念是“天天感动学生”，班华教授在考察东洲小学后认为，叫响这句口号其实收获的是“天天学生让我们感动”。我想，这也是教学相长的另一种佳境吧。

三足鼎立：学校、社会、家庭。我国教育与西方教育的一个重要区别，就是我们的学校基本是一座文化孤岛，西方学校则与社区高度融合。在东洲小学，我们看到了“突破围墙”的努力。学校从开放办学到开放师资，到开放课程，到开放课堂，逐步形成了开放教育。祝禧校长在讲述中，很有见地地阐述了个体发展与集体环境的关系，学校开创的实践活动、公民生活，都着力强化社会、家庭对教育的支撑力。

在东洲小学，家长作为学校的教育同盟，共同谋划学校发展蓝图，不断开拓新领域。由家长委员会自发成立的“东洲小学卓越基金”，专门用于奖励东小卓越教师和卓越学生；“东小家长志愿者”则由许多有闲暇时间的家长组成。一个叫“梅子”的家长，是东小第一个故事妈妈，她为孩子们讲故事，组建家长阅读QQ群，每天进行新父母晨诵播报，每月组织家长参加阅读主题沙龙活动，甚至在班主任出差学习时，联系其他家长到学校协助副班主任做好日常工作。还有交通妈妈、安全妈妈、环保妈妈、园艺妈妈、手工妈妈……队伍在不断扩大，在学校的各项大活动中，都能见到家长们身着志愿者服装忙碌的身影。如今“东小家长志愿者”已加入全国萤火虫义工组织。“新父母学校”则由学校为家长定期进行培训活动，提升家长育人能力；“走进千家万户”恢复了家访制度，从校长到老师走进学生家庭，研究儿童生活，倾听家长和社会的声音。

四个阶段：起步、雏形、成长、成熟。考察东洲小学的成长史，我们把前10年作为其文化建设的起步阶段，这个阶段伴随着学校办学条件基本建设的进程，学校的文化立校已在启动。第二个阶段应该是本世纪的前5年，学校提出了五大口号：“我们爱阅读，我们爱运动，我们爱艺术，我们爱实践，我们爱生命”，提出了新生活教育的思想。第三个阶段则以2006年提出“新生活学校”的愿景为标志，学校做得更多的是在诠释新生活教育的思想，在寻觅新生活学校怎样让学生学会生活。第四个阶段则以校庆20年前后为界线，学校对成长史、文化史进行了系统的梳理，对学校精神、理念进行提炼，对学校的未来进行设计和规划。令人欣喜的是，这四个阶段是东洲小学自觉努力而形成的，是一个愿景不断明晰、实践不断丰富、理性不断融入、成就不断彰显、境界不断提升的过程。我以为是有心栽花与无意插柳的内在一致，是可以作为一种战略步骤来加以认识的。

五大主张：阅读、运动、艺术、实践、公民。东洲小学最亮丽的文化名片，就是他们的五大主张。（1）师生共过阅读生活，让阅读成为一种生活方式。他们从晨诵午读暮省的一日阅读生活开始，建设了满天星阅读文化课程。（2）师生共度运动生活，使运动成为一种生活习惯。通过多年探索，找到了学生喜爱的运动项目和课程实施方式，引导学生不断激发运动兴趣，满足运动愿望，体验运动激情，理解运动意义。（3）师生共享艺术生活，让艺术成为生活情趣。6 年中，让学生欣赏 100 首歌、100 幅名画，给每个孩子上台表演的机会，培养学生音乐的耳朵、美术的眼睛、审美的心灵。（4）师生共创实践生活，让实践成为生活特质。东洲小学是国内最早开设综合实践课程的，很早就建有“地球村”实践基地，逐步开发了“大主题引领，多学科整合”的实践模式。（5）师生共居公民生活，让热爱生命成为生活态度。学校首先立足使校园真正成为公民社区，又不断将教育空间拓展到社会和家庭，通过切实措施，培养儿童的关怀之心和公民意识。

三、文化样态的丰富性

东洲小学的文化样态体现在形象、色彩和味道上。

形象：东洲小学有自己的吉祥物东东，这其实是学校培养目标的一种形象表达。正是这个东东体现了东洲小学孩子的精气神，爱阅读的悦悦有底气，爱艺术的灵灵有灵气，爱运动的壮壮有帅气，爱实践的闯闯有锐气。所谓长在东洲小学校园里的草就是文化，大概就是它也有了一种精气神。

色彩：东洲小学“五色为文”，墙面红橙黄蓝绿在说话。按照祝禧校长的解读，红色提醒着师生生活中的秩序和规则；橙色就像黑夜中的星空，闪烁不停送去祝福；黄色为大家增添活力，帮助孩子们成长向上；蓝色是大海和天空的颜色，宁静祥和，帮助师生在烦恼的时候保持平静的心；绿色拥有乐观积极的态度，引导孩子们放飞希望。

味道：幸福的甜蜜。据说，在绝大多数宗教里，天堂的味道都是甜的。我们说，上有天堂，下有苏杭，苏杭的饮食也是给人精致甜蜜的感觉。新生活学校是让孩子们在幸福生活中准备幸福生活，这种幸福如同天堂里的味道一样是甜蜜的。东洲小学师生之间的“天天感动”，其实就洋溢着甜蜜的味道。东东那种阳光活泼的姿态，其实就寓意幸福和成长。据说，台湾有位哲学家认为“生”容易，“活”容易，“生活”不容易。因为这里的“生活”包含了对舒畅惬意的追求，对幸福感受的追求。东洲小学的师生乐观向上，就是因为这所学校“郁郁乎文哉”，就是因为他们能够真正地生活，过上了一种新的生活。

本文为《江苏教育研究》“幸福教育的样子”专栏文章。

向往未来

——南京师范大学附属小学校庆感想

南师附小在庆祝建校110周年时，提炼的活动主题是“实验与爱同行”，师生们回眸110年的时光流转与交替，向前贤致敬，与自我对话。我在参与其间时，深受感动的不仅仅是南师附小100年的努力，而是闫勤校长和师生们对未来的向往，对新的“努力纪”的思量。

一、想象未来

“想象未来”是南师附小校庆活动的基本精神之一，这里的“未来”更多地体现在附小人对教育的认识、理解，体现在附小人的教育实践、教育现象之中。其中的某些思想直抵教育的本质，融入了校本文化和师生性格元素，可以想象随着附小人坚持不懈的努力，学校会在不断变化的情境中，创造出与历史、与当下的努力具有坚实联系的卓越、非凡和高境界。（陈嘉映：《价值的理由》，中信出版社，2012年版，第16页）而这，就是南师附小瑰丽璀灿的未来。我更喜欢用形象的直觉的方法描述他们的未来，我以为那是一所意蕴丰厚的爱的学校，那里有：

（1）童心照耀的爱。南师附小的创办人是“晚清第一功臣”、著名爱国将领、两江总督张之洞，学校的创办就注入了爱的基因。创办第二年，李瑞清校长就提出“视教育若生命，学校若家庭，学生若子弟”的重要观点。继任的罗炳之校长进一步指出：“爱心教育应由浅入深，由近及远，由具体而抽象，由‘爱兄弟’、‘爱邻居’……而至‘爱国家’、‘爱人民’。”建国后，斯霞老师提出“童心母爱”，强调像母亲一样的爱要基于儿童理解、儿童立场，这种教育爱如同空中铺陈而下的流光溢彩倾泻到南师附小温馨的校园，也更加照亮了南师附小的历史，照亮了中国的教育界未来的南师附小这所爱的学校，是有童心照耀的爱作为学校之魂的。

（2）科学内在的爱。杜威说，教育是科学在内的活动，它是圆形的或者螺旋形的，教育是需要螺旋式上升，以至无穷的。1918年南师附小俞子夷校长在《一个小学十年努力纪》序言中指出：“南师附小的方针便重在实验，这是10年前所定的方针，至今没有变更过。”学校当年种种举措创当时教育教学研究风气之先，曾吸引杜威先生实地参观、考察并发表演讲。110年来，实验已经成为南师附小人内在的秉性和风尚，并造就了他们细致的神态、研究的姿态、踏实的步态和执着的心态。未来的爱的学校，一定也会有实验同行的，科学性的真、伦理性的善、审美性的美，一定是会高度融合的。

（3）通体洋溢的爱。一所真正的学校，借用俄罗斯作家柯罗连科的描绘，有“一种动人心弦的调子，像草原的风一样幸福而自由地在那缤纷而辽阔的生活熙攘中间”，有力地倾泻铺洒开来。这时的学校，就有通体洋溢的爱。南师附小的爱，在课程建设、教学改革、师生发展等关键领域都落到地、扎下根。他们致力于将课堂作为“爱的学校”的第一场所，“为学生的生长而教”，遴选和筛滤“最有价值”的知识、“最有力量的思想”，给学生留下“带得走”的东西，朝向学生“智慧”与“精神”的完整和谐的共生，并让儿童努力实现宋代大儒程颐所说“鱼跃于渊”，活泼泼地生长；他们坚持师爱引领，引导老师的教学从“制造”走向“创造”。这样的努力内蕴着一种追求，就是让爱在师生之间，在校园、课堂之间，在设计与行为之间，处处体现出来。这样的努力，总会导致爱的弥散、弥漫。

（4）化为日常的爱。南师附小的校训是“怀大爱心，做小事情”。从小事做起，爱的教育才能成为学校日常生活的“现象世界”。西方有首诗叫《日子》，诗人问道：“我们除了日子，还有什么呢？”“日子”是我们的全部，“日常”就是生命的本来状态。爱的信仰、理念化为日常的生活方式，化为日常的点点滴滴，其实，我们就在平凡中有了崇高，在琐碎中有了伟大。南师附小爱的音响潺潺流向未来，水流一样的“日常”，就有了许多温馨甜蜜的生活意蕴。

二、准备行囊

向未来进发，总是不能赤手空拳的。人生的旅程是需要精神行囊的，南师附小很在意这样的事情。近些年来，他们对校史进行了认真的梳理，对学校文化做了进一步的提炼，整理出版了《斯霞文集》，开展了基于校本的课题研究，等等。在我看来，他们的行囊里有了四本著作，这四本书可以有力地支持着他们向未来进发。

（1）第一本是《教育哲学》。如果需要个性化的书名，自然非“童心母爱”莫属。学校的教育哲学是一个人或一群人对教育基本问题精神的理解、发现和表达，它使人们的思想和行为有了倾向性、稳定性和一贯性。斯霞老师的“童心母爱”是建国以后最伟大的教育哲学。“童心”与“母爱”既是并列的，又是互文的。马拉古奇说，儿童是由一百种组成的。儿童有一百种语言，一百种双手，一百个头，一百种思考、游戏、谈话的方式；儿童还有一百种倾听、惊奇和爱的方式；有一百种欢乐，去歌唱去理解；一百个世界，去探索、去发现；一百个世界，去发明；一百个世界，去梦想。而这些一百，是“一百个一百的一百”只有真正具备了童心，我们方能尊重儿童，理解儿童，接近儿童，走进儿童，以至在某种意义上成为儿童，也才能有真正意义上教育的爱，“母爱”也才会具备教育的价值。南师附小梳理了百余年爱的历程，把童心母爱作为学校的文化灵魂。行囊里的这本教育哲学其意义和影响是怎么估量也不过分的。

（2）第二本书是《教育实验学》。上个世纪初诞生的实验教育学，根据实验心理学的最新成果，努力在教育中引进客观和中性的实验机制，运用观察、实验、数据分析等方法，摒弃主观臆断广义的教育实验，是指有目的、有计划、有组织地通过实验，改革学制、课程、教材、教学组织形式、教学方法和教育管理，以实现或验证某种教育理念或主张，改进和提升现行教育品质，从而促进儿童健康成长的实践活动。百余年来，南师附小从上个世纪二三十年代的设计教学法、道尔顿制、公仆会，到50年代的学制改革，80年代的听说欣赏实验，近些年“爱的课堂”教学方式变革……广义的、狭义的教育实验都有，而且，南师附小的教育实验，都是以对儿童的关爱为最重要的动因，也以此作为检验和评价的最高标准，近期更是提出“实验与爱同行”，有了这样的“教育实验学”，就一定会有对科学精神的坚持。

（3）第三本书是《教育管理学》。南师附小100周年校庆，重印了上世纪20年代的《一个小学十年努力纪》，出版了闫勤校长编著的《一个小学新十年努力纪》，相互映照，相映成趣。仅以闫勤校长的著述为例，对教育管理之道的阐说，就很是精到。比如学校文化的“一致性”，闫勤校长把“爱的教育”作为附小的核心理念和主张，使学校各个部分、各个层次、各个维度在这里得到凝聚。再如《一个小学新十年努力纪》用了大量篇幅，介绍南师附小的课程和教学改革，扣住了教育管理、学校管理的重点。南师附小提出由底色、主色、亮色组合而成的“三色”课程，尽管有值得商榷、推敲的地方，但其努力的方向是值得肯定的。南师附小致力于建设爱的课堂，努力探索“为学生的生长而教”，创造了许多宝贵的经验，他们又以师爱为引领，努力培养老师追求卓越的远大目标、引导老师们突破“高原”现象，不断登攀，可见他们把加强教师队伍建设作为学校管理的关键。他们的教育管理学研究的就是管理者怎样为实现目的，通过有效的途径和措施，提高教育质量、效益的。南师附小的教育管理学让我们体会到人文精神和课程教学改革、教师队伍建设，对办好一所学校的至关重要。很有意思的是，闫勤这里阐述的基本精神和重点，在俞子夷等先生的著作里都可以找到其根脉，也可以看出两个10年以至110年的“努力纪”是一脉相承的，其出彩的地方，既是校本最大的创造，也同时具有普适的意义。

（4）第四本书是《教育现象学》。现象学关注的是生活世界，将现象学的方法运用于观察、研究、思考教育的问题，就形成了教育现象学。在这里，理论和概念被悬置起来，人本身，人的个体性和独特性，人的生活体验，得到了更多的关注。到南师附小，我们常常“阅读”这样的“教育现象学”：我们会看到很多的教育场景，听到许多教育故事，甚至还会与某位、那一群熟悉起来。汪霞教授说：“人类生活中最深刻的东西只有在个体化的王国中才能找到。”（汪霞：《课程研究：现代与后现代》，上海科技出版社，2003年版，第63页）马克斯·范梅南先生说：“现象学的教育学关注的是学生和教师的种种生活体验，并从中获取有益的反思，从而形成一种特有的教育机智和对具体教育情境的敏感性。”（李树英：《教育现象：一种新型的教育学——访教育现象学国际大师马克斯·范梅南教授》，载《开放教育研究》2005 年第 11 期）正是从南师附小师生的日常生活里，人们领悟到许多南师附小的精神，领悟到许多教育的意蕴，这里的教育现象和对教育现象的关注，也是走向未来的宝贵资源。

三、扬帆启航

南师附小已经走过去 110 年，现在站在新的起点上，愿景美好，行囊饱满，正待书写新的“努力纪”。

（1）以明灯引领航向。现任作协主席铁凝女士曾有《文学是灯》的讲演，她回顾了文学对自己成长的巨大作用，她认为文学是明亮了人的精神世界的明灯。借铁凝的说法，“童心母爱”的教育哲学更是一盏“宝莲灯”，她照亮我们的精神世界，也照亮了我们的未来世界，她一定会让附小人在新的征程上少些迷失和迷茫，添就信心和力量。

（2）以有限通向无限。要实现大目标，是需要一步一步踏踏实实走下去的。近十年来，围绕“爱的教育”，附小人就是不断明确有限目标，一步一步向前推进，从“现代斯霞型教师成长的研究”到“薪火相传的爱：基于斯霞儿童教育思想的课程校本化研究”，再到“基于斯霞教育思想的‘爱的课堂’的校本研究”……正是在一个个具体目标实现的过程中，他们又发现新的天地，赋予自己新的使命，在有限上生成无限。他们的脚步是坚实的，前程是不断打开的。

（3）以细微孕育伟大。闫勤校长的“未来宣言”是：“秉承‘怀大爱心，做小事情’”的校训，始终把“爱”和“实验”——这样两个具有附小精神气质的主题词和文化气象不断传承下去，发扬光大，“创造出一个又一个属于南师附小的‘新十年’”！他们的创造，更多的就是“做小事情”，就是点点滴滴、琐碎平凡。正是这样的“日常”，包孕了春风化雨般的濡化，滴水穿石般的积淀，“崇高”“伟大”就成为其中的意蕴。

（4）以创新续写历史。南师附小是在对未来风光无限的想象中，梳理文化脉络，提炼学校精神的，这也就意味着他们的发展战略一定是传承与创新的内在统一。我特别希望，他们以创新续写历史：要有大视野，要走在思想前沿、技术前沿、审美前沿，体现真正的时代精神；要有大气魄，坚守理想，坚守信念，坚守品格，在合理扬弃、自我更新中创造新的自我；要追求大境界，要让学校成为爱的乐园，成为素质教育的示范，成为斯霞精神沐浴下的教师发展学校，要让学校在全市、在全省、在全国，甚至在国门之外，都有广泛的影响力和引领力。

“潮平两岸阔，风正一帆悬。”南师附小应该有，也一定会有这样的万千气象！

本文为《江苏教育研究》“幸福教育的样子”专栏文章。

美丽的蝴蝶结

——江苏省扬州中学科学与人文融合教育

有一位理工大学的校长，在新生开学典礼上，拿出一个栩栩如生的蝴蝶结，告诉坐在台下的学子们：这只蝴蝶美丽的双翅，一个叫科学，一个叫人文。突然，他迅捷地解开蝴蝶结，蝴蝶结“还原”成一根长长的红绸带。校长语重心长地告诉学子们，科学与人文是生命整体的两个部分。人生的美丽，很重要的就是要长出这两只美丽的翅膀。徜徉在扬州中学美丽的校园，我会经常想起这位大学校长的比喻，因为，“科学与人文融合”正是扬州中学的文化基因和办学特色。

一、浓厚的文化传统

扬州中学创办于1902年，110多年来，学校培养了一大批优秀人才，校友中有中共第三代领导集体的核心江泽民，原中共中央政治局委员、著名理论家胡乔木，著名作家、学者朱自清；有“两弹一星”元勋黄伟禄，国家最高科技奖获得者吴征镒、吴良镛等49位院士；更有大批专家学者、各级干部、各行各业高素质的劳动者。学生健康成长，学子英才辈出，扬州中学走的是“科学与人文融合”之路。

（1）重视人格养成。科学主要回答“是什么”，人文主要回答“应该怎样”，但它们又是融通的，科学在一定意义上是人文的基础，人文精神则是科学的灵魂。爱因斯坦认为：“科学和艺术本质是一致的，它们都源于对真善美的共同追求，它们又是互利的，互相之间都可以以想象而激发对方的灵感。”（姬旭升：《爱因斯坦》（科学家传记丛记），花山文艺出版社，1998 年版，第 172 页）科学与人文在教育上的融合，自然应当指向完整人格的培养，朱自清先生当年创作的校歌，吟唱的就是：“人格健全，学术健全，相期自治与自动，欲求身手试豪雄，体育须兼重……”扬州中学的老师们说起校友的事迹，或为民族解放光荣献身，或在政界商界文学界叱咤风云，或为科学殿堂增光添彩，或勤勤恳恳坚守平凡岗位，共同的正是扬州中学标志性的建筑树人堂所寓意的，他们都是站起来的“人”，都有健全的人格。正是在这个意义上，胡乔木在重病之际，为母校创作新的校歌，才会以无限的感恩歌唱母校这“生命的摇篮”。

（2）力求文理协调。科学与人文的融合都是要以一定的知识为基础的，梁思成先生当年批评“半人”现象，就是指科学、人文只择其一，另一方面全然不知，于是只是“半人”。正如朱自清先生创作的校歌，扬州中学追求“学术健全”，校友、作家冯亦代回忆当年学校的情景：“虽说‘数理化在扬中课程表和成绩单上始终唱着主角’，但文学、音乐、美术以及体育，从师资到教学设施、课外活动，仍占有不少优势。”据扬中校史记载，扬州中学首以“数理”闻名，而其他各科，“亦皆根基深厚，无不全面注意，力求均衡发展”。八中时期，音乐、美术、手工均作为必修课开设。同时，又开设丰富的选修课程，文科方面开设文学学、文学概论、文学史、英文名著选修、社会学、伦理学、逻辑学、中国近百年史、国家概要、法学概要、东亚各国史、西洋近百年史、科学发展史等，理科方面开设化学实验、矿物学、工业化学、高等代数、高等几何、高等物理实验、平面测量、微积分等，以满足学生个性发展的需要。

（3）体现文理融合。扬州中学曾有名师云集的时代，这些名师很重要的就是文理兼长，率先垂范，给学生带来深刻的影响。2010 年 5 月 10 日，江泽民同志回到母校，他在参观校史陈列馆时，发现一张老照片，上面的人是当年的数学老师杨德隅。江泽民同志深情地回忆道：“这是我的数学老师，他是我的恩师。那时他教我们微积分，记得第一堂课讲极限，杨老师开头讲的是《庄子》，‘一尺之棰，日取其半，万世不竭’。我立即对极限的概念有了清晰的理解，以后再掌握微积分也就顺理成章、直道而行了。”冯亦代回忆语文老师王板哉，说王老师板书时，全班鸦雀无声，都在欣赏老师的“板画”。王老师能把主题、情节、人物性格、作品意境，以“画”呈现，生动形象，历久难忘。这位齐白石的高足，后来成了著名画家。正是这些“全人”式的名师，给学生带来深刻的影响，使得很多学生的发展走向“全人”的境界。冯亦代回忆参加第六届中国作协大会和第七届文化会时写道：“在两会代表和中央领导的联欢晚会上，江泽民同志手敲渔鼓，吟唱道情，接着又唱了两首外文歌曲”，论“出身”，江泽民同志无疑是“理工男”，但其深厚的人文修养令人钦慕。正是扬州中学特有的文化塑就了一批批这样的杰出人才。

恰如有的学者所说，学校文化、学校特色应当具有内生性，应当是从学校文化土壤里生长出来的。扬州中学“科学与人文融合”正是植根于学校深厚的文化土壤，深情藏沃土，树大而根深，自然就有了郁郁葱葱的风景。

二、系统的课程载体

扬中校友、著名作家袁鹰在回忆国文老师鲍勤士时说：“那时的国文老师，一般都不用现成课本。”“鲍老先生从不用书店现成的篇目，全部是自选范文，由学校教务处职员刻钢板油印装订。我们每学期拿到这种课本，别有一种情趣。”创意课程，教材自主，以最合理、最有效的方式提供给学生“食品”，这是扬州中学历史的宝贵经验。扬州中学坚持“科学与人文融合”，发扬课程创新传统，提出“文理兼重，理实交融，中外并重”，形成新的课程载体。

（1）完善三类课程体系。扬州中学的课程体系，主要包括规定性课程、拓展性课程和自主性课程。①规定性课程。这是国家统一课程，包括必修科目与选修Ⅰ的内容，主要关注两大问题：一是“开齐开足”，保证学生的全面发展，保证其在素质结构中不要出现“结构性的缺失”；二是“做实做优”，既要坚守我们优良的课程传统——“严实精活”，又要吸纳富有时代气息的课堂教学艺术，在“轻负”的框架内突出“优质”的要求。②拓展性课程。这是校本特色课程，包括“人文与科学素养类”和“创新思维与竞赛类”两大系列18个模块，216个讲座，目前，有7个模块获评扬州市优秀校本课程，其中《艺海漫步》获省校本课程优秀成果评选一等奖。它主要有两大特点：一是“融通性”，彰显学校“科学与人文相融合”的办学特色，以模块教学淡化学科壁垒倾向，强调综合性和生活性，为学生奠定宽厚的知识基础，形成全球化的视野；二是“选择性”，由本校与高校等研究机构合作，提供足够的课程资源，让学生的个性发展需求得以满足，兴趣、特长得到尊重。为了适应创新型人才培养，拓展性课程在增加综合型课程、实践性新课程等方面，依然存在发展空间。③自主性课程。这是生本资源课程，主要包括社会实践、社区服务、研究性学习和社团活动。我们认为，学生自身就蕴含着丰富的课程资源，在“生生互动”中可以增强学习能力，激发学习兴趣，进而取长补短，形成特殊的“学习场效应”。自主性课程主要有两大性能：一是“体验性”，强调直接经验的获取，提升学生在“自我实践”中学习的能力；二是“群体性”，促进相互合作、自治自动，建立具有“学习共同体”特征的合作小组，进而推动“社团组织”的建设，就是保证学生自我规划、自主发展，促进学生共同进步。

（2）校本课程创新。扬州中学的拓展性课程属于校本课程范畴。扬州中学从2005年积极开展校本课程的实践探索，在卫刚校长主持下，从当初零散的“树人讲堂”模式，逐步发展成体系化、规模化、常态化，包含18个模块216个专题的校本课程体系；从只有个别名师主讲的“讲座”，发展为全校教师参与，集体开发和实施，不断更新的开放式课程形态。从2009年起，学校形成了较为成熟的拓展性课程框架。

	类型	模块		课程内容	授课形式	范式分析
拓展性课程	自选	素养类	历史人物与个性	1.《影视叙事与历史书写》 2.《千古一经 禅宗惠能》 3.《一代雄狮——拿破仑》 4.《李鸿章与中国近代化》 5.《洪宪帝制与袁世凯》 6.《轮椅上的斗士——罗斯福》 7.《赫鲁晓夫其人》 8.《蒋介石与现代中国》 9.《宋美龄的传奇故事》 10. ★《先生回来：记民国的先生们》 11.《林彪其人》 12.《毛泽东二三事》	高一年级及高二上学期；每学期选择一个模块，连续开设三个学期；每周两节课，连续开设12周。加星号的课程为“公开课”，全模块教师参与教学研讨。	优点：模块化教学，系统化，课程化；门类齐全，结构合理；选择空间较大，符合个性需求；体系开放，便于更新和调整；网络选课，跑班上课，实现了真正意义上的“选修”；班级人数控制在50人以内，规模适度；领衔教师负责模块设计，教师可跨学科组合，适当聘请校外资源，全员参与课程开发。缺点：模块内结构还需进一步合理化。
			经典赏析	略		
			英美文化			
			生存智慧教育			
			当代政治经济热点透视			
			人文科技生活			
			走出思维的迷宫			
			物理实验探秘			
			生命科学与健康			
			网络与生活			
			看天下			
			口语与交际			

续表

<table>
<tr><td rowspan="7">拓展性课程</td><td>类型</td><td colspan="2">模块</td><td>课程内容</td><td>授课形式</td><td>范式分析</td></tr>
<tr><td rowspan="5">自选</td><td rowspan="5">竞赛类</td><td>数学竞赛</td><td rowspan="5"></td><td rowspan="5"></td><td rowspan="5"></td></tr>
<tr><td>物理竞赛</td></tr>
<tr><td>化学竞赛</td></tr>
<tr><td>生物竞赛</td></tr>
<tr><td>信息技术竞赛</td></tr>
<tr><td colspan="2">必选</td><td>人文类
通识课程</td><td>1.《子非鱼之辨：中学生美学初步》
2.《身边的历史——口述史的理论与实践》
3.《后现代主义与教育》
4.《头顶的星空，心中的道德律——伦理学视角下的社会道德思考》
5.《情商与智商》
6.《魔瓶打开之后——人文视野中的科技进步与异化问题》
7.《鲁迅作品例说兼谈传统文化之反思》
8.《文化“爆红”现象与大众娱乐需求》
9.《波普艺术漫谈及后现代人类生存关怀》
10.《环境危机与生态文明》
11.《万物有情与物我观照》
12.《儒释道融合背景下的古代文人生存智慧》</td><td>面向高一年级“创新实验班”，每周两节课，连续开设 12 周。</td><td>实验模块，先行试点，成熟以后，全面推开。
融合文、史、哲、艺术等学科知识，着眼于综合素质。
以后将增开科学类、艺术类、体育类必选课程。</td></tr>
</table>

（3）校本教材开发。如扬中历史上那些彪炳校史的名师，今天的扬中老师自然保留了自主开发教材的传统，学校组织各学科教师编写了“科学与人文系列读本”共42册，全国很多兄弟学校都在选用。此外，学校在多年实践的基础上，组织编写了校本教材《树人堂下》；特级教师蒋念祖主编《美育与中学语文素质教育》丛书28种，全国发行；特级教师王雄主编《青春期孩子的心思》，作为江苏省地方教材广泛使用；扬州中学语文组编写的 “对话·拓展——高中语文读本”5种，正式出版，深受欢迎；等等。这些校本教材作为国定课程教材的补充，使学校课程体系更为完整，也为“科学与人文的融合”落地生根奠定了基础。

三、鲜明的教学追求

扬州中学在多年探索的基础上，提出课堂教学的“四原则”。

（1）结构性原则。这里的“结构”一是指学科的内容结构，在知识维度，指学科的基础知识和基本概念体系；在方法维度，指与学科的基础知识和基本概念体系相关的思维方式和行为方式；在价值维度，指与思想方式、行为方式相关的情感、态度和价值观。二是指学生头脑中的知识结构和认知结构，包括相关的知识能力、情感态度和意志行为。

（2）过程性原则。扬州中学的老师们基于“学科教学是思维活动的教学”这一基本认识，强调学科教学既要揭示教材中所隐含的学科专家的思维过程，也要揭示教师的思维过程，更要揭示学生学习的思维过程。这就需要以问题为中心组织教学，以“生长性”问题的提出和解决，形成一节课的主要结构和基本框架。坚持预设与生成的有机统一，并把生成过程中思维的质量作为课堂教学重要的评价标准。

（3）参与性原则。其一，强调教学过程要以学生发展为中心；其二，让教学过程成为学生主动思维的一种实践活动。这里的“参与”，是一种主体性的行为，是积极主动的自觉行为；是“让”出学习的空间，学生力所能及的事引导学生自己去做；是思维的参与，而不是课堂上的表面热闹；是师生间、生生间的互动，包蕴主体间的意义。

（4）差异性原则。指教师在教学过程中，辩证处理统一与差异性关系，在面向全体学生的基础上进行因材施教，使每个学生都能扬长补短，获得最佳发展。

扬州中学在推进“科学与人文融合”的过程中，逐步形成“教学四个原则”，让我们从中认知和感受到：第一，以人为本。上个世纪30年代，美国科学史家乔治·萨顿就提出“新人文主义”主张，这里的“人文”是包含科学精神的。马克思也说过：“自然科学往后将包括关于人的科学，正像关于人的科学包括自然科学一样。”（《马克思恩格斯全集》第42卷，人民出版社，1979年版，第128页）人文教育是关于“人之为人”的，而在马克思那里，自然科学的教育是应包含“人的科学”。“四原则”内在地体现了这样的思想。第二，重视理性精神的培养。新的课程启动后不久，卫刚校长还是一线的数学教师，他在当时的文章中就提出，“把数学理念作为数学教育的目标，是科学与人文相融合的数学教育的基本出发点”，他认为：“理性精神，是指人们超越感情经验的束缚，借助于理论思维获得对于事物本质更深刻的认识。”数学教育“在学生理性精神的形成和发展中有着不可替代的作用。”四原则，重思维，重参与思维，重每个人的参与思维，重生成过程中的思维，都是指向理性精神的培养。第三，提倡创造性地“教”与“学”。“四原则”倡导问题驱动，强调主体性参与，提倡师生、生生互动，都在着重培养创造性意识。恰如贝塔朗菲所说：“教师要致力于培养每个学生的自然的好奇心和创造力，对于探索的欲望及其成功的内在愉悦。”（贝塔朗菲：《重建人类尊严》，载《中华读书报》1999年7月14日）创造性地“教”与“学”，既是人文，又关乎科学。余英时说：“西方人‘为真理而真理’的精神才是科学的真正源头”。可能是在主体性、创造力方面，我们更能理解李政道先生所说的“科学与艺术是一枚硬币的两面”。第四，对每个学生的深层关照。“四原则”关注差异，关注学生伴随正确态度的学习，关注学生知识体系的建构，这是“科学——教育的科学”，人的“科学”，更是人文，以人为本。

四、浓郁的文化氛围

文，“纹”也，在自然界中打上人的印记，于是就有了文化。“以文化人”，文化的意义就在于培养新人，恰如《礼记》说：“五色为文”，扬州中学科学与人文融合的文化建设是相当丰富的，除了上面提及的外，还应该浓墨记载的有：

（1）制度创优。教育力求促进学生个性发展、潜能发挥是扬州中学重要的育人传统。胡乔木在中学阶段即写出《淮扬方言概论》，他后来回忆说："扬州中学给了我们宽松自如的读书环境，这使我们至今非常感激。"著名植物学家吴征镒院士在上高中时，植物老师曾为他专门举办过展览会，展出了他搜集的200多种标本。他说："这对于我热爱植物学家产生了极大的鼓舞。"扬州中学秉承这样的办学传统，在制度设计中体现以学生发展为本的意蕴。

扬州中学的校友们对母校的回忆，或是树人堂这样的地标性的建筑，或是老师们关心学子的某个细节，更多的则是成为文化记忆的活动，前任扬州中学校长、现扬州市副市长董玉海曾提及，民国19年的元旦艺术品展出，陈列品多至2300多件，内容有国画、西画、图案画、摄影、手工等；音乐会演出节目30多场，有独奏、伴奏、二部合唱、四部合唱、丝竹、昆由、京剧、歌舞等。校友回忆当年的情景："全校学生千余人雍雍熙熙、弦弥不辍，为一学府，亦为一大家庭。"今日的扬州中学还时常见到这类的景象。

（2）活动创意。"六个一工程"是学校标志性的活动，其中包括：一体（学习共同体）、一社（学生社团）、一节（校园科技文化艺术节）、一校（中学生课余党校）、一室（心理咨询室）、一台（校园广播电视台）。"六个一"工程中"一社"包含了丹青书画社、新苗子学社、新视野摄影社、树人电视台、树人艺术团等等，可谓是"鹰击长空，鱼翔浅底，万类霜天竞自由"；其中的"一节"，包含学校文化艺术节、科技节、体育节、新年音乐会等等，这些节日精彩纷呈，往往成为全校师生的盛大节日，成为学子心中永久的文化记忆。学校还有诗歌朗诵会、命题辩论、英语课本剧表演赛、"激发学生领导力"系列活动，学生会干部民主直选活动……正是这些充满创意的活动，激发了学生的创造力。

（3）科研创新。扬州中学"科学与人文融合"的实践，基于科研，促进科研。10多年来，扬州中学申请立项国家级和省级课题10多项，开发了自然科学与人文社会科学系列校本教材。老师们出版了"科学与人文相融合"的系列专著，如《数学——从思维到文化》《逻辑探索方法》《美育与中学语文教学》《艺海漫游——文艺欣赏漫谈》《高中历史教学大纲与课程标准研究》等，主编相关论著48部，在国际刊物上发表论文7篇，公开发表省级以上论文600多篇，在核心期刊发表论文200多篇，被人大复印资料中心收录100多篇。这些研究成系列、有深度、进学科，与“科学与人文融合”的实践实现了有效互动。

早在2006年，《江苏教育研究》就曾刊载过一组扬州中学关于“科学与人文融合”的文章，从当时老师们的文章中，可以触摸到扬州中学老师“科学与人文融合”研究的广度与深度，比如王雄老师谈到教师科学与人文的素养，他认为应体现在六个方面。①在认同自然与人和谐发展的前提下，确定“以人为本”理念。这是科学发展的终极目标。②强调质疑与实证，这是科学精神的重点。③服从事实与真理，这是科学精神的基石。④鼓励探索与创新，这是科学精神的关键。⑤倡导民主协作与坚持，这是科学精神的品质。⑥科学之外还有很多激动人心的目标，这是熔铸科学精神应有的视野。各学科老师也都结合自己的学科特质，阐说了“科学与人文融合”的内涵和策略。此处让人想见，扬州中学“科学与人文”融合的实践是多么的扎实；也可以想见，在达成育人目标的同时，老师们的专业成长是怎样的一种蓬勃景象。正惟如此，扬中的学子们才能长成科学与人文美丽的双翅，点缀人世间烂漫的春光。

本文为《江苏教育研究》“幸福教育的样子”专栏文章。

责任教育：江苏省泰州中学的文化名片

近些年来，江苏省泰州中学蒋建华校长倡导“负责任的教育”理念（以下简称“责任教育”），将责任融于生命，将责任融于教育，将责任融于生活，使这所名校的千年文脉流转新生，使以名人、名景、名品闻名遐迩的美丽校园，又增添了新的文化名片。

什么是“责任教育”？在与蒋校长的多次晤谈中，在多次流连于江苏省泰州中学校园后，我对“责任教育”的领悟是：

一、天职意识

天职意识，就是以为是天降大任，责任使然。在我看来，天职意识应该体现在三个方面：第一，神圣感。我们经常讲，教育是一项神圣的事业，怎么就是神圣的事业？就是把教育当作自己的宗教，就是以为从事教育来自上苍的召唤。泰州中学的精神鼻祖胡瑗先生的信条是“致天下之治者在人才，成天下之才者在教化，职教化者在师儒，弘教化而致之民者在郡邑之任，而教化之所本者在学校”。以“天下”之视野思想，自觉地将学校责任与“天下”联结在一起。两度执教安定书院的王艮先生，曾做梦梦到天塌下来，他奋力起来撑天。这些先贤都是怀揣神圣感开创事业的。我们经常引用并作为座右铭的“诗意地栖居”，源于荷尔德林的诗，荷尔德林在“人诗意地栖居在大地上”前面，一而再、再而三地吟诵“人便会欣喜地用神性度测自身”“神本是人的标尺”等等。海德格尔激赏推崇荷尔德林，也使这一诗句广泛传播。在海德格尔看来，“栖居”是超功利、超逻辑、超时空、超生死的，这也就是“诗意”，这也就是天地人神的内在一体。蒋建华校长曾多次引用过一则材料：一位修道士说，在这个世界上有三种人。第一种人有一条命，叫性命；第二种人有两条命，即性命和生命；第三种人有三条命：性命、生命和使命。这三条命分别代表生存、生活和责任。第一种人平庸，第二种人优秀，第三种人伟大。蒋校长提出“责任教育”理念，就是着眼“天下”，就是思考办什么样的教育、培养什么样的人，就是超越了具体的功利观，就是为使命所召唤！第二，敬畏心。人们所说的神性、宗教感并不一定指具体的宗教，不一定指那个人格上帝。这更是一种象征，是超越功利的精神追求，是植根于内心深处的声声召唤，它与宗教感联系在一起，与信仰联系在一起，人们把教育当作自己的宗教，当作自己的信仰，于是就会生成一种庄严的敬畏感。英国人类学家马雷特说：“在所有的英语词汇中，‘敬畏’一词最贴切地表达了最基本的宗教感情。”“惊羡、钦佩、兴趣、尊重，也许还有爱，同样都是敬畏这一基本精神状态的本质要素。”胡瑗、王艮都是对教育有向往、有仰望、有敬畏的，胡锦涛主席回母校接见的洪宗礼老师，对事业“走火入魔般”地投入，就是把事业当作宗教，怀有神圣感、敬畏心去做的，“责任教育”的提出和实践都是与对教育的敬畏心联系在一起的。第三，自觉性。亚里士多德对责任的理解是“自愿和能力”。马克思说：“道德的基础是人类精神的自律。”天职意识就是所作所为源于内心。北宋年间，在泰州从政治学的范仲淹、胡瑗等人，冲破思想界的混浊与黑暗，就是以“贵在自觉”彰显于思想史的。“责任教育”不是上面的任务，不是外加的工作，完完全全发乎本心。蒋建华 2005 年出任泰州中学校长，在深入研究胡瑗教育思想，关注中外教育发展趋势，反思国内教育现状，联系学校发展实际的基础上，旗帜鲜明地提出“负责任的教育”理念，并通过全校师生的反复讨论和教代会通过，最后确定为学校办学的核心理念。这本身就是内在自觉，一种主动的担当。

二、挚爱情怀

“责任教育”怎样体现挚爱情怀？第一，责任源自于爱。弗洛姆在解读爱的内涵时，把责任作为其中的重要元素，可见，责任在本质上就是源于爱。作家毕飞宇在《推拿》获得茅盾文学奖后，说了一句颇引起争议的话："对于小说家，想象力没有理解力重要。"他进而解释道：想象力的背后是才华，理解力的背后是情怀。毕飞宇的《推拿》是写一群盲人按摩师的生活状态和精神世界，对这群特殊的人尊重和爱确实是最为重要的。夏丏尊先生说过，学校是一个池塘，有的人总是关注池塘是方的还是圆的，其实最重要的是池塘里的水，这里的水是爱，是情，至于方圆如何是无所谓的。讲责任，负责任，践行"责任教育"，本身就是因爱而起。第二，爱有教育的意蕴。从泰州中学的实践看，教育挚爱一是基于公正，王艮当年办学，就是高举有教无类大旗的。我熟悉的几位泰州中学的校友，往往谈起60年代在泰州中学读书时，老师省吃俭用给他们资助，总是非常动情的。今天的省泰中校园里，也经常听到所谓学困生"鲤鱼翻身"的故事，都是因为老师具有基于教育公正的爱。比如《人民教育》曾经刊载过费翔同学的成长经历，班主任陈老师面对这个逃课钓鱼、上课睡觉、五门功课只考100多分的学生，给予关注、关心、关爱，唤醒他的内在追求和对自己负责的责任感，使他高出录取线40多分，考上了空军飞行学院，就是爱和责任创造的奇迹。二是爱在终身。蒋建华和泰州中学的老师们不仅爱在当下，而是揣着国家情怀、天下职责、长远期待，把爱在现在与学生的终身发展、终身幸福联系在一起，把爱学生与爱社会、爱国家联系在一起，着眼为社会、为民族培养顶天立地的人。三是播撒幸福。正是因为"责任教育"，使教育的过程，成长的过程，总是"人间四月天"。王艮先生当年说过，学不是太累人的，用今天眼光看，其实也是要减轻过重的学业负担。责任教育对学生当下的生活负责任，就是努力让学生的生活、生长有幸福感，就是让教与学的生活成为幸福的生活。第三，挚爱岗位。蒋建华对责任的理解是与挚爱的教育情怀相联结的。他说，好的校长要做到"三大""三有"和"三靠"："三大"即对待教育事业要有大爱，还要有大度和大气；"三有"即要有自己的办学理念、理想追求、个性风格；"三靠"，要靠爱心、责任心、智慧治校育人。可见，其中最重要的还是一个"爱"。负责任的教师职责要求也是以爱贯注其间的，高莉老师的成长感悟中提出思有高度、业有深度、教有宽度，其实也是挚爱情怀的一种教育表达。诚如有的学生所言，在学校的每一个角落，在学习生活的每一个细节，都能感受到老师的关怀和挚爱。

三、科学精神

胡瑗先生当年针对时弊，倡导培养通经致用的人才，提出“明体达用”的主张，至今文脉承传，“明体达用”成为泰州中学的校训，这就使得“责任教育”天然地具有了科学精神。第一，基于深入调研。蒋校长提出责任教育固然是有感而为，但他们不仅仅“跟着感觉走”，而是基于深入的专题调研，学校对中学生负责任教育现状进行了大规模的问卷调查，深入了解了当今中学生负责任品质的现状、存在问题、影响因素等，了解了我国负责任教育状况，使责任教育有了科学实施的基础。第二，对责任教育形成深刻的理性认识。蒋建华校长和他的团队对“责任教育”的谱系进行了认真的学术梳理，对关键概念有了准确的解释，对基本问题有了科学的认识。比如责任与自由，看似一对矛盾，但在蒋校长的解读中，它们本身是一个硬币的两个面，恰如他经常引用《不列颠百科全书》所言：“公民身份意味着伴随着有责任的自由身份。”自由如果没有责任，那人就是所谓自由的奴隶，就被所谓的自由绑架了，其实他也失去了真正的自由。同样，如果讲责任不讲自由，那是把学生往死里整，那是不负责任！在泰州中学听“责任教育”的一些讲述，有时会让我联想到泰戈尔的诗句：“让我的爱，像阳光一样包围着你；而又让你拥有，光辉灿烂的自由！”第三，构建“责任教育”的实践体系。“责任教育”怎样落到地上？泰州中学有着完整的实践体系，学校制定了“责任教育”指南，对所有师生员工都有明确的职责要求。“指南”分为共同责任和特定责任，特定责任又细化为对校级领导、中层干部、班主任、一线老师、在校学生、教辅人员、后勤人员、学生家长、学校校友不同的职责要求。从培养师生成为责任主体的具体做法看，学校着力培育负责任的学生，开展十大主题教育（道德与法规、责任与奉献、文明与习惯、感恩与俭朴、劳动与技能、生成与环境、心理与健康、生命与安全、审美与赏识、实践与创新），培养十种意识（道德意识、学习意识、规范意识、责任意识、生存意识、俭朴意识、审美意识、公民意识、感恩意识、健康意识），搭建各种平台（“人生规划导航”、“素质教育个十百千行动计划”、泰中“六节”、“青少年科技创意行动计划”等）；培养负责任的教师，成立“中国教育学会教师发展学校”；创建责任课堂，提倡“五感”（方向感、责任感、约束感、成就感、幸福感）、“五不给”（不给学生留不便、不给家长留非议、不给工作留漏洞、不给教学留隐患、不给学校声誉留遗憾），完善个性化成长规划，建立激励性评价制度。这样，步步踏实，着着夯实，责任教育也就落地生根了。第四，讲求工作艺术。蒋建华校长在国外看到酒店刻板式地把鸡蛋煮五分钟，一方面是人家工作的精细使他有所触动，更重要的是他对度的把握有了更好的认识。在一所优质高中里，怎样把握“度”确实既是一种科学又是一种艺术，蒋校长创造性地提出三个适度：适度负担、适度压力、适度宽松，这使“责任教育”的举措更“中国化”，更为稳妥。而这种平衡艺术、中庸意识，在他的管理和教学中时常可见，比如他对教师提出“三要三不要”：要工作也要家庭，要学生也要孩子，要质量也要健康，这其实是包含人文意蕴的科学精神了。

四、大家品位

蒋建华本身有大气、大度、大爱的人生追求，“责任教育”也逐渐有些大家气象。第一，名门流韵。一般而言，“大家”与“名门”“望族”有着丝丝缕缕的联系，所谓“大家闺秀”是也。泰州中学“出身”名门，与胡瑗、王艮这些思想家、教育家相联结，是安定书院、泰州学堂的延续，当代又有国家领袖胡锦涛、科学家李德仁、教育家洪宗礼等，可谓星光灿烂，“责任”二字更是胡瑗、王艮的核心人格元素，是省泰中人重要的文化基因。蒋校长和他的团队自觉地意识到文化资源的重要性，2009年就申报了全国教育科学规划教育部重点课题《发掘“三名文化”，推进“责任教育”实践研究》，其“三名”即指名人、名景、名品。学校通过名人研究、名景开发、名品打造，利用“三名”文化资源中蕴涵的“崇高”“务本”来激励师生，使责任教育与学校文化传统一脉相承。第二，铸塑校魂。文化精髓，立校之魂。泰州中学在推进“责任教育”的过程中，着意让责任文化贯注其间，提炼泰中精神：坚守的目标追求，强烈的进取精神，良好的团队意识，和谐的人际关系，独特的文化韵味；架构文化符号，设计学校校徽和视觉形象识别系统并注册国家商标，设计制作奥运火炬传递纪念邮册，发行安定书院邮票，邀请原全国政协副主席张怀西题写办学理念，邀请范曾先生题写校名，修复、保护安定书院、总书记读书楼，建成洪宗礼等捐建的弘文馆，成立胡瑗思想研究所、洪宗礼教育思想研究所，形成较为完备的符号系统；营造文化场域，收集整理责任教育资料与名家名人箴言，制定《责任教育行动指南》，编写“责任教育”校本教材，开设校本课程，唱响文化主题《责任之歌》，举办责任教育论坛、故事会，创办内刊《责任教育天地》，开办校园网“责任教育”专栏，开设校园广播台“责任教育之声”，链接“中国责任网”等，通过各种活动强化师生承载责任、履行责任、守卫责任的意识。第三，培育新人。“责任教育”意味着首先对学生负责，其前提则应是真正明乎培养什么样的人。蒋建华提出：好校长应当“五观端正”，这“五观”指教育观、人才观、质量观、人文观、幸福观。董旭午老师认为：“‘责任教育’的核心价值指向学生思维、品格、能力、素养的发展和提升，绝不是仅仅对学生的学习成绩和高考负责”，这些教育见解都包含了对“新人”的一种追求。在董旭午老师的教学中，就非常重视学生独立思考、批判性思维的意识和能力，他的学生随笔合集题为《青春，肩起使命长高》，那些文章如《不做乖孩子》《两眼看刘邦》《民意不能承受之重》《关于“地沟油”事件的思考》等等，其间自由的思想、独立的精神、青春的气息，让人不时怦然心动，确乎有种孩子“长高”的感觉。

在泰州中学校园里，当年由胡瑗先生亲手种植的银杏树历经千年雨露阳光而根深叶茂；胡锦涛主席重返母校亲手栽种的一棵银杏树也呈勃勃生机。蒋建华校长经常和老师们讨论的一个话题是：“两胡之外，我们还有什么？”他和当今省泰中人“责任教育”的实践，正在对他自己的提问，作出生动的回答。

本文为《江苏教育研究》“幸福教育的样子”专栏文章。

像光充溢在水晶体里

——江苏省邗江中学的"道德课堂"

别林斯基在《普希金作品集评》中写道："在真正诗的作品里，思想不是以教条方式表现出来的抽象概念，而是构成充溢在作品里的灵魂，像光充溢在水晶体里一般。"江苏省邗江中学多年来从事"道德课堂"的探索研究，道德就像水晶体中的光，孕育在课程设置中，渗透在学科教学中，融化在活动历练中，弥漫在师生生活中，彰显在文化建设中。通过"道德课堂"建设，邗中的师生诗意地栖居在运河之畔，在宽松、愉悦、和谐的环境中张扬着教育的青春。

一、教育理想："合道德"的培养目标

长期以来，"应试本位"的教学观，"知识本位"的课堂观，"分数本位"的评价观，使我们的中学教育有"教"无"育"，有"教"无"学"。教学"灌"，作业"滥"，考试"多"，管理"死"，本应着眼"人"的发展的丰富多彩、充满学习情趣与生命活力的教育过程，变成了单调而令人乏味的知识传授与枯燥而令人生厌的解题训练。在这样的"人学空场"（鲁洁语）中，学生少的是积极、愉悦、兴奋、发现、成功的体验，多的是枯燥、乏味、疲惫、厌烦、挫折的感受。这种热衷于"应试"而忘却"人"的全面发展、丢失了"人"的自由精神与独立人格培养的教育，走上了"不道德"甚至"反道德"的歧途！这种为了"应试"

的教育，与社会远离，与实践远离，与学生生活远离，教学与育人、理论与实践、校园与社区、学习与生活割裂，使学生一天到晚、一年到头，蹲守在教室里，埋头于作业中。沉重的学业负担、过重的升学心理压力、乏味无趣的学习生活，使学生普遍厌学，使校园了无生机。

基于对教育现状的深刻反思和重构中学教育的迫切愿望，江苏省邗江中学从教育伦理角度，以“合道德”的教育哲学为理论基础，原创性地提出了“道德课堂”，并进行了长达15年的体系建构与实践探索。邗中人认为，教育应该合目的：学校不仅要分数、要升学率，更要学生当下的全面发展、特长发展、生动发展，为将来终身发展奠定坚实基础；教育应该合规律：课程规律、教学规律、学生认知规律、人才培养规律，都是国家课程校本实施中必须认真遵循并不断发现的；教育更应该合道德：闪耀人性光辉，让学生在身心健康、精神愉悦的学习与生活中，取得好的文化成绩，提高人生的精神境界。建立在合目的、合规律基础上的合道德，是教育的高境界与高追求。

一直以来，邗中人孜孜以求，秉持“蓄德、修能、日新”的校训，提倡“合道德”的学校教育，寻找中学教育新的行走路径：努力构建由“教室课堂”“校园课堂”“社区课堂”组成的“道德课堂”，让学生过“合道德”的课堂生活，培育为终身学习、终身发展、终身幸福奠定坚实基础的优秀毕业生。

二、实现载体：“道德课堂”的课程教学结构

1. 国家新课程思想呼唤“大课程”观与“大课堂”观

高中课程改革，是我国深化基础教育改革，着眼培育高素质国民的战略之举，是与先行实施的义务教育阶段课程改革相衔接的配套之举，是高中阶段根治“应试教育”顽症、实施素质教育的关键之举。课程改革对基层学校和一线教师是挑战，更是机遇，谁抓住了机遇，谁就会在新一轮的教育竞争中赢得发展的先机。邗江中学结合本校实际和发展愿景，在课程改革中抢抓机遇，提出“合道德”教育理念，以“大课程”观与“大课堂”观为统领，建构了“道德课堂”课程结构体系，为学生的全面发展、个性发展、特长发展奠定了坚实的基础，从而走在了课程改革的前沿。

2. 树立“合道德”的“大课程”观、“大课堂”观

邗江中学贯彻国家基础教育课程改革基本精神，依据本校教育哲学、目标追求、文化传统与资源实际，构建由“教室课堂”“校园课堂”“社区课堂”组成的“道德课堂”，是一种符合教育基本规律的具有校本特色的课程教学创新。把作为国家意志的课程改革与作为校本的“道德课堂”整合起来，正是对“国家视野，本土行动”这一理念的最好诠释。

“全面的质量”成为大课程、大课堂模式的核心。从人才培养的维度来看，基础教育必须着眼于学生的未来，因此，邗江中学“道德课堂”追求的是素质教育全面发展的质量观，即“学习性质量——为学生终身学习奠基；发展性质量——为学生终身发展奠基；生命性质量——为学生终身幸福奠基”。

大课程、大课堂模式着力拓宽教育时空。邗中明确提出：着力优化教室课堂——侧重主体性；全面开放校园课堂——侧重选择性；切实延伸社区课堂——侧重体验性。“大课堂”始终不渝地坚持“学生发展为本”的思想，将课堂教学和道德教育结合起来，让道德在课堂超越以往油在火上的状态，而如同糖融化在水中，喝起来有点甜，却是看不见摸不着的。让学生在自然、自由的状态中，接受精神滋养，更好地健康成长。

3. 建构“道德课堂”课程教学结构

在邗江中学“道德课堂”课程教学结构中，“教室课堂”包括文化科目教学和公共科目教学两大系列。通过反复研究、论证，邗中制定了涵盖教学思想、教学原则、课堂模式、学段模块安排、资源利用、教学活动设计、教学评价等主要内容的学科规范，有效促进了国家课程中科目教学在“主体性”“开放性”“探究性”“创新性”等方面形成突破，较好地彰显了邗江中学科目教学的“规范”和“特色”，确保了国家新课程科目教学的水平和质量。“校园课堂”包括“校本课程”“学生社团”“特长生培养”“特色主题活动”四大系列，呈现为促进学生全面发展、特长发展而提供的丰富多彩的课程菜单。校本课程系列分人文素养、科学素养、生活技能、生命健康四大类，每学段在各个年级共开设60多门校本课程；并分别就教学目标、教学原则、教学规范、模块设计、教学安排、教学评价、成果展示、学分管理作了规定。学生社团共分人文素养、科学素养、

生活技能、生命健康四大类。每学段在各个年级开设启明星小记者团、羲和天文会社、手随心动工作室等60余个社团，分别就社团宗旨、社员招募、活动设计、实施规范、活动评价、成果展示、学分管理作了规定。特长生培养系列分竞赛辅导、升学准备、兴趣特长三大类。每学段在各年级开设数学建模、音乐、舞蹈、绘画、武术、街舞等10多种，并分别就培养目标、培养计划、生源选拔、实施规范、成果展示、评价办法、学分管理作了规定。特色主题活动系列分别就活动思想、活动目标、活动体系、活动设计、实施规范、活动评价等方面作了规定，系统规划并设计了常规主题活动和特色主题活动。“社区课堂”包括社会实践、社会调查、社区服务和研究性学习两个系列。研究性学习系列，分别就学习宗旨、专题设计、时间安排、实施标准、成果展示、评价方法、学分管理形成了规范。每位同学每学段可以参加一个专题的研究，每学段第一周由年级向所有同学公布研究性学习专题，让学生进行选择，第二周学校组织开题，学生根据选题相对集中跨班参加，利用节假日或在学期中穿插进行。每个年级学生都必须到学校的十大校外实践基地去学工、学农、学军，经常组织学生走上街头，进入社区，结合研究性学习，搞社会调查并为社区提供力所能及的服务，让学生在社会实践、社会调查、社区服务过程中接触社会，了解社会，增长阅历，锻炼才干。

邗江中学这种由“教室课堂”“校园课堂”“社区课堂”构成的“道德课堂”，让学生在“大课堂”中关注生命的价值，传递生命的气息，感受生命的成长——让学校教育回归到“合道德”的“本真”中来，成为践行“合道德”教育理想的鲜活范式。

三、课程特色：国家课程的校本化实施

1. 国家课程需要校本化实施

国家课程体现着国家的意志，校本化则体现着学校特色。由于我国地域辽阔，经济发展不平衡，文化背景不尽相同，教育历史不尽相同，尤其是教育教学资源相差很大，所以不能千篇一律，而是要在坚持基础教育课程改革基本精神前提下，学校根据自身性质、特点和条件，将国家层面上规划和设计的面向全国所有学生的学习要求，转变为适合本校学生学习需求的创造性实践。“道德课堂”正是校

本化实施国家新课程的一种创举。

2. 用“课程”思想整合学生的学习与生活

邗江中学在“大课程”观统领下，去设计、开发、实施、评价课程。因此，按照“道德课堂”的要求，以“课程”的思想和弹性管理理念来设计并组织“教室课堂”“校园课堂”“社区课堂”活动，形成独具特色的校园“生活世界”，让学生个性在这个“世界”生长。学校全天候开放图书馆、实验室、语音室、网络教室、劳技教室、艺术馆、体育馆，扩大学生实验、实践、探究的时间和空间；学生在老师的指导下进行电视台、广播台节目和校报、墙报、黑板报、橱窗的策划、编辑、播出、评比工作；切实开展各种社团、兴趣小组活动和每年一度的科技节、文化节、艺术节、体育节等，把校园文化建设纳入“课堂系列”，使“校园课堂”成为巩固、拓展“教室课堂”的阵地和学生展现特长、张扬个性、丰富生活的乐园。在“社区课堂”建设中，一方面，建立社会实践基地，组织学生进行社会实践，开展社会调查、社区服务和研究性学习，撰写研究性学习的论文，把学校课堂知识的学习与“社会大课堂”的学习结合起来，引导学生投入到绚丽多姿的现实生活中，关注科学的飞速发展，关注层出不穷的社会热点，关注鲜活的政治现象，关注民族的、国家的、人类的命运。另一方面，聘请专家、学者来校讲学，拓宽学生的社会知识视野，提高学生的创新意识。同时，开设校内网吧，让学生在经过学校网络管理中心过滤的网络世界中接触“社会大课堂”，了解世界，拓宽视野。

3. 构建丰富的“校园课堂”

邗江中学的“校园课堂”包括“校本课程”“学生社团”“特长生培养”“特色主题活动”四大系列，为促进学生全面发展、特长发展、特色发展提供了丰富多彩的课程菜单。每学期分两个学段分别由学生自主填写校园课堂选课单进行选课，每个年级每周两个课时固定在下午第 7、8 节开设，学生跑班上课或活动。校园课堂开设的教师申报、遴选制度，学生选课登记、指导制度，质量监控、评价制度，资源开发、利用制度，专用教室课表制度等，保证了校园课堂规范有序地实施。学生在高中学习期间，能根据自己的兴趣爱好、特长发展、志向追求的需要来选择课程，进行学习与研究、拓展与提高。

四、教育艺术：春风化雨，润物无声

雅斯贝尔斯说：“教育本身就意味着：一棵树摇动另一棵树，一朵云推动另一朵云，一个灵魂唤醒另一个灵魂。”这种“推动”“唤醒”在邗江中学是丰富而有成效的。

1. 环境育人

邗中校园环境优美，气韵丰厚，独特的文化气息生生不息地涌动，时时刻刻浸润着。邗中在校园文化建设方面始终遵循高标准、高品位，做了大量有益的探索，并取得了可喜的成绩。邗中的文化墙、文化角甚至每一堵墙都在发挥着德育作用，以形象的方式让学生们感受厚重的校园文化氛围；而邗中的校训、校标、校歌、校铭又诉说着学校的育人理念，学校文化就这样在不知不觉中慢慢成为一种“场”，吸引着无数学生，达到了润物细无声的效果。

2. 让课堂洋溢“爱”的人性光辉

苏霍姆林斯基说过的：“爱的教育应当是整个教育的主旋律。”人是完整的道德存在，在学校里道德始终存在于学生的整体生活即“大课堂”中。邗中人用“爱”让道德教育从“教”走向“学”，激起了学生的生命潜能；从“传授”走向“体验”，使学生感悟着生命价值；从“书本”走向“生活”，提升了学生的生命境界！在这个过程中，努力做到把课堂还给了学生，让课堂焕发生命的活力；把班级还给了学生，让班级充满成长的气息；把校园还给了学生，构筑学生生命发展的新时空。

3. 活动具有“教育气质”

邗中的常规德育活动创新开展：“告别陋习、文明言行”活动、“争创星级宿舍、争当文明学生”活动、“校园十大杰出学生”评选活动等有声有色；邗中的特色活动系列有“三大庆典”活动、“三大教育”活动、“三大传统”活动。“三大庆典”活动包括“光荣与梦想”开学典礼、“十八岁成人仪式”庆典、“荣誉与责任”毕业典礼；“三大教育”活动指以“塑造诚信学生，打造诚信校园”为主题的诚信教育活动、以“感恩父母，回报社会”为主题的感恩教育活动、以

“学会休闲，幸福人生”为主题的休闲教育活动；“三大传统”活动包括“重点节日”活动（教师节、国庆节、元旦等）、“爱心”活动（爱心一日捐活动，师生“X＋1”帮扶活动）、“夏令营”活动等。

这些活动闪耀着“合道德教育”的光辉，更加难能可贵的是，这些活动的组织充分发挥了学生的主体作用，国旗下讲话、游艺晚会、体育运动会等重大学生活动一律实行“招标制”，让学生根据学校阶段性德育的总体要求，自行选择题目，自行设计方案，竞争“上岗”。模拟竞争演说，学生会、校广播电台组成人员，一律实行竞选制。班级学生实行轮值制，学生自发成立自律委员会，设立文明监督岗、礼仪示范岗，每一个学生都有机会以一个管理者、评价者、督查者的身份参与学校的文明管理。学生在活动中张扬了个性，展示了特长，丰富了生活。在师生们看来，这样富有“教育魅力”的过程感染，这份教育管理中的“大气与智慧”，如同校园中大气磅礴的校训石一般，都彰显了邗中学校文化的特色。正是这样的浸润、洋溢、弥漫，使邗中文化这块水晶石通体透亮、熠熠升辉。

本文为《江苏教育研究》“幸福教育的样子”专栏文章。

教育爱的生动诠释

——李宏伟校长的“普爱教育”

李宏伟说自己和新海高中很有缘份，他是这所学校的学生、家长、教师，又是主政多年的校长。我以为更重要的，在于他对这所学校文化基因的继承，新海高中的前身是普爱平民义务学校，学校的起步就伴随着普爱的音程。近些年来，李宏伟基于学校文化传统的承传，基于人到中年的生命感悟，又努力倡导探索“普爱教育”，以卓有成效的实践给教育爱的丰厚内涵以生动诠释，将学校发展带入一个新的境界。

一、大爱的本质

教育爱是一种职业的爱，是指教育者对受教育者的爱。它是爱的一种，所有关于爱的本质规定性在教育爱中都应当体现。什么是爱呢？但丁说，爱是美德的种子；泰戈尔说，爱是理解的别名；莎士比亚说，爱可以创造奇迹。学者们的表达不像作家那样富有诗意，但都努力想说明白。朱智贤先生主编的《心理学大词典》为“爱”下的定义是：“作为社会心理学专业术语的爱（love），是超越日常体验所叙述的爱，意味着人际关系中的接近、悦纳、共存的需要，持续和深刻的同情，共鸣的亲爱感情等。”而最有影响力的说法来自美国哲学家弗洛姆，他提炼出爱的要素，似乎也就揭示出爱的本质性。

在弗洛姆看来，爱最核心的要素是“给予”，他又提出：“还有一些其他的基本要素。这些基本要素是所有爱的形式共有的，那就是关心、责任心、尊重和了解。”（弗洛姆：《爱的艺术》，李健鸣译，商务印书馆，1987 年版，第 18 页）弗洛姆又在另外的著作中提出“响应”作为要素。一般以为，弗洛姆的阐述是深刻而透彻的，爱的本质是主动的、无私的“关心”，是基于尊重和了解的“给予”，是“响应”对象需要的支持。这些都应该成为教育爱的底蕴。

在与宏伟校长的接触中，我感受到他对“爱”的真谛的探究和思索，难能可贵的是，他倡导的“普爱”是“属于自己的句子”，他把自己的教育爱的思想凝炼成三句话：

（1）以平等为原则，普爱而不偏爱。首先，爱每一个学生。在宏伟看来，爱学生要以了解学生为基础，教育爱基于对学生身体状况、家庭情况、学习成绩、兴趣爱好、性格气质、交友情况等深刻的了解。他曾碰到一个与英语教师闹别扭的学生，在聊天中得知这个孩子的父母经常吵架，妈妈搬出去居住，爸爸也不管他。于是他主动给这个孩子更多的关心，在校园里碰到他都要聊上几句，以温暖的关爱之情融化孤独心灵的冰块，促进了这个孩子的全面进步。其次，爱学生的每一个方面。“普爱”也有爱学生的全部的含义。李宏伟基于多元智能的理念，注意发现学生身上的闪光点，“响应”学生个性生长的需要，引导学生发展自己的特长。第三，爱学生成长过程中的每个阶段。新海高中建立了学生跟踪了解制度，关注学生在高中、大学以及社会上的情况。在国内外建立多个校友会，引导校友回报母校的同时，让校友们有了新的成长驿站。

（2）以尊重为前提，普爱而不滥爱。普爱而不滥爱，首先就要求爱而不强加，不能以爱的名义替代选择和包办。爱不能是师者的“我以为”，一定要“响应”学生内心的声音，尊重学生的选择。新海高中创设学生自主选择的平台，引导学生自主作出正确的选择。普爱而不滥爱，第二个要求就是“科学”地爱。这就需要师者尊重、遵循教育规律，防止好心办错事。李宏伟校长说，无私未必有理，无私的“错爱”表明教育者不具备民主、科学的教育理念，没有真正尊重学生。他还提出，不要把爱与批评对立起来，不敢或者不知如何面对学生需要纠正的行为等，其实就是不爱，或者是不知如何去爱。正是在这样的思想指导下，学校不失时机地给学生正确的导向，坚持按照国家课程方案开齐开足课程，科学构建促进学生发展的评价体系，把闲暇时间真正还给学生。

（3）以适度为标准，普爱而不溺爱。在李宏伟校长看来，教育爱的“给予”，包括“合理地给”和“合理性不给”。“溺爱是指不合理的要求被满足，是一种盲目的爱。”新海高中从学生高一入学起，就以“在新海的星空下，让梦想成真”为主题，帮助学生制订三年人生规划，借助学工部、年级管委会、班主任、心理咨询师和任课教师等各种力量，给每名学生配备精神导师，通过各种形式，在每个阶段给学生富有爱心的指导。这样的“给予”和“关心”就更显主动性、引导性和效率性了。

二、教育的目的

教育爱是在教育的范畴里的爱，它的目的性就体现在教育自身目的的达成。关于教育的功效，梁漱溟先生有一句话说得极为精彩：“教育是生活的向上发展。”教育爱就是引导学生的“向上”，引导学生生活的“向上”。这个意思许多教育大家都有论述。杜威说：“教育即生长。”在杜威看来，生长的可能性在于学生的“未成熟状态”，其中包含“能量”和“潜力”两层意思。布鲁巴克的描述是：“正如一株完全成熟的花草，在种子之内早有潜能；同样在学生的头脑之内，早已蕴藏着将来希望发展的各种能力。”教育就是引导和带领，“将隐约的潜能，实际地发挥出来”。（瞿奎：《教育学文集·教育目的》，人民教育出版社，1989年版，第375、399页）这种“向上”“生长”会走向什么样的状态呢？大概以“幸福”来概括是最为恰当的。阿奎那说，“教育的目的，亦即生活本身的目的，是通过培养道德和理智美德来获得幸福”。内丁·诺丁斯说：“幸福应该是教育的一个目的，好的教育应该对个人和集体的幸福有所贡献。”乌申斯基说：“教育的主要目的在于使学生获得幸福，不能为任何不相干的利益而牺牲这种幸福。这一点当然是毋庸置疑的。”（《乌申斯基教育文选》，人民教育出版社，1991年版，第213页）幸福的生活一定是爱的阳光普照的生活，走向幸福的生长、激励人性的向上一定是以爱作为内在动力，爱他人的过程也一定是享受幸福的过程，恰如赵汀阳先生所说：“每个体验过关心别人的人肯定知道，对他人的积极情感确实是美好经验，当我们去帮助别人时，心中便是蓝天白云，海洋草原。”

李宏伟校长的“普爱教育”是以明确教育目的为前提的，并且他在教育目的的内化上、在未来生活和当下生活的内在一致上，做出了切实的努力。

（1）坚持培养目标。李宏伟说，教育的终极目标是学生的健康成长、人格完善，是指向学生的幸福生活，这是每个教育工作者须臾不可忘却的。确实，培养什么样的人，是教育的根本问题、原点问题，是我们遭遇烦扰、面对压力时，“静夜思”追问自己内心的问题，教育的异化、爱的异化，最本质的原因是在应试教育的压力下离开了这个教育原点，忘却了这样的教育根本。新海高中旗帜鲜明地举起“普爱行健”的旗帜，以国家《基础教育课程改革纲要（试行）》《普通高中课程方案（实验）》为依据，明确培养目标。在李宏伟这样的校长看来，这是对国家“忠诚”的问题，而且这样的培养目标把为国家民族作出贡献的教育工具性价值，与让学生得到健康成长的教育本体性价值，内在地统一起来，关键在落实，在坚持。因此，当有些活动安排与校本课程、综合实践活动可能发生冲突时，李校长都和有关同志商量，他的理由是，为什么不去取消数理化呢？所有课程开齐开足是最起码的。在他看来，课程结构是因培养目标而设计的，如果有的课程（事实上往往是非高考板块）不能很好地开设，那就意味着培养目标不能有效达成了。

（2）培育爱的团队。教育爱主要是依靠教师来施行的。李宏伟校长认为，教师人格中的“普爱”特质，会通过教师的劳动具体化，进而传递给学生，以至通过学生影响家庭，通过家庭影响社会。因此，他们一直把教师队伍建设摆到非常突出的位置。一是让“普爱”变成教师崇高的精神追求，引导教师进入更高的人生境界；二是让普爱成为教师强大的行动能力，培育提升教师感受爱的能力、表达爱的能力、传承爱的能力；三是让教师在享受爱中提升爱，关注教师生活，助推教师成长，激活教师主体爱的力量。

（3）关注学生的精神成长。在现实的教育情境中，培养目标的知性部分，尽管也有种种不如意，但总体是落实的、扎实的，而诗性亦即精神性方面，则或大而空，或有若无，或形式化，针对这些情况，李宏伟校长和老师们一起根据爱的本质性要求，着力引领学生的精神发育、精神成长，比如：①引领学生树立大爱意识，爱自己、爱他人、爱国家、爱天下，仅在环境维护方面，经常组织学生到苍梧绿园开展“你丢我捡”，到海边参加“清洁海岸”活动，组织研究性学习兴趣小组监控学校边上大尾河的水质，引导学生组织爱绿护绿活动。②提升学生爱的能力，引导学生学以增智，构建爱的根基；立德修身，学会爱的方法；笃行明志，创新爱的内涵；拓宽视野，培养国际理解能力。

三、专业的伦理

教育爱是一种教师职业的爱，自然包含了专业伦理的要求。全美教育协会通过的《教育专业伦理典章》，就教师专业伦理提出若干深刻的思想，如开篇第一句就是：“因为相信每个人享有其价值和尊严，所以教师的第一天职即为求索真理，达至卓越，孕育民主。”典章对学生的义务和对教育专业的义务都提出具体的“有全部法律效力”的要求。从教育爱的角度说，教师专业伦理强调：第一，“教师应努力帮助每一位学生，挖掘其潜力，实现其理想，成长为有价值的公民”；第二，“确保教与学的自由，让每个人都享有平等的受教育权”；第三，激发学生的质疑精神，精心设计有价值的目标，提高学生理解和获取知识的能力；第四，“不应歧视学生，包括种族、肤色、宗教、性别、民族、婚姻、政治或宗教信仰、家庭、社会和文化背景等”；第五，“不应利用专业之便，谋取私利”；第六，“尽力提升专业标准”，等等。这些思想，在李宏伟校长的普爱教育中都努力有所体现，特别在以下几个方面，给人们留下深刻印象。

（1）超越功利化的要求，给学生无私大爱。新海高中有师者对学生发乎本能母爱般的爱，比如保育员马志凤，20 多年来周末休息，总喜欢邀请学生到家里吃饭，最多一次来了 9 个孩子。更多的则是在教学岗位上恪守教师专业伦理，心系学子，不计报酬，不要回报，无私奉献。在一些所谓精英级学校，师者稍微有一些功利化要求，希望学生的考试升学给自己挣脸面、挣奖金、挣影响，教育就会被异化。李宏伟校长对此有清醒认识，他反复强调普爱是纯粹的爱，是不掺杂质的爱，哪怕因为我爱你你就要听话，就要顺从，就可能“讨好”，都是不应该的。正是在这个意义上，普爱才真正是人间大道、教育正道。

（2）坚持教育正义，为每个学生创造积极的可能性。教师的专业伦理核心是公平正义，这种公平正义并不是平均施教，也不是一个标准的爱。按照金生鈜教授的观点，生活福祉的实现与个人的才能和能力是相关的，离开教育条件支持和价值引导，个体的才能和能力无法获得发展，而教育对能力的方式，对学生特殊能力的鼓励与否，又是至关重要的。“教育能否避免压制、偏见、贬低、限制、不公正，为每一个人的生活前程开辟最大的可能性，是教育正义的主题。”（金生鈜：《教育与正义——教育正义的哲学想象》，福建教育出版社，2012 年版，第 31 页）在李宏伟校长的“普爱”天地里，我们看到“不务正业”的象棋高手健康成长，“双差生”的美术特长得以充分发挥，“一反常规”的优等生如愿选择动漫专业，等等。这样的普爱教育就为每个学生开辟了最大的生活前程的可能性。

（3）推进教师专业发展，为“普爱”的落实创造条件。《教育专业伦理典章》指出：“教育职业的服务质量直接影响着国家的发展和公民素质的提高，教师应该尽力提升专业标准。”李宏伟校长认为，教师水平高了，普爱才能践行、成形。于是新海高中为教师的专业成长订规划，加压力，搭平台，做宣传，引导教师相互影响、相互激励，促进学校涌现出在省内外有影响的学者，涌现出一大批优秀教师。李震老师就是其中的杰出代表，读读作为年度人物的颁奖词，就可以知道他是怎样的人物：“斗室之中，坐稳板凳，身拥书城，他依然坚定地为青年们的成长劈山开路。面对后学者的迷茫，他展露的是鼓励的目光、和悦的容颜。特级的光环、教授的称谓、督学的荣耀、等身的著作、赫赫的声誉没有挡住他前进的步履和笔耕的节奏。他完全可以颐养天年，但依然兢兢业业，尽情地释放生命的张力，影响着一批又一批的青年。”

四、适切的载体

爱是精神性的，但又不是虚无缥缈的，它往往是有形呈现的。“爱是人类物质创造力与精神创造力的高度结合，更确切地说，爱是物质化或物质性的人类精神创造力升华的结晶。”（高放：《陈芝美教育思想的精华》，载《福建师范大学学报》1997 年第 3 期）日本哲学家今道友信也说：“爱当然是思想的东西，然而却表现为行为。”教育爱与特定的教育目的、教育对象有关联，也就会形成特定的载体，或者可以称之为某种形态、行为的“表达”。这种载体大致有四个特征：一是有形，如果无形，则不能称为载体，载体总是一定的物质的行动的存在。二是多元，爱的载体是承载爱的，同样一个主题的教育爱，可以用不同的方式；面对不同的客体，可以用不同的载体；不同主体“表达”教育爱往往会体现主体的特征，相同主体、相同客体之间的互动与激荡，也是无法成为规定动作的。三是系统，教育爱的物质形态，应该根据学校教育的特点，与学校教育运行的基本规律相吻合，形成物质载体的体系，尽管这种体系更多的是精神产品。四是开放，教育爱的载体是稳定性与生成性相统一的，有些载体是相对稳定的，如制度、课程，有些载体是随机生成的。

从新海高中“普爱”实践看，其具有亮点的载体是多种多样的，特别值得一提的是：

（1）制度载体。李宏伟主政新海高中后，特别注重建立和完善学校制度，关注学校制度的合理性和可行性；通过活动使师生认同学校制度的文化内涵，自觉维护学校的各项制度；特别注重制度的价值引领，努力体现普爱内涵、民情民声。学校的制度建设围绕“规范”“品牌”“发展”，形成特色。其中，中层干部定聘、教职工代表大会决策、学生管理规范、体艺工作规范、教辅后勤规范、奖助学制等等，都有细致的考量、人文的内涵，而且能注意听取师生心声，适时调整、完善。

（2）课堂载体。学校教育课堂教学是主阵地，“普爱”精神践行于教与学的过程中，才会使教学过程同时也成为教育过程。多年来，新海高中由李震老师倡导，积极建构生命化课堂。在他们看来，教育因生命而发生，教育应当成为生命化教育。“生命化课堂”就是在课堂实践中体现对生命的关怀，强调以“完整的人”和“可持续发展”为教育追求。所谓“完整的人”就是自然人、精神人和社会人相统一的现实的人。所谓“可持续发展”就是指学习主体通过学科知识的学习，明确发展指向，开发发展潜能，促进学习者精神、生理的和谐圆润。学校提炼了“生命化课堂”的基本特征和操作策略，使“普爱”精神在教与学的流程中贯注始终。

（3）评价载体。“普爱教育”需要评价“配套”，2005年起，新海高中就研制了《学生成长记录手册》，并且一以贯之地推行使用。他们的成长记录手册，一是评价维度着重处理全面性和操作性的关系，二是评价内容着重处理阶段性和历时性的关系，三是信息采集着重处理质性的记录和量化评价的关系，四是操作过程着重处理多元性与诚信度的关系，五是评价期效着重处理记实性与激励性的关系，六是手册编制注重处理整体与细节的关系。显然，不是真想用，真去用，真管用，是不会花上这么多心思的。

五、践行的智慧

爱不仅是一种思想，也是一种能力；不仅是一门科学，也是一门艺术。爱不得法，有可能适得其反。教育爱亦然，或者说，因为教育爱有其特定的目的和对象，更要具有智慧性。什么是教育爱的智慧？我以为，第一，主体的整体素质，比如作为师者，桃李不言、下自成蹊，成为学生获得教养的途径，成为学生成长的教科书，自然就具有教育的力量。第二，具有生产性思维的特点，弗洛姆说，在生产性思维中，“主体是由对象所激起，并全神贯注于对象。主体把对象体验为有生命的东西，在体验对象时与自己的生命联系起来”。（马斯洛：《人的潜能与价值》，林方编译，华夏出版社，1987 年版，第 239—241 页）具有生产性思维的主体之爱，“是在保留自己完整性和独立性的条件下，也就是保持自己个性的条件下与他人合二为一”。第三，善于为爱的对象思考，有的论者提出，主体之思，有远思，为未来考虑；有近思，为当下考虑；有反思，对往日思考。这样才能真正地在本质意义上以人为本，以学生发展为本。第四，能够尊重学生的身心发展规律，树立正确的育人理念，传授有方，根据知识呈现特点选择方式方法，因材而施教；约束有度，既有适宜的规范，又能尊重教育者的活泼天性；引导有序，尊重学生身心发展规律，最大可能地激活学生的发展潜能。（赵冲：《教育智慧：具有爱的教育思维》，载《太原师范学院院报（社会科学版）》2011 年第 1 期）第五，在具体情境中作出适时的恰当的行为反应。所谓恰如其分、恰到好处，甚至点化有方、妙不可言，都是对教育爱的智慧反应的描述。

李宏伟的“普爱教育”也是具有智慧性的。

（1）“仁者”方能爱人。关于校长们提炼自己的教育哲学、教育理念，大致在四个方面：第一理想的追寻，他是有追求、有梦想的；第二，现实的反思，他是基于问题的，是对现实不满意的，是要超越现实的；第三，文化的传承，他是从学校、地域、民族乃至人类的文化传统中，找到与内心的思考和追求契合的点；第四，性格的使然，他是这样的禀赋个性，才会想做去做这样的事情。李宏伟很少说自己，但人往往是以自我为标准去要求别人的。李宏伟倡导普爱教育，首先就基于“仁者爱人”的理念，就基于他坚信当好一名教师，首先要充满爱心。他在领导班子里经常说，要把教师的私事当公事办，这样教师才能把公事当自己的私事办；要处处考虑学生有什么想法，特别是要了解出乎意料的那些想法，去帮助他们实现合理的可能。我想，他的感召力大概最本质的就是他的“仁”。

（2）在“普爱”中学会“普爱”。李宏伟多次说过爱的传递性，这种传递性不是单向的，爱与被爱，主体与客体，是相互对话、相互温暖、相互激荡、相互映照的，有时还就是一个统一体。基于这样的认识，李宏伟校长十分注意在普爱中引导学生生成爱的意识，培养爱的能力，提升爱的境界。我以为，这是爱的大智慧，于是在新海高中，爱的主体就成了群体性的，新海高中的学子也就会带着爱的情怀闯荡天下，服务社会。

（3）恰当地运用爱的策略。在新海高中，曾经发生了一起因爱而生的事件。距离高考还有 9 天时，田佳佳同学的父亲在一场车祸中不幸去世，母亲身受重伤，被送到医院抢救。李宏伟校长与田佳佳的亲人再三商量，做出了一个大胆决定：向田佳佳隐瞒消息，严格缩小知情人范围，确保他顺利高考。高考全部结束后，田佳佳的舅舅才告诉他实情。随后，李校长又与有关高校联系，帮助他选择适合的专业。这一“善意的谎言”曾经酿成一起新闻事件，赞成者反对者均有。当然，这样的事情有多种处理方法，很难以对错判断，李校长回想起来仍然认为尽心才能无怨无悔，他并不后悔这样的选择。我以为还有一个审视问题的角度，这就是田佳佳本人，田佳佳本人和亲属对校长的处理是理解的、感谢的、感恩的，事件本身是在田佳佳心里植下了一颗爱的种子。尽管也有不尽如人意之处，但这样的处理仍然表现了李宏伟的爱的智慧。

六、文化的弥漫

学校文化一般可以分为四个层次，由外向内而言，一是校容校貌等物质设施，这是学校师生的生存空间，是学校精神的文化标识；二是组织、制度、课程、活动等，是表明学校在做什么、怎么做；三是学校的核心价值观，是说明为什么做这些、这样做；四是学校师生体现学校精神的基本生活方式，是潜意识、下意识、无意识的，表明自然会这样做。作为生活方式的学校文化，又会从人们的言行举止中洋溢出来，学校文化因此而具有一个重要的特点：弥漫性，它应该是充塞于校园，甚至溢出校园，以至伴随学生终生的。教育爱是新海高中主要的学校文化特色，也渐具弥漫的特点。

（1）让“普爱”成为师生的核心价值观。学校文化其内核就是学校的核心价值观，学校的核心价值观就共性而言，要体现教育的基本规律、时代的要求；就个性来说，要体现学校特有的文化传统，师生群体特别是校长的性格禀性，新海高中的“普爱”教育正体现了这种个性和共性的统一。在多年的实践探索中，“普爱”已为学校师生群体所共同认可，并形成了鲜明的心理倾向性，成为新海高中师生共同的个性心理特征。尽管由于岗位、身份、年龄、家庭、性格、性别等方面必然存在各种差异，但其精神本质上认同普爱，追寻普爱，践行普爱，才共同唱响了“普爱”之歌。

（2）将“普爱”的精神元素融汇到物质环境之中。以学校建筑为例，学校综合楼正面，建筑时留有四块大板面，制成一组浮雕，自东向西分别是“路漫漫而修远兮”，表现中华文明源远流长、博大精深；“吾将上下而求索”，表现了莘莘学子循着先人的足迹，刻苦钻研，勤奋学习；“春华秋实”，表现了现代科技蓬勃发展取得的巨大成就；“青春华彩”，表现现代中学生朝气蓬勃的生活。校园分区明显，最西边是生态种植区，东边是生活休闲区，前者让学生体会农耕文化的辛劳和快乐，后者让学生有清净惬意的去处。教学区由三幢独立的教学楼组成，由求知广场平台通道相互串连，平台两侧种植马尾松盆景，盆景底座选择传统文化的至理名言镶嵌。三幢教学楼，高一楼命名为凌云，高二楼命名为修远，高三楼命名为登高，各有激励学生奋发作为的长联点缀。三幢教学楼中是求知广场，将校史再现。总之，一草一木总关情，让“普爱”播撒到学校环境的角角落落。

（3）让“普爱”成为学校流动的空气。学校精神很重要的就体现为学校的校风，而学校的校风是在实践和活动之中形成的。新海高中学校文化建设是全方位的，从制度到课程，从德育到教学，从学校到班级，从校内到社会，而且学校的制度、组织、课程、活动都是在“动的”。仅以活动安排来说，学校除了常规的节庆活动，又开设了“普爱”讲坛，迄今举办20多次；成立“普爱”驿站，为学生提供心理咨询；设立“普爱”育人奖。在春天开展“普爱·行健”远足；在秋天开展“普爱”献爱心活动……正是这种“动”，使“普爱”蔚然成风，让学校文化精神洋溢弥漫。

本文为《江苏教育研究》“幸福教育的样子”专栏文章。

“做幸福的人”
——淮安市实验小学幸福教育的实践探索

江苏省淮安市实验小学的校门口，红花绿草中卧着一块巨石，上面镌刻着五个大字：“做幸福的人”。两边甬道上行走的师生们，一张张阳光灿烂的笑脸，辉映着、诠释着这五个大字。是的，工作、学习在这所学校，就是“做幸福的人”。

一、深刻的理性自觉

在教育情境中讨论幸福，践行幸福教育，不能浑浑噩噩，“身在福中不知福”，而应该理解幸福的内涵，把“做幸福的人”作为自觉追求的目标。在淮安实小，我曾经和老师们对幸福的内涵做过梳理，比如：（1）幸，在甲骨文中就是解除枷锁，获得自由，幸福就是精神自由加上物质享受。（2）幸，可以当动词解，是祈盼、期望，幸福就是期盼、追求幸福的过程。（3）《辞海》里的解释：幸福就是“心情舒畅的境遇与生活”。（4）常人感受的幸福，就是称心如意。（5）总起来看，幸福是人生的重大欢乐，往往体现主观性与客观性的统一，物质与精神的统一，个体性与社会性的统一，过程性与终极目的性的统一。记得戴铜校长听过以后和我讨论，他说这些理解都不错，但幸福主观性方面的特点，决定每个人对幸福的理解都可能不一样，关键是要了解老师和孩子们怎么想的。随即，学校组织了关于幸福教育、幸福老师、幸福学生、幸福课堂的大样本调查，学校幸福教育的实践，正是基于这样的调查开展的。

1. 幸福学生是什么样子

举止文明，92.36%；全面发展，90.08%；关心集体，77.61%；关爱同学，73.03%；多才多艺，58.92%；勤奋学习，57.51%；成绩优秀，38.42%；爱护公物，27.23%。

当问及“你是一名幸福学生吗？为什么？”，孩子们的回答集中在开朗乐观，75.32%；积极向上，83.72%；学得知识，30.53%。

2. 幸福老师是什么样子

答卷描述词语较多的是：积极进取、阳光心态；热爱教育、关爱学生；素质高、能力强；享受工作、热爱生活。

当问及“你是一名幸福教师吗？”，老师们的回答基本是肯定的：关心学生87%；阳光心态，85%；身体健康，77%；能实现理想，69%；家庭幸福，47%；教学能力强，31%……

3. 幸福课堂是什么样子

不同的年级组，不同的学科，都提出了自己的理解，比如低年级语文组的概括是：“孩子是孩子”，课堂上尊重孩子的童言稚语，保护孩子的奇思异想，善待孩子的无意过错；“老师是孩子”，老师要拥有童心，坚守儿童立场；“孩子带孩子”，老师和孩子建立学习共同体，共同享受童年的快乐，共同进步成长。

在这样大规模调查的基础上，学校又对幸福教师、幸福学生、幸福课堂、幸福班集体、幸福学校进行了概括性描述，并进而提炼了幸福教育的内涵：第一，作为一种教育理念，幸福教育把“促进人的幸福”作为核心的价值追求；第二，作为一种教育目标，幸福教育要培育师生的幸福观念、幸福品质、幸福能力，引导师生“做幸福的人”；第三，作为一种教育实践，幸福教育要通过管理实践、师资建设、教学研究、班队活动等，达成共同愿景；第四，作为一种教育生活，幸福教育要把“幸福地做教育”作为应然状态，提高师生的生活品质。

幸福教育实践两年后，学校又进行了大样本调查，发现师生幸福指数大幅度提高，这当然主要归功于“做”，但“知足常乐”，“知”也是不可或缺的。

二、享受爱的阳光

据说在绝大部分宗教中，天堂的味道都是甜的。从这个角度上说，享受爱就是感受到天堂般的幸福。马卡连柯说：“爱是一种伟大的感情，它总是在创造奇迹，创造新人，唯有爱，教师才会用伯乐的眼光去发现学生的闪光点，才会把辛苦的教育工作当作乐趣来从事，它使教师感觉到每个儿童的喜悦与苦恼都在敲打他的心，引起他的思考、关怀和担心。”淮安实小的幸福教育，首先就是努力让师生享受爱的阳光雨露，让学校成为师生幸福的乐园。

1. 面向全体，让儿童享受师爱

面向全体，公平地对待每一个学生，这是师爱的起点。淮安实小引导教师们确立“百分百”的意识：一个孩子，在班级是五十分之一，在年级是五百分之一，在学校可能是几千分之一，但在一个家庭，在这个孩子自身，就是百分百，所以，师者就要用百分之百的责任感、爱、关心，去对待每一个孩子。学校形成了一个不成文的规矩：班级组织的集体活动全员参加，包括有残疾的孩子；专家名师借班上课全员参加，包括调皮的孩子；班级作业展示全员参加，包括不优秀的孩子；班级民主选举学生全员参加，包括持不同意见的孩子……

2. 关注特殊个体，给予特别的爱

教育的公平公正，并不意味着平均主义、标准化地对待每一个学生，而是要根据每一个学生的特点，为孩子提供最适切的教育，打开孩子发展的最好可能性。淮安实小的课程设计、兴趣小组、社团活动等等都考虑到学生选择性学习的需要，对生活、学习尚有困难的孩子，更是给予特别的爱。比如，有个孩子因为患小儿麻痹症不能站立，从一年级到毕业，家里都是让一个小阿姨推着轮椅送她上学，6年的时间，她所在的教室一直在一楼，她的课桌边上也为那位小阿姨安排了桌椅，学校的卫生间专门为她安排了残疾人座便器，老师和同学们都对她非常关心，热心帮助，毕业典礼的第二天，孩子的家长陪伴孩子给老师送来感谢信和鲜花，信中说：“实小6年是我最快乐、最幸福的日子！”

3. 主动提供支持，让教师生成“学校即家”的幸福体验

淮安实小不少教师都说：“学校就是我的家”，戴校长和学校领导团队也正

是这样努力的。学校为有特长的教师举办独唱音乐会，帮助教师出版专著，为教师举办个人书画展，安排教师出国任教等等，处处让老师们感受到学校支撑着、激励着自己前行。青年教师的集体婚礼，更是成为闻名遐迩的品牌活动，学校连续为老师们在“五一”“十一”举办集体婚礼，至今已有八届，还为百余名青年教师操办了终身大事。白天，工会受学校委托，为新人租借婚车，用半天时间带新人去公园等景点拍摄专题片，去新校区栽“合欢树”纪念，去福利院看望孤寡老人和残疾儿童，为农村留守儿童献爱心。晚上，学校邀请全校教职员工、新人父母参加婚礼庆典，邀请市领导为新人证婚并赠送礼品，请电视台全程摄录并刻赠光盘，整个活动的费用由学校承担，所有参加婚礼的人不需要出份子，移风易俗之中更是增添了老师们对学校的感情，难怪乎不少老师谈到在学校的感受时，喜欢用“知足常乐”“家的温馨”来进行概括。

三、创造性的教与学

师者创造性地教学，既是造福的行为，又自然带来幸福的体验；学生创造性地学，既有幸福的感受，又会让老师分享成功的喜悦。做幸福的人，很重要的是创造性地工作，创造性地教，创造性地学。

1. 幸福教育的实践，本身就体现了创造性教育的思想

淮安实小创校之初的校歌里就有这样的句子：“看，我们的学校，北有淮河屏障，自古多贤豪。运河一带南来，给我们文明不少。兄弟姐妹同读同游一生哪得青春好，努力努力齐努力，光明大道要我们自己找，漫说我们年纪小，须知未来的一切，全仗我们建造。”这种勇于担当、开拓创新的精神绵延至今，且不断发扬光大。戴铜校长提出幸福教育，就是传承创造未来的文化基因，而在“幸福教育”的实践中，“儿童发展本位”“人本和谐”“自由”与“平等”的思想，自然渗透其间，开花结果。即使从幸福教育实践形态本身看，淮安实小在同类学校中，也多有创造性，比如，他们提出“幸福，从学校出发”，让幸福教育从学校出发又走进学校，通过四个校区的集团化办学，通过吸纳五所农村小学组建发展共同体，通过省内外的校级交流，研讨幸福教育思想，分享幸福教育经验，实现发展共赢；让幸福教育走进家庭，通过家长学校、家长委员会、主题论坛、家

校互访、班级网站、校园开放日等活动，积极主动参与家庭教育；让幸福教育走进社区，注重发现、培植、开发、利用社区教育资源，有效补充学校教育，又发挥自身“专业引领”功能，积极参与和指导社区教育，做到教育活动依托社区，教育实践服务社区，教育价值影响社区，教育文化辐射社区；让幸福教育走向职后，关注教师的非职业活动，重视发挥老教师的余热，丰富老教师的退休生活，老教师享受“后职业幸福”又对在岗教师产生幸福的“心理暗示”；让幸福教育走向未来，努力让孩子拥有幸福的童年，在幸福生活中准备幸福生活，为一生幸福奠基。

2. 创造幸福课堂，让学习的过程同时成为享受幸福的过程

学生的学习活动空间，是以课堂为主的，幸福教育必然要求课堂的幸福。戴校长和同事们正是坚信：“课堂应该成为师生精神的天堂，课堂里的学生应该是自由的、快乐的、充实的、美好的、成长的、幸福的！”淮安实小在幸福教育的实践中，创造了“四生课堂”：生本课堂，学生第一；生态课堂，建构和谐的学习情境；生活课堂，打通间接知识与直接经验、教室空间与广阔生活的联系；生长课堂，达成教学目标，生命拔节向上。他们又提出课堂要“五味调和”：“儿童的味道”——坚持儿童立场；“学科的味道”——体现学科特质；“生活的味道——探寻知识源头，培育应用能力；“文化的味道”——挖掘知识的文化内涵，体现教育意蕴的“润物无声”；“成长的味道”——指向教育的终极目标，促进学生身心发展。他们说五味调和，才是“幸福的味道”。

3. 激活个体活力，鼓励教师在创造教学艺术中体验幸福

本雅明曾经提出，共同体最为核心的一个元素，是每一个个体都充满活力，都享有充分的自由。淮安实小在教师队伍建设中也注意到这一点，使得老师们的创造性潜能得到充分发挥。记得几年前的一个上午，刚刚上班，戴校长就带着两位语文教师走进我的办公室，原来这两位教师要出版专著了，因为我也是教语文的，戴校长就请我为他们的书写序。看过他们的书稿，我由衷地佩服他们的创造精神。其一的柏安芹老师是谈作文教学的，柏老师创造了写作练习的一个新形式——班传。她在书中介绍道，班传即班级传记，由全班同学和老师用文字记录生活特定集体期间的所见、所闻、所感，反映特定背景下的班级生态。柏老师引导孩子们从想写（情趣），到有东西写（内容），到会写（方法）；从较早起步，

螺旋上升，到逐步提高；从阅读、生活，到示范、指导；从自由表达，到建构“班传”平台等等，做到了头绪简练而又摇曳多姿。另一位刘须锦老师，是谈语文教学思维的，他努力“把想法放进课堂里”，“把语文上到学生心里”，在教学中，注意营造课堂思维文化，体现“教学生思维的意识”，引导学生了解、理解思维知识，准确把握学科思维特质，力求使语言训练与思维训练水乳交融，对内容的理解和表达方式的理解互为深化。读了他们的文稿，感动之余，我欣然作序，为柏安芹老师的书写的序，还曾发表在《中国教育报》上。我相信，像这样的老师在淮安实小是较多的，钻研教学艺术，创造性地开展教学工作，在他们的学校是蔚然成风的。

四、在成长中感受幸福

在淮安实小关于幸福教育的调查中，师生把“全面发展”“专业素养”“知识获得”等等作为重要元素。“教育即生长”，在学校教育的情境里讨论幸福，“成长”肯定是一个核心指标。从淮安实小幸福教育的实践看，“成长的内涵”是丰富的。

1.“成长”指向学生的全面素质

戴校长经常和老师们强调：“成长比分数更重要。”应该说，“成长”包括知识的获得，“成长”的幸福感包括知识的充实感，但“成长”更是全身心的，特别是精神发育、精神升华。强调“成长比分数更重要”，自然有针砭时弊的意义，更是高扬了正确的育人观。淮安实小坚持在幸福教育的关照下，每个儿童都能参与健康快乐的学习，每个儿童都能拥有自由自在的成长，每个儿童都能实现富有个性的发展，每个儿童都能享受充满幸福的生活，每个儿童都能成为最好的自己。在这样的教育观引导下，老师、家长都对幸福有了正确的理解。我看过二年级小朋友李言的爸爸写的文章，题目是《成长的幸福》，记载的就是偏于内向的儿子变得开朗阳光的过程，更重要的是：“儿子好像比以前更懂事了，经常主动搀扶奶奶上楼，给奶奶倒水拿药，还抢着做家务。”“每逢他值日，都会提醒爸妈和自己：我明天要第一个到校！”显然，这里家长理解的幸福，是包括责任感甚至包括“给予”这样的幸福能力的。

2. “成长”指向教师的专业发展

教师的幸福感可能来自多个方面，比如领导的关心，家庭的温馨，同伴的尊重，学生的热爱，再如我们上面提及的创造性教学等等，而专业素养的提升肯定也列于重要位置。戴校长和学校领导团队清醒地认识到这一点，他们认为幸福的教师才能践行幸福教育，非常重视引领教师专业成长，设计幸福教师的形象：德性高尚的师道，素养全面的专业，独特多元的个性，和谐幸福的生活；有针对性地开展校本培训：加强师德规范的学习，教学基本功的训练，教育科研能力的培养，职业精神的提升；关注教师个性发展，成就职业幸福追求：关注发展需求，尊重兴趣爱好，搭建多样化展示平台，让老师尽情展示风采，更好地实现人生价值。戴校长曾多次如数家珍地向我介绍，实小的老师是怎样“扎堆般”成长：近些年来，有 8 人被评为特级教师，有 50 多人晋升高级职称，有 3 人被评为省、市有突出贡献的中青年专家；连续 7 年在“教海探航”“师陶杯”论文比赛中名列前茅，2013 年分别都有“特等奖”花落淮安实小；仅 2013 年，学校就有 48 项课题被评为省、市“十二五”教育科学规划及教研课题；更重要的是，一个个充满爱心、业务过硬、学生热爱、家长放心的教师正在成长、成熟。

3. 科学的评价保障师生健康成长

考核评价是学校工作的“指挥棒”，淮安实小在推行幸福教育的实践中，致力于建立健全考核评价制度，为师生“成长”保驾护航。在教师评价方面，鼓励引导教师参与评价制度的制定和过程管理，做到执行制度与人文关怀相结合，一般要求和特殊情况相结合，个人评价与团队考核相结合，定性评价与定量考核相结合，关注结果与重视过程相结合，发挥制度内在的导向性、人文性、激励性作用，让教师更好成长、发展的同时，提高职业幸福指数。在学生评价方面，做到评价标准多样化、评价主体多样化、评价内容多样化、评价方式多样化；发现和培育儿童的“闪光之处”，为儿童“量身定做”激励性评价项目，辅之以个别化辅导，让学生感受自信，感受成功。幸福课堂的评价指标，则包含对师生双方的要求，力求用指标诠释“幸福”内涵，比如一级指标为三个，第一是乐教爱学，第二是善教会学，第三则是顺教（顺着学教）学会（举一反三），其引导性是十分明显的。

2010 年 6 月，作为首批江苏人民教育家工程培养对象的戴铜校长，在小组研讨时提出了“幸福教育”的办学主张，得到大家的认可。2011 年 3 月，我们组织名师名校长送教总理故乡活动，在淮安实小组织的“倡导幸福教育，建设幸福学校”论坛上，我即兴以“幸福教育的样子”与到会的近千名教育同仁进行交流。随即，戴校长和同事们明确“幸福教育”成为学校文化建设的主题，开展了卓有成效的实践。戴校长有时会说受到我的启发，其实最重要的是他内心有这样的种子，淮安实小的老师们内心有这样的种子。现在他们把初步收获汇成四本书稿：《一树一树的花开——幸福学生的成长故事》《太阳下面的风景——幸福教师的成长故事》《追寻生长的脚步——幸福课堂的实践探索》《面朝幸福的远方——课堂教学的理性思考》，几年前我想写的“幸福教育的样子”在戴校长的学校逐渐清晰起来。我为戴校长和他的同事们感到高兴，更为一茬茬在淮安实小就读的孩子们感到高兴，因为他们是“幸福教育”的最大受益者，正是幸福教育的阳光雨露，使得他们“幸福得像花儿一样”。

本文为《江苏教育研究》“幸福教育的样子”专栏文章。

成长的密码

——洪泽县实验小学的“成长教育”

生命科学研究表明，人的生理机能的成长受生命基因密码的影响，生命的生长就是身体内的基因按照一定的规律进行一种排序。人类基因研究组正在探究生命体内通过基因重组促进生命健康成长的秘密。精神生命的成长也是如此，也有其成长的密码。教育的价值旨在破译生命成长的密码，通过基因的重组，促进个体潜能充分发展。当下的学校教育更多的是关注知识教育，并没有去探究生命成长密码。这些年来，洪泽县实验小学以“教育即成长”作为自己的校本哲学，践行“成长教育”，追求“让我们一生幸福成长”的办学使命，通过实践让一代代莘莘学子在这里得到幸福成长。我从和李建成校长多次交谈以及他即将出版的专著中真切感受到他们成功的奥秘在于探究“成长的密码”。

一、课程：成长的土壤

《晏子春秋·杂下之十》中说：“婴闻之：橘生淮南则为橘，生于淮北则为枳，叶徒相似，其实味不同。所以然者何？水土异也。”可见，植物生长与土壤的关系非常密切。应该说，人的成长与他接受什么样的教育关系十分密切，一个人能够成为怎样的人，与学校开设的课程和怎么样建构课程密切相关。近年来，洪泽县实验小学在实施“成长教育”时，紧紧围绕“让我们一生幸福成长”的核心价值观推进课程改革，从生命成长需要出发，整体建构学校课程，力求为每个学生提供适合他们生命成长的课程，建构适合他们生命成长的土壤。

1. 在内容上进行整体架构

在一定意义上，课程是学生精神生命成长的土壤，决定生命发展的方向和可能。这一轮课程改革将课程分为国家课程、地方课程和校本课程，其意旨就是增加学校的课程选择权，让学校统筹考虑，建构学生需要的课程。很多学校在科目开设上只是根据自己的情况进行“拼盘”，也就是适当增加一些地方课程和校本课程，内容上交叉重复现象较多，而一些儿童发展真正需要的内容学校并未安排学习。洪泽县实验小学从儿童“成长需要”出发，按照儿童成长需要对课程进行整体设计。一方面，根据人的身心、智慧、情感和道德成长需要，从生命发展层面对所有课程进行整体架构，设计人文、社会、科学、艺术和体育学科，通过这几种类型的课程满足学生成长的基本营养需求；另一方面，根据人的认知方式需要，从操作层面对学科内容进行整体架构，对人文学科内容进行“整合”，将阅读教学、作文教学、校本经典、课外阅读融于一体，通过这样的综合课程满足学生人文素养发展的需求。

2. 在方式上引导自主建构

怎么样建构课程决定课程开设的质量，人是被动地从课程土壤中汲取养分，还是参与培育土壤，在课程建构过程中获取营养，其效果是不一样的。课程改革以来，课程建构方式仍是由专家编写课程、教师实施课程、学生享用课程，在这样的课程建构过程中课程建构和教学分离，学生只是“被教学”，被动汲取课程内容。洪泽县实验小学从儿童学习规律出发，按照儿童成长方式引导他们参与课程建构。一方面，让儿童参与课程内容选择。学习课程时，让他们自己选择相关内容，通过选择内容实现自主建构。另一方面，让儿童参与课程教学过程。学习课程时，让他们自己参与教学过程，通过参与教学实现自主建构。应该说，这样的教学是儿童按自己的方式在探究知识，也是儿童按照自己的方式在建构课程。

二、主动：成长的姿态

走进森林，大家会看到无论是参天大树，还是野草、小花都有一个重要特征——主动生长。它们在主动汲取着大自然赏赐给自己的阳光和雨露，展示着自己成长的魅力和姿态。这种内在萌发的主动性是其生命最主要的特征。洪泽县实验小学的“成长教育”正是遵循天性探究儿童的主动发展。

1. 尊重每个生命体的自然生长性

人有与生俱来的遗传素质，也有与生俱来的本能和天性。天性不是后天发展的，更不是教育影响的结果。人的天性是不能改变的，对待天性，我们只能顺应之，敬畏之。（冯建军:《生命与教育》，教育科学出版社，2004 年版，第 144—145 页）从某种意义上说，人的这种天性就是生长性。教育应当尊重人的自然生长性，遵循成熟发展的顺序。“成长教育”呵护生命的存在，尊重生命体的自然生长性，形成自己的教育架构。在教育目标上，因人而异，根据人的潜能自定发展目标，尤其在年级段目标的确定上，允许“异步调整，分段实施”。在教育内容上，国家课程中的部分课程允许学生根据自己的学习状况，提前或推迟学习，例如，他们针对现代社会儿童较早接触信息技能的现象，将信息技术课程提前到小学一至三年级开设。在教育方式上，变传统的“师教式”和“师问式”为学生“自问自探”，让每个人根据自己的学习可能进行自主学习。

2. 唤醒每个生命体的主体能动性

人是有意识的，也有其能动性，这是人与动物的根本区别。人的意识和自我意识，使人能够支配自己的生命，从而走出本能的钳制，成为能够支配自己生命活动的主人。教育的价值就是唤醒人的自我意识，规划自己的学习和未来，促进个体主观能动性形成，从而创造出新的自我。“成长教育”积极探究人的生命自我意识和主体能动性的形成。它关注人的主动发展不是借外力，而是引导学生在学习实践活动中产生内力。尤其值得称赞的是他们在课程建构方面的探索，改变传统的专家建构课程、教师实施课程、学生享受课程这一做法，而是让学生主动参与课程建构，在课程建构过程中学习课程，在课程学习过程中建构课程。学生通过主动参与课程建构，个个都能真正成为课程的主人，成为学习的主人，实现自身的价值。尤其通过主动参与建构课程产生积极探究的愿望，且在成功建构过程中又形成新的动力，激发再主动建构课程的能动性。应该说，每个学生的自我意识得到唤醒，主体能动性得到充分发挥，成长的密码得到最优组合。

三、个性化：成长的特质

世界上没有相同的两片树叶，人更如此，人与万物都是独特的生命体，也都有自己的成长方式。教育的意义不是改变人的本质属性和成长方式，也不是批量生产普通劳动者和社会精英，而是“使人成为他自己”。这便要求学校教育不应唯知识，而应从关注知识、能力、情感单一的发展到关注人的身心完整的发展，不断地实现着向生命的回归；也不应唯社会，而应从关注社会，作为服务社会的工具，到关注人，关注人的发展的需要，让人的个性得以形成。基于这样的认识，我认为洪泽县实验小学的“成长教育”在探究生命完整性和个性化建构方面是很有成效的。

1. 国家课程校本实施彰显学校个性化

大家都知道国家课程需要进行校本化实施，许多学校也都在探究如何进行校本化实施，但是很多学校只是对教学方法进行一些改革，也只为了提高所谓的教学成绩进行一些尝试，并未能从学校整体价值出发对国家课程进行校本化重构。李建成在开展他的“成长教育”的过程中，对国家课程校本化进行很有意义的探究。

其一，围绕“儿童生命成长需要”重构国家课程。对于国家课程设置，他们不是机械照搬，也不是随便增减，而是从儿童生命成长需要出发进行整体重构：一方面，注重学科间融合。作文教学不是单一实施，而是将其与阅读、科学、劳动技术、信息技术等学科教学融合在一起；信息技术教学也不是单独实施，而是将其和美术、综合实践教学融合在一起；综合实践教学也是如此，将其与思想品德、心理健康、理想信念、生理卫生和自我管理能力教育融合在一起，建立一门认识世界的学科《我》。通过这样的课程，打通学科间的壁垒，减少重复教学，促进知识建立之间的联系和运用。另一方面，注重学科内重组。根据每门学科特点和儿童认知方式，对学科教学内容进行重新组合。例如，他们将体育课分为侧重于体育技巧学习的技能体育课，侧重于球类等终生兴趣体育活动学习的生活体育课，侧重于特长竞赛项目学习的竞技体育课。他们将美术课分为绘画课，侧重于铅笔画、水彩画、国画；手工课，侧重于纸工、泥塑、雕塑等手工操作；电脑绘画课，侧重于使用电脑进行画图；设计课，侧重于版面设计、空间设计等。通过这样的课程，彰显学校的个性，满足学生的潜能发展需要。

其二，按照“儿童生命成长需要”实施国家课程。儿童学习是自主建构，儿童成长也需要自主学习。他们在国家课程实施时，一方面，让儿童自主学习。他们改变传统的“教师教”为“学生学”，通过设计“自主探究方案”，引导学生自主学习。首先，让学生自主建构课程内容，发现问题，确定教学目标；然后，让他们自主拓宽课程内容，解决问题，完成学习任务；最后，再让他们自主重构课程内容，形成新问题，在生活中运用知识。这样的“自问自探”学习过程正是人类探究知识、发现规律的过程，也是人们自主成长的过程。另一方面，让儿童参与评价。评价不只是甄别，更是为了促进学生成长。他们改革传统由“教师评价学生学”为“让学生评价自己的学和教师的教”。就学的评价而言，让学生评价自己的学习方式、策略、收获，促进自己将所学内容转化为学习经验。通过评价自己的学引导自我发现学过程中存在的问题和取得的经验，让这些问题或经验成为以后学习中最有价值的课程资源。

可见，洪泽县实验小学的国家课程校本化实施，无论从价值取向上还是实施方式上都具有自己的个性，也都能促进学校形成自己的校本特色。儿童在国家课程校本化实施过程中，找到了适合自己的成长方式。

2. 校本课程建构催生学生群体个性化

课程改革十余年，很多学校都在探究校本课程建构，一些学校主要关注开发几本校本教材，并未按照学生成长需要从整体对校本课程进行建构，更少有真正体现“学生即课程”开发观念的。“成长教育”在探究校本课程建构时，其经验很值得借鉴。

其一，让儿童参与校本课程的决策。从某种意义上说，校本课程应该是部分学生群体的课程，学校开设什么校本课程应该由学生根据自己的需要决定。洪泽县实验小学尊重学生兴趣，让学生自主决策开设校本课程。学校向全体学生发放校本课程征求意见书，请学生自主填写希望学校开设什么样课程；然后，学校再将学生的意见书搜集整理后，将拟开设的课程发放给每个学生让他们选择；最后，学校再根据学生的选择在每个年级开设十几门课程。应该说，决策的过程就是课程建构的过程。学校把决策权交给学生，既尊重他们的主体意识，又激发他们参与学习积极性，还引导他们主动探究自己的潜能，更好地认识自我。

其二，让儿童参与校本课程的开发。绝大多数学校都是聘请专家开发校本课程，仅有少部分学校让教师参与校本课程的开发。洪泽县实验小学的做法是：让儿童参与校本课程的开发，将课程开发和教学融于一体，在开发中实施教学，在教学过程中实施开发，这是一种课程建构的创新。学生选定课程后，教师根据学生需要确定课程拟开设的“主题”，让学生在课前根据主题自主选择课程内容，设计探究方法。在这过程中，学生一方面将个体生活经验融入课程；另一方面将通过自己的方式搜寻的资料作为课程内容；同时还将通过自己的方式建构的知识纳入课程内容。这样的校本课程开发不仅促进学生自主建构课程，而且引导他们自主学习课程，同时还催生学生群体个性化的形成。

其三，让儿童参与校本课程的评价。应该说，校本课程评价一直是困扰学校的难题，当下存在两种倾向：一种不进行评价；另一种是考知识。这样的评价都不利于学生群体个性发展。洪泽县实验小学将校本课程评价权交给学生，引导他们在评价过程中更好实施课程开发。他们的做法是：一方面，让学生评价自己课程资源的开发，了解自己课程开发的策略和能力；另一方面，让学生评价自己学习校本课程的成效，了解自己课程学习的策略和能力。可以说，让儿童参与校本课程的评价是促进校本课程实施的一条捷径，也是促进课程建构与教学统整的一种措施。

可见，洪泽县实验小学的校本课程的建构，无论从价值取向上还是实施方式都能尊重学生的主体性，长期这样做一定能促进参与建构者群体个性品质的形成。

3. 个体课程挖掘促进每个生命个性化

每个生命体本身就是一门课程，且个体生命课程是独特的，通过挖掘个体生命潜能课程可以促进生命个性化发展。每个生命体能否成为自己，最为重要的也是需要建构个体课程，通过个体课程建构可以滋养生命个性化。当下，我们很少有学校关注学生个体课程的开发。李建成他们在实践“成长教育”时，以儿童成长需要为目标，关注个体成长课程的建构应该说特别有价值。

其一，让儿童自主选择自己的个性化课程。儿童的个性既受遗传素质的影响，也受后天教育影响。好的学校教育应该引导儿童寻找适合他们个性发展的课程。

洪泽县实验小学基于儿童成长需要，引导他们积极自己寻找个性化课程。一方面，他们让学生了解自己的兴趣和发展的最大可能，据此作为个性化课程的切入口；另一方面，老师和家长也一起参与探寻学生的潜能，帮助他们发展自己的优势。应该说，这种引导儿童寻找自己个性课程的过程就是帮助他们建构个性课程的过程，也是促进他们走向个性化的过程。

其二，让儿童主动建构自己的个性化课程。儿童个体课程需要自己在生活实践中建构，通过实践让自己能够发现潜能，也能激发潜能的发展，还能促进形成个体经验。洪泽县实验小学的“成长教育”积极探究引导儿童自我建构个性化课程，在实践中形成独特的经验。一方面，他们让儿童自我发展个性特长。在教学活动中和业余生活时间，教师鼓励学生按照自己的兴趣进行学习实践，充分彰显自己的长处。另一方面，他们让儿童自我总结个性特长。在学习实践后，教师让学生对自己的特长锻炼进行自我总结，在总结中提高自己的特长水平，通过总结重新建构自己的个性课程。应该说，儿童通过主动参与自己个性课程的建构，可以形成自己的个性课程，提升自我课程建构的能力。

其三，让儿童参与评价自己进行个性化课程。“使儿童成为自己”首先必须要让儿童“认识自己”。儿童对自己的个性课程进行评价是认识自我的一种途径，也是课程建构的一种方式。通过评价可以更好地认识自我，更好地发现自己的潜能，更好地建构自己的课程。洪泽县实验小学对此进行大胆尝试，他们把学生作为课程的主体，让每个学生自己成为课程。他们让学生评价自我，评价自我发展的成长过程，这将促进儿童在反思中重构自我。应该说，儿童通过评价自己个性化课程的建构，能够促进他们探寻适合自己的成长路径。

可见，洪泽县实验小学的个性课程的建构，尊重人的发展需要，挖掘人的个性潜能，关注人的个性形成，促进人成为他自己，这样的课程建构通往教育的真谛。

四、伙伴：成长的方式

人的生命虽然是以自己的方式成长，但是他人对自己的成长的影响十分重要，尤其在自己“生活圈”中的小伙伴的价值观和行为举止会影响自己的价值追求与成长方式。“成长教育”在探究个体自主成长的同时，积极实践“伙伴的教育”，试图通过“伙伴互助”，让每个人发现和找到成长的另一种方式。应该说，这一点也正是理想学校所追求的。理想学校是一个“学习共同体”，每个儿童都是共同体中的一员，在这个家庭中，大家相互学习，相互关心，共同成长。

（1）让儿童共创健康的伙伴价值。儿童也有自己的价值追求，儿童的价值追求主要受个体阅读世界和生活世界中的人物影响，同伴的价值最容易相互影响。“成长教育”针对儿童价值形成特点，积极探究让儿童在自己的生活和学习世界中共创健康的伙伴价值。一方面，引导儿童在生活和学习中真诚交友。论语云：三人行必有吾师。学校将结交伙伴作为一门课程，引导学生多交朋友，在平时交流中学会和伙伴相处。另一方面，引导伙伴在生活和学习中互相真心帮助。俗话说，一个篱笆三个桩，一个好汉三个帮。每个人的成长都需要别人帮助，且“赠人玫瑰，手留余香”。学校引导同年级同学之间、不同届同学之间、同住一个社区的伙伴之间建立互助组，促进大家互相教育，互相监督，努力形成健康的价值追求。

（2）让儿童共享融通的伙伴课程。每个儿童本身都是课程，儿童之间的学习和生活也在共同建构课程。儿童最容易受伙伴课程的影响，也最喜欢和伙伴一起建构的课程。“成长教育”从儿童心理出发，积极探究让儿童在自己的生活和学习世界中共同建构伙伴课程。一方面，引导儿童共享他人课程。每个儿童由于天赋和后天教育不同，都有自己独特的发展优势，这种优势在某种程度上也是一门很有价值的课程。学校和家庭都注重引导学生欣赏他人的“长处”，学习他人的“长处”，取人之长补己之短，让每个儿童在更多的伙伴交往中丰富自己的课程。另一方面，引导儿童共创伙伴课程。伙伴之间往往会有共同志趣，也会有共同生活时空。学校和家庭都注重引导伙伴共做一些探究，共读一本书籍，共学一门技能，共玩一项游戏，让每个儿童在这些活动中共享智慧，共创经验，共同建构起伙伴课程。

成长是有密码的，教育的全意义便在于破译每个儿童成长的密码，让他们都能找到自己的成长方式。李建成的“成长教育”为我们破解儿童成长密码探索了研究的路径，洪泽县实验小学的实践为大家破解儿童成长密码提供了成功的示例，我由衷地感到欣慰。

本文为《江苏教育研究》“幸福教育的样子”专栏文章。

涵养大气育名师

——盐城市第一小学教育集团教师队伍发展纪实

哈佛大学第23任校长科南特说过：“大学的荣誉不在于其校舍和人数，而在于一代代教师的质量。”的确，学校最大的财富是教师，谁赢得了优秀的教师，谁就赢得了未来。或许正是这个原因，始建于1910年的盐城市第一小学，才能成就百年辉煌。翻开学校教师名册，赫然记录着：“先后涌现1名江苏省名教师、27名省特级教师，目前在岗教师中有江苏省人民教育家工程培养对象2名、江苏省特级教师20名，盐城市名校长、名教师16名，盐城市学科带头人、教学能手121名”。这样的教师队伍估计全省乃至全国都是少见的。听张斌校长介绍，这些特级教师都是盐城一小这块土地上土生土长的，更难得的是这么多年没有一名特级教师从盐城一小往苏南等“高地”跳槽。

探寻盐城市一小百年发展之道，我认为其文化的核心应聚焦在“涵养大气”这四个字上。大气，你不能触摸它的存在，但走进一小，你却能明显感受到它的无处不在，它是一种高尚的气质，是一种非凡的气度，是一种强大的气场。我想，正是这样的大气，才使市一小名师辈出，桃李芬芳。

一、养气

1. 神圣的宣言

古往今来，不同的学校对教育理念有不同的诠释，不同的历史时期也有不同的教育理念。走进盐城市一小的校园，你会发现：不管是哪个校区，都会在一处醒目的墙壁上悬挂着《教师宣言》，读起来，铿锵有力，掷地有声，“我们始终保持崇高的政治信仰，培养高尚的道德情操，倡导先进的教育理念，追求精湛的教育艺术，营造人本的管理氛围，拓建广阔的发展空间……”透过这神圣的宣言，我们看到了一小人的坚守，一小人的信念。他们以人为本，追求卓越，始终在追寻“让每一个孩子发展，让每一个生命精彩”，始终在追求“让每个孩子与健康、智慧、快乐、自信、仁爱终身相伴”，始终在倡行“尊重的教育”，尊重学生生命，尊重教育规律，尊重教师劳动与创造，尊重教师在学校办学中的主体地位，用“尊重”让每个学生充分享受童年的天真与快乐，用“尊重”让每个教师充分享受职业的尊严与幸福。

2. 文化的磁场

造就和培养一批名师，必须营造厚重、浓郁的学校文化场，让广大教师浸润其中，滋养心灵。一个没有阅读的学校永远都不可能有真正的教育，一个书香充盈的学校才能成为最文化的磁场。在一次学期初的教研沙龙上，张斌校长旗帜鲜明地提出，教师要“真阅读，真研究”，每一个志在有为、情趣高雅的为师者必须从真阅读开始，启航智慧老师的人生之旅，以书为友，以读交友，收获“腹有诗书气自华”的感觉，收获教书育人的真本领。其实，在市一小，可以阅读的远远不止是书，只要走进去，你就有收获。你看，“半亩方塘读书网”“周四教育论坛”“名师开讲”“文轩读书社”，时时都能见到阅读的存在；鲜花绿叶映衬下的“涵养大气”文化铭石、静心晨读的塑像、激越的校歌《飞翔》，处处都有阅读的价值；夜深人静中磨课的团队、陪同学生一起回家的脚步、准备明天活动现场的身影，你品读出的是一小人代代相传的“三爱两精神”。真实与虚拟，现在与过去……盐城一小，百年发展，早已创造出一种潜在的、弥漫的、浸染着整个校园的内在精神，融入每个一小人的血脉里。

3. 师德的风范

没有爱，就没有教育。一切最好的教育方法与教育艺术，都源自教育者对学生、对事业无比热爱的炽热心灵。

在学生眼中，江苏名教师、全国优秀班主任陈秀风就是“爱与奉献”的代名词。她的家是许多学生的第二个家。哪个学生不舒服了，就到这里来休息；哪个学生衣服脏了，就到这里来换洗；哪个学生家长出差了，就到这里来吃住。陈老师一家人都会用真诚和热情关心、照料着每一个学生。爱的付出，也收获家长的感激，许多家长联名写信给市长，请求政府表彰陈老师。

在这支教师队伍中，还有参加全国教育群英会的王小村、全国有名的江苏省首批特级教师苏丹、全国教育系统劳动模范刘元龙……德高望重的先行者们用他们精彩的教育故事滋养着一代又一代的一小人，他们的风范已成为一小人恒久的精神食粮，凝聚成一种蓬勃向上的力量，一种见贤思齐的动力。

请看看这一位，她是学校文印室的打字员，为人热情，每天都在忙个不停，打字、复印、印刷……见此情景，主任就对她说："休息一会儿！"可她却笑着说："没事，大家不都是这样吗？"那天，看到她低着头在一张一张地数试卷，主任很奇怪。她笑了说："不是数卷子，刚才一体印刷的时候，这一沓里有四张反面没有印到，我要把它们找出来。"主任立刻建议她："这样一张一张找，找到什么时候呀。你既然知道有四张，就多印四张，让学生自己去换不就行了嘛。"她似乎很惊讶，"那多浪费啊，我这样找出来再印一下，不是更好吗？你看，我已经找出了两张。"

她做的事是那样平凡，但我知道，她这样说，这样做，不是矫情，不是做作，这是她从心底流淌出来的自觉，这种自觉已经和她的职业没有关系，也和是否有人看见没有关系，她这样做，只是因为她是市一小的一员，她以最大的努力，为着这所她热爱的学校做着自己可以做的事。

二、修能

1. 在课堂中拔节成长

课堂是教师成长的基地和起点。只有在课堂上，教师才能得到锻炼，才能像沃野里拔节的秧苗一样，不断勃发向上的渴求和力量。盐城市一小的教师以课堂为试验田，不断播种，也不断有新收获。近三年，在江苏省教育厅举办的青年教师教学基本功大赛中，盐城市一小有 4 人获省一等奖，22 人获市一等奖。市一小积极引领教师通过课堂实践与研究，来改进课堂教学，提高课堂教学能力，从而促进教学质量提升。具体做法：一是抓实常态课。为充分发挥骨干教师作用，实现人力资源优势互补，市一小每学期都开展“名师、能手、新秀”分层教学活动，第一层次为“名师引领”，市一小拥有省特级教师、市名教师、市学科带头人 82 人，要求他们每学期开展一次课堂教学示范或专题讲座；第二层次为“能手竞技”，要求市教学能手每学期执教两节公开课，一节组内研讨课，一节校级或校际研讨课；第三层次为“新秀展示”，邀请市教科院或校内专家在学期初对新秀开展一轮听评课考核活动，学期结束开展一次教学汇报活动。另外，学校一年一度的青年教师基本功大赛也是一项常态化的赛事，已成功举办了 13 届，引领 300 多位青年教师的专业成长。竞赛内容与时俱进，起初主要是教育理论考核、“三字一画”和课堂教学，近几年与省市级比赛接轨，新增信息化技术、教学设计、即兴演讲和才艺展示等项目。大赛实行动态管理，获得一等奖者授予“校级教学能手”称号，未获得一等奖者，第二年要继续参加下一届的比赛，并且每隔 3 年还要组织 35 周岁以下的教师参加全员性竞赛，以适应不断发展的新形势、新要求。二是磨好选拔课。近年来，市一小每年都有近 30 名教师在全国、省、市级课堂教学或基本功比赛中获特等奖或一等奖，近百名教师应邀在各级各类研讨活动中执教观摩课，此项成绩是基于常态操练下公平选拔的结果。学校以各级各类课堂教学观摩评比为契机，进行了有益的探索与大胆的尝试，对于每一节对外的课堂教学大致都必须经历这样的历程：执教者个人申请→组内研讨→校内选拔→校级备课→校际交流→集团攻关→省、市级比赛或观摩。几年的运行，此项机制已深入教师心中。其实，选拔的过程就是展示的过程，也是研讨的过程，更是全体教师学习成长的过程。三是打造精品课。精品化课堂是市一小从课堂教学入手，通过打造精品来构造教师的理想课堂，带动全体参与研究，全面提高课堂教学质量，其指导思想是“从常态课中来，到常态课中去”，操作方法是“专家引领 + 同伴互助 + 群体反思”，根本宗旨是“促进教师专业发展，提高教师的教学效能，从而实现教学的高效和优质”。近年来，市一小成功打造了近百节精品课例，有许多课例被刻成光盘在全国发行，有的课例被知名网站选用，有的课例被多部著作刊载，有的教师的课堂教学在省教研室主办的“教学新时空”数学、英语、体育、美术、信息等学科“名师课堂”中执教，省教研室网站同步直播，并与全国的老师们进行现场互动交流。

2. 与新课程同行

“四色文化”、校园足球、“四建阅读”、科技教育……这些词汇在市一小不是普通的名称，而是课程体系的重要部分，也是学校的文化品牌，更是教师成长的载体。如今，教师是最重要的课程资源，是开发校本课程的中坚力量和主力军。开发课程的过程，就是一个实施课程的过程，也是一个成就学生的过程，更是一个成就教师的过程。在新课程建设的路上，一小人一路犁耕，一路收获：在省首届基础教育教学成果奖评选中，一项成果获盐城市唯一的一等奖，两项成果获二等奖；在省第二届教学成果奖评选中，一项成果获盐城市唯一的特等奖，三项成果获一等奖，三项成果获二等奖，获奖数量与获奖层次在全省都处于领先地位。

（1）四色文化，乡土与时代的融合。一小人因地制宜，从铁军的血性、科技的灵光、湿地的葱茏、淮盐的咸味中开掘乡土资源，建构而成以“红色文化”“金色文化”“绿色文化”“银色文化”为主干的校本课程，还出版了《四色文化》系列丛书、建成了“四色文化馆”。“四色文化馆”由陈毅之子陈丹淮将军亲自题写馆名。这些课程体系有着显著的乡土特色和时代特征，丰富了学校课程资源，也增强了教师的课程意识，锻炼、提高了教师课程实施的能力。

（2）校园足球，走在全国前列的品牌。回顾市一小校园足球的发展历程，足以让人惊叹：学生校园足球参与率达 60% 以上，连续两次获全国青少年校园足球冠军杯小学组团体一等奖，在刚刚结束的山东赛区比赛中以不败的战绩再次挺进全国总决赛，《中国体育报》《中国教育报》等国家级媒体均对一小的足球工作进行了专题报道，学校先后被评为“全国青少年校园足球布点学校”“江苏省培养足球后备人才重点学校”。在实践中提炼总结的研究成果《小学足球校本课程开发与创新实践》获第二届江苏省基础教育教学成果奖特等奖。

（3）四建阅读，涵养校园的氤氲书香。“四建阅读”，即创建阅读基地、组建阅读社团、搭建阅读平台、塑建阅读品牌，精心打造书香校园，营造浓郁的校园阅读文化，让每一个孩子在书香氤氲中成长，让每一位教师在读书中找到人生的精神坐标。学校先后编写《小学生必背古诗文 100 首》《快乐“月”读》等校本读物，打造了古诗文考级、小书虫跳蚤市场、网络作文大赛、小百家讲坛等品牌活动，演绎出美妙的风景。其研究成果获省教学成果二等奖。

（4）科技教育，启蒙未来的创新之光。科技教育是学校的传统与特色项目，学校建立了一套“启—探—议—理”的科学探究指导模式，定期开展“一周两营”即科普活动周、科技冬令营、科技夏令营等科普活动，催生了学校第一本科普读物《星海晨帆》。就在刚刚结束的第二十五届省青少年科技创新大赛中，该校五件作品获一等奖，囊括了盐城地区小学组所有项目决赛权。

3. 与学生一起成长

“学生生命成长的脉动是激发教师成长的鼓点。”张校长这句简短的话语，却表达了一个朴素的观点：学生是教师的幸福源与动力源，教师只有走进学生的精神世界，激活学生的生命因子，成长才会更快乐、更充实。

市一小注重在学生活动中锤炼教师，提高教师活动设计、组织的能力。学校把少儿社团的建设作为亮点工程，先后组建了红领巾新四军研究院、少儿科学院、蓓蕾艺术团、希望少儿书画院、小书虫俱乐部、少年警察大队、丹顶鹤文学社、蓓蕾广播电视台、希望少儿体育俱乐部、蓓蕾网络俱乐部等十大少儿社团，在形成序列、层层推进的社团活动中，搭建灵性飞扬的活动载体，融合学生的特长，开辟成才的自由通道。同时，他们还科学规划、精心设计了一系列整体联动的大型文化活动，成功塑造和推广了读书节、数学节、英语节、艺术节、体育节和科普活动周、节能减排周等“五节两周”，力求让每一个学生都能自由成长，让每一个教师都能自由发展。

4. 享受研究的快乐

孟德斯鸠说过：“任何别人的建议和意见都无法代替自己内心强烈的呼唤。”盐城市一小的教师总让人能感到他们内心都有着强烈的呼唤，因为这样，他们才不断研究，不断超越，不断结出丰硕的成果。

（1）研究团队多元化。这些团队中，有名师工作室，有校级学科中心组、年级部教研组，还有教师自发组建的研究团队，如智慧树数学俱乐部、鹿鸣足球俱乐部、半亩方塘读书会，还有教师加入了凤凰语文、教育在线等专业网站的研讨，甚至担任栏目版主。

（2）研究方式多样化。研究方式大体有这样四种：一是网络研讨。目前，市一小建有“半亩方塘读书网”“智慧树小数网”“四季青语文网”“丹顶鹤少儿文学社”“梦想英语网”“希望艺体网”等 6 个专题研究网站。二是沙龙研讨。

研讨内容丰富，可以与名著对话、与问题对话、与同伴对话、与大师对话。研讨周期通常为两周一次，可以是全校性沙龙，也可以是教研组小型沙龙，可以是培训指导式沙龙，也可以是交流体验式沙龙。三是博客交流。市一小在集团专题读书网站——“半亩方塘读书网”为每位教师开通博客，通过博客来呈现一小人成长的幸福，传递一小人向上的能量，且方式多样，有个人博客、小组协作博客群组、学科博客群组、新项目开发群组、区域博客群组等。四是论文撰写。市一小历来重视教师论文的撰写工作，但其价值指向绝不是为了获奖或发表，更重要的是促进教师真阅读、真研究。市一小利用教研沙龙、集体备课等研讨平台，定期对教师近期的研究情况及写作意图作研讨，引领教师通过真阅读、真研究来开拓视野，提升素养。对于像省“师陶杯”“教海探航”这样的重要赛事，学校还会邀请省、市专家来校现场指导。目前，该校有6位教师出版个人专著，10多位教师编印了个人文集。近年来，学校每年均有300多篇论文在期刊上发表或市级以上获奖。在2009年的省“教海探航”征文比赛中，市一小有36篇论文获奖，其中一等奖9篇，获奖层次、数量在全省同类学校中遥遥领先。

（3）研究视角自主化。一是开展教学现场与教学细节的研究。对影响课堂教学效果的因素进行梳理，开展专题研究活动。如对课堂教学时间的分配、教师理答行为、课堂问题设计、教学情境的创设、现代媒体的使用、学生课堂活动、学生课堂回答等方面的问题分门别类，一项一项地进行专题研究。二是对教学热点难点的研究。近期先后开展了阅读教学第一课时、小学生课外阅读指导、作业设计与批改、双语阅读、书法教育进课堂、综合实践选题指导课、研读新课标等研究活动。三是参与省市级课题研究。“十一五”期间，市一小有36项课题成功结题，“十二五”期间，又成功申报立项60多项课题，课题实施使得研究系统化、科学化。

三、致和

《文雅》曰：“和，谐也。”古往今来，中国人都以“和”为最高境界：人与自然和谐相处，人与社会宽和相融，人之身心和乐相生，民族国家协和万邦。在市一小，我深深地感到，“和”是学校核心文化“涵养大气”的一部分，不断彰显着一种力量。这种力量看不见，却如影随形，能让资源兼容共生，让行为规范有序，让人际和谐共进，让个性自由发展……

1.“和”是和顺，也是气度

离开队伍的人可能会走得快些，但肯定不会走远，除非你能成为这支队伍的领跑者。在市一小教师队伍中，盐城市首批名师工作室的六位领衔人就是各个学科中的领跑者。

20世纪末，教育界掀起了一股关于语文教学的大讨论，其中批评语文教学的声音最为强烈。语文教学耗时多，收效少，一篇课文上4—5课时，要用3—4天时间才能完成，有人戏称这样的教学是“把花瓶砸碎后，再用放大镜欣赏每一个碎瓷片”。时任高年级语文教师的雷燕老师通过走访、听课、交流、调查，了解到语文教师确实教得累，学生学得苦。为了改变这种现状，她提出了“小学语文‘三轨运行’教学模式的研究”这个课题，并开始了实验。同时，她还向一些渴求上进、热爱科研的教师发出邀请，加入她的研究团队。

浅缓的音乐，恬淡的咖啡香，都无法舒展开他们紧锁的眉头。因为一个过渡环节的设计，让他们的研讨延续到夜深时分咖啡厅这温馨的空间，而且这样的情景已不是第一次出现。一位青年教师的课要参加全国比赛，一接到课题，雷燕老师就牵头成立了备课组，亲自担任组长。在一个环节上卡住了，似乎咖啡厅的空气都凝固了。终于，雷老师的一个点子一下子激活了大家的思绪，拓展了思维的空间。那个瞬间，他们激动地跳了起来，就如自己获得了好成绩。

这只是工作室再平常不过的镜头。10多年的团队生活，雷燕老师在自己得到发展的同时，也精心指导帮助着每一位队员，自觉形成了教师发展共同体。她指导大家围绕“小学语文‘三轨运行’教学模式的研究”申报子课题，许多成员都成了课题主持人或核心成员，所有课题犹如一棵“南国的榕树”，形成了既可有机整合，又能各自突破的“课题树”。她还带领成员从学生学情出发，紧扣学科特点，以课堂为主阵地，以学生母语素养的提高为目的，以精品课例的开发与推广为方法，扎实改进课堂教学，也取得了丰硕的成果，让一批语文教师成长、成熟起来。目前，在这支团队里，拥有江苏省人民教育家培养对象1名，省特级教师3名，市名教师5名，市学科带头人、教学能手26名。

2. “和”是自由，也是规范

在市一小，有着一批因习惯、爱好等彼此接近的教师自发形成的人际组织，建立起非正式教师组织。他们彼此约定，既不受制度约束，又心有灵犀、自然默契。

2009 年 10 月，为了把科学课有效地延伸到课外，拓展到家庭，杨俊老师带领一些科学爱好者建立了全国首家家庭实验室，精心策划家庭实验比赛，同时建立家庭实验室专题网站，这是全国第一个学生家庭实验网络平台。此项实验内容鲜活，贴近生活，充满温情，引起了凤凰教育网等知名网站的关注，它们主动与家庭实验室网站建立了互链，达成了资源共享。目前，家庭实验室项目已成为了江苏省“十二五”教育科学规化办重点资助课题，这支团队中现拥有 3 名市学科带头人、6 名市教学能手。

2010 年 5 月，郜霞老师带领一批致力于学生心理研究的老师，根据学生身心发展规律，运用心理健康教育的方法和手段，开展富有特色的“四力”行动，即感爱力、自信力、耐挫力、自控力，坚持“心理滋养为主、心理调适为辅、心理矫正为补”的原则，把心理健康做到孩子心灵中去，并在上级部门的关心支持下，正式成立了盐城市未成年人成长指导中心。目前，该中心有 10 多名教师获得“国家心理咨询师”任职资格。

2007 年 7 月，在仓定志老师带领下，一批爱好数学的老师怀揣“让快乐与数学同行，让智慧伴数学共生”的理想，正式组建“智慧树俱乐部”，建立了“智慧树小数网”，灵活机动地开展形式多样的数学研讨活动。如今，这一团队中先后涌现了 7 名省特级教师，4 名市名教师，20 多位教师在省市级课堂教学大赛中获一等奖。

让我们再来看看其他教师团队的发展情况：

德育团队——1 名省人民教育家培养对象，3 名省特级教师，18 名市学科带头人、教学能手；

英语团队——2 名省特级教师，9 名市学科带头人、教学能手；

体育团队——3 名省特级教师，14 名市学科带头人、教学能手；

音乐团队——1 名市名教师，10 名市学科带头人、教学能手；

美术团队——1 名省特级教师，1 名市名教师，13 名市学科带头人、教学能手。

3. “和”是均衡，也是发展

2010 年 8 月，盐城市一小正式组建教育集团，办学规模急剧扩张，引起了许多人的担心：有人担心盲目扩张会减少名校的优质师资，带来“金字招牌”含金量下降。该校以文化的力量凝心聚力，以科研的力量固本强基，大力实施“教师发展共同体策略”，一方面因材施培，让每个人都找准自己的位置，指导、帮助每一位教师制订“专业发展规划和成长档案”，另一方面深入持久地开展校本培训和校本研究，提供多角度、多层次的展示舞台，让每个人都把准航向，走向成功。实践证明，无论是教师，还是学校都保持着良好的发展态势。仅最近两批省特级教师评审，就有 12 位教师顺利通过，列全省同类学校之最；学校第三次获“全国文明单位”的称号，成为全省唯一连续三次获此殊荣的学校。

教师队伍建设是永恒的话题，盐城一小永远都在前行的路上。我们祝愿盐城市第一小学的教师，能以更高远的视界，更优雅的步伐，更从容的姿态，走向大气，走向大成。

本文为《江苏教育研究》“幸福教育的样子”专栏文章。

合作的风景

——镇江市外国语学校“合作学习”剪影

由于工作的关系，笔者看学校未必“识广”，“见多”总是算得上的。但到镇江市外国语学校观摩“合作学习”的课堂，还是很有些震撼，没有想到他们的工作做得那么扎实，更没有想到介绍的老师讲到动情处会热泪盈眶。确实，镇江外国语学校的“合作学习”具有打动人心的力量。

一、行动研究路线图

从2006年起，镇江市外国语学校开始“合作学习”的行动研究。这所学校青年教师近70%，教学经验不足但素质高、有活力、乐于学习。学校是全市率先实施小班教学的，每班人数36—38人。开展“合作学习”的行动研究后，各班改变传统的“秧田式”座位，改为4—5人围坐的“合作学习”小组，原则上每班分为9组，一般采用组间同质、组内异质的原则分组。每个班配置多媒体设备。2008年学校又为每班配置了27块小白板，为“合作学习”的交流、展示提供了平台。8年来，“合作学习”的研究形成了如下的路线图：

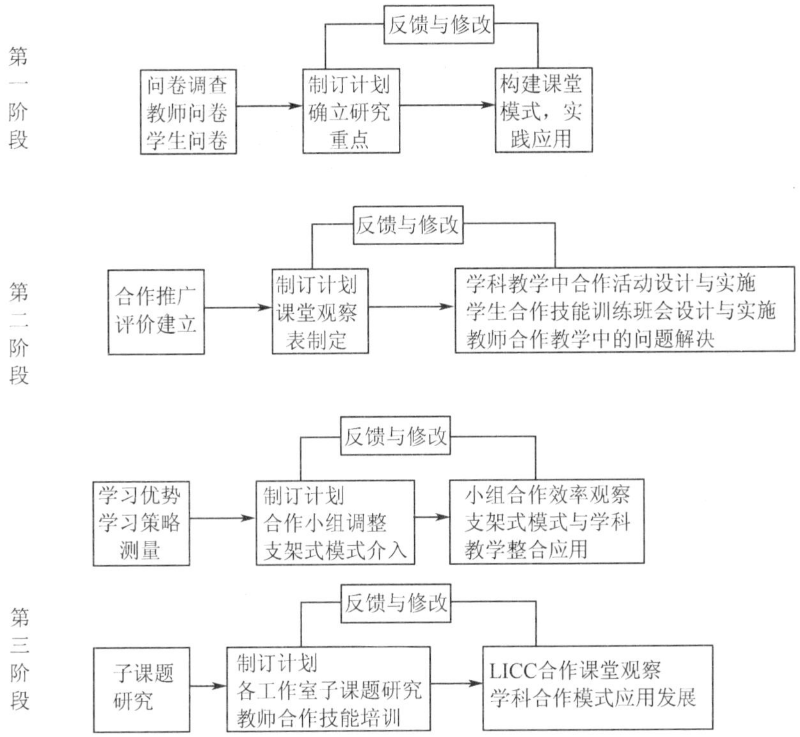

这张路线图基本勾勒了镇江市外国语学校“合作学习”研究的过程，作为课题，学校已做过实验效果的测量工作，撰写了研究报告，举行了结题总结会；但作为工作，“合作学习”已成为学校课堂教学的基本形态，是持续展开的、行进的。

二、从问题出发

一般所说的“合作学习”，是指“学生在小组或团队中为了完成共同的任务，有明确的责任分工的互助性学习”。（王坦：《“合作学习”论》，教育科学出版社，1994 年版，第 18 页）“合作学习”作为一种教学思想，强调教师与学生之间的关系是相互尊重、相互合作的人际关系；学生是课堂真正的主人；学习过程不仅是学生认知和发展的过程，而且是情意、个性同步发展的过程；课堂教学效率取之不尽的源泉是学生彼此之间的合作，互动中迸发的创意思维等等。新课程倡导“合作学习”就是针对我国课堂教学中以知识为中心、讲授式、一言堂、各自为战等等弊病的。镇江市外国语学校的研究团队也正是基于这些共性问题，开展“合作学习”的实验研究。只是，相对于那些浅尝辄止的做法，他们把切入点放在外显层面的课堂变化，把关注重点放在内隐文化的生成。他们把行动研究与有效解决问题结合起来，不仅看合作的形式有没有，更重要的是看行动研究的目标有没有真正达成。

无论是工作，还是研究，总是会伴随着不断生成的新问题，工作的推进、研究的深入就是不断解决问题的过程。镇江市外国语学校自觉地意识到这一点，在这项工作推进 3 年后，学校进行了“‘合作学习’现状问卷调查”，对本校教师共发放问卷 120 份，回收 112 份，通过调研，老师们梳理了如下需要解决的问题：（1）“合作学习”的小组成员任务如何分配比较合理？（2）总是觉得小组合作的课堂活动种类过于单一，不外乎讨论、组间质疑，怎样走向丰富？（3）小组讨论中总有游离于讨论之外的同学，怎么办？（4）学习能力相对弱的同学在“合作学习”中是否得到真正发展，内心没有谱。（5）如何在“合作学习”的背景下引导学生避免小组成员之间对作业的过分依赖？（6）如何对小组合作做出多元评价，尤其是课堂中具有操作性的评价？……实践中生成的问题就是研究的重点，课题组针对这些问题，设计推进方案，逐一予以突破，研究的有效性也就逐步体现出来。更为可贵的是，从上列“路线图”可以看出，研究推进的全过程都是基于问题、不断反思、及时调整的工作策略的。

三、引入“新质”

镇江市外国语学校的“合作学习”，很有意义的在于其开放性。课题组很在意“新质”引入，让一些“新质”有机融入“合作学习”，促进“合作学习”内在品质的提升。2009 年，学校引进“学习优势教育”项目。以往人们在落实因材施教原则时，往往考虑学生智力、学习能力和先前知识经验的个性差异，“学习优势”理论则认为，学生的学习优势（Learning Style，可翻译为学习风格）也是个体差异的十分重要的因素。学习优势（学习风格）指学习者最适合自己的学习方式，它表现出持续一贯性，即能够稳定地维持相当长的时间，在完成某类任务时能始终体现一致性。“学习优势项目”为老师们提供了理解学生的新视角，因材施教因而获得新的着力点。下面分别是课题组向我介绍的两张图表，是2012级七年级某班一位学生和全班学生的测量统计。

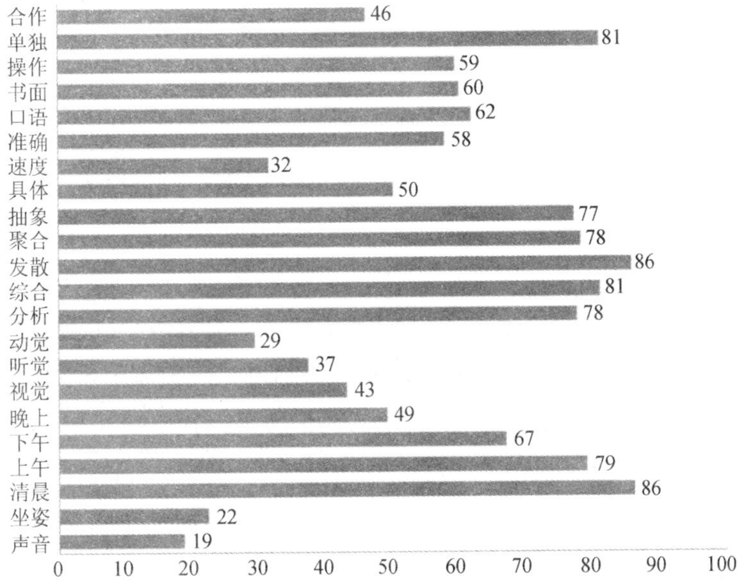

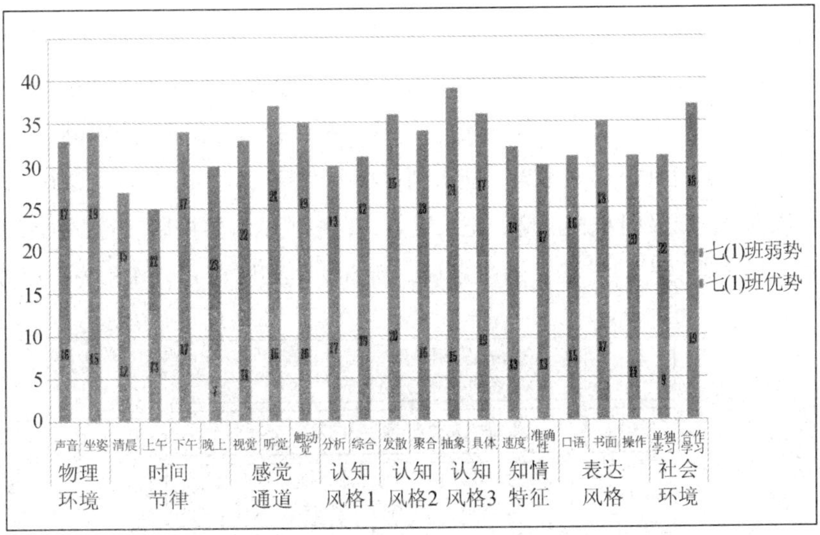

在这样的科学测量的基础上，老师们用“学习优势”研究学生，从而对学生有了新的认识，进而帮助学生扬长避短、扬长补短，“合作”因之有了品质的提高。

在学习优势项目引入后，课题组又进一步请专家介绍支架式教学，从老师们的文章中我们可以了解支架式教学是“在共同的问题解决活动中，教师和儿童之间温暖的愉快的合作，在这种合作过程中，教师通过数据反馈提供个性化、适当的帮助，促进儿童发展，当儿童技能提高时，让他们承担更多的责任，从而支持儿童的自立、自治、自主、自发性”，一般由搭建支架、创设情境、独立探索、协作学习、效果评价几个环节组成。课题组的副组长邱激扬老师向我们介绍，支架式教学的关键在支架是否搭建在学生的最近发展区，每个教学环节是否指向学习目标，支架的提出是否恰逢其时。邱老师说，支架式教学具有较强的操作性，尤其对于青年教师的课堂成长起着加速的作用。不少青年教师在文章中也谈到他们应用支架式教学的成功体验。可以理解，他们的“合作学习”因而有了内在的“支架”。

四、学会合作

“合作学习”有一个很重要的目的，就是让学生学会合作。镇江市外国语学校利用班会训练合作技能，在单项或综合的训练中，让学生通过活动明晓事理，知其所以然。比如有一节班会课是关于怎样处理声音的，老师通过情境模拟、活动体验，让学生归纳课堂上有哪些声音，对这一些声音又有什么具体要求，如“组对声音”只有自己和搭档两个人才能听到；小组声音只有小组内部才能听到；倾听时应该无声，要及时积极反应、记录重点；白板展示时要控制声音，白板批改时要用“思考声音”，等等。通过培训，所有学生都明白“合作学习”时要求

组长	任务分配、引导合作、组内协调、联络老师、促进任务完成
发言人	记录每个人的观点、归纳发言
观察员	及时纠错、促进组员认真预习、倾听仔细，控制时间、控制噪音，促进组员发言
引导员	书写白板，挂放有序

倾听无声、讨论轻声、发言大声、质疑有声，而“有声”“大声”又要区别具体情境。有一个班会是训练建组的，老师明确活动目标：（1）通过活动成功建组；（2）明确小组分工和个人职责；（3）培养组员安全感和归属感。培训活动后，学生都知道了小组的组建原则和具体分工。（见上页图表）

在学习优势项目引入后，老师们又根据量表结果对小组进行调整，同时通过新一轮培训，帮助教师运用适配原则将班级学习优势与教学结合。如有位老师设计了“学会倾听”班会，其流程为：（1）认识意义。（2）构建“T”型表。这个“T”型表记录仔细倾听（看得见的神情和听得见声音）的感觉。（3）句子集合。教学生一些特定情况下使用的句子。如“好主意，你有没有想过……”“你也许是对的，从另一方面来说……”“抱歉，我觉得不太恰当……”“让我们重新想个办法吧”等等。（4）技巧练习。让学生在游戏中培养倾听能力。

在课堂教学实践中，老师更是注意“合作学习”技能在具体情境中的应用。比如，如何尊重同学，在“听”的方面，要求相互间认真倾听别人的谈话，持久性地给对方以关注，眼睛注视对方，以微笑、点头或竖起大拇指等特定动作表示感兴趣或赞同，等等。这些只有在日常课堂教学以至日常生活中，理所当然地去做，才能真正成为一种习惯、一种能力、一种素质。镇江市外国语学校学生的文雅大概就是这样“练”成的。

五、“相约星期三”

每周三下午 4：50—5：35，学校的老师们会集中在一起“相约星期三”，常常是大家一起学习有关教育理论，进行主题研究课的听课、评课，参与“合作学习”的技术培训，交流研究课教学中的体会和问题。学校专门设计了“体验式”“合作学习”技能训练课程，将老师们分成合作小组，发放问题讨论单，事先在各个小组“潜伏”观察员，活动结束后即时评估各小组的合作，不仅使老师们在互动培训中体验了技巧的运用，而且也设身处地去体会课堂里师生、生生的有效合作。

“相约星期三”其实只是镇江外国语学校老师们专业生活的一种形式。潘晓芙校长曾向我介绍近一年多来学校组织的培训：校级以上研究课近 100 节，开放教师的合作技能和学习优势培训10次，面向学生的“合作学习”技能培训42班次，骨干教师外出讲座20人次，完成学生学习优势测评和学习动机策略测评2600人次，课题研究专题培训4次，录制视频近60个……在“合作学习”的行动研究中，课题组用一个易于操作的行动模型来推进工作，这其实展示了他们校本研究的一个常态。这样，整个工作的逐步深入、步步登高就是自然而然了。

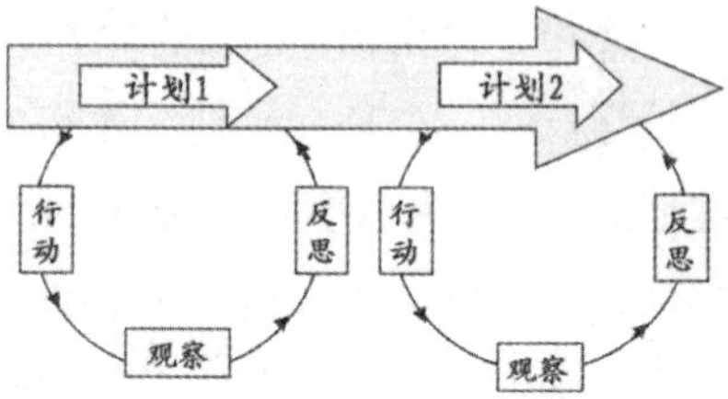

当然，高质量的专业生活更重要的是在流水一样每天逝去的教学时光里。学校课题组曾给我发来一批老师自己写就的体会文章，只要看看这些文章的题目，就可以知道老师们是怎样做的：《小组“合作学习”模式的初探》《从学习优势角度理解学生》《基于支架式理论的初中语文专题教学》《学习优势背景下的合作技能训练》《用“支架”助写作，引“合作”促发展》《用特殊分组方式促进学生自我管理》……

六、佳境迭现

8年多“合作学习”的行动研究，在镇江市外国语学校已是收获甚丰，佳境迭现。

其一，教学技术日渐成熟。在知识和儿童之间建立联系，很重要的是教师的教学技术，正是因为有了教学技术，教师才可能从一般的知识人成为师者。而我国传统的教学是没有多少技术含量的，即使有也是大概的、模糊的、粗线条的。“合作学习”的研究与实践，使镇江市外国语学校的老师们有了对教学技术精益求精、一丝不苟的意识。对“合作学习”的核心要素，如确立小组奋斗目标、树立学习责任感、形成合作与竞争技能、小组组织建设、自我评价与反思等等，课题组老师们都有如琢如磨地研究。具体到每一个要素，如学习目标，做什么，在什么具体情况下做，达到什么样的要求，都有细致的考量。更重要的是，他们的教学技术也包括对学生学习技术的指导，如怎么养成“倾听”的习惯、“表达”的习惯、“支持”和“扩充”的习惯、“求助”和“帮助”的习惯、“建议”和“接纳”的习惯，指导步步到位，其实也意味着教与学都能到位。

其二，走向深度学习。布鲁纳说：“学习存在表层和深层两个过程，掌握知识经验的过程是学习的表层，而通过掌握知识，形成一定的思考方式、学习态度，增强解决问题的能力和自信才是学习的深层过程，真正的学习包括获取知识、发展能力和形成态度。”镇江市外国语学校从两个纬度（教师与学生）、三个层面（教学模式、思维模式、价值追求）来研究探索“合作学习”，推进了认知、人际、反思三元素的互动交融，有效地改进了学生的学习，促进了学生创造人格的发展。在推进过程中，又深入学习优势教育，引进支架式教学，更是鲜明地体现深度学习的特征。

其三，形成“爱就开心”的文化平台。“爱就开心”是潘晓芙校长的教育主张，她曾向我解释，这是教育的英文单词——Education 的谐音。Education 源于1500多年前的拉丁文“educare”，前缀“e”有“出”的意思，而词根“ducare”则为“引导”，二者结合起来就是“引出”，意思就是采用一定的手段，把某种本来就潜藏在人身上的东西引导出来，从一种潜质转化为现实。让师生在享受进步的喜悦、发展的快乐以及自我价值实现的幸福中，形成一种“开心”的教育行走姿态。

镇江市外国语学校的“合作学习”一开始就明确其内蕴就是文化的进步。

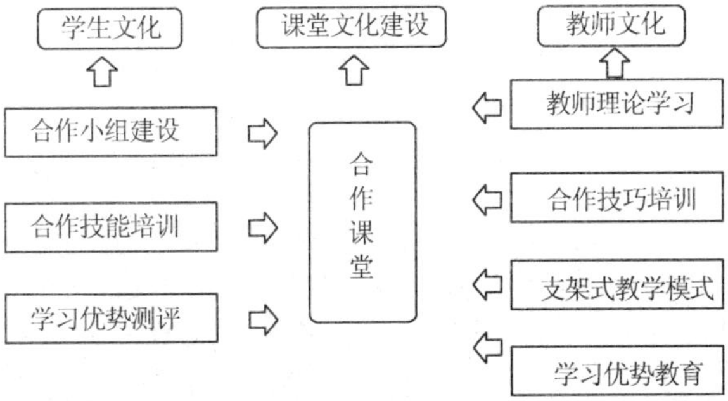

“爱就开心”成了学校文化的核心价值观，教育首先就是爱，“合作学习”的推进，首先也是源于爱，贯注其间的一定也是师爱。即使如我们刚才论及的教学技术，以及老师们所教的学科，确如一些专家所言：“事实上，根本就没有所谓的‘技术’本身，因为技术只存在于使用的情境中”。（安德鲁·芬伯格：《技术批判理论》，北京大学出版社，2005年版，第53页）“那些成功的教师总是和他所教的学科水乳交融、浑然一体的，仿佛他就是他所教的学科，学科成了他的一部分。”（谢云：《幸福教师五项修炼》，华东师范大学出版社，2012年版，第132页）“合作学习”本身就是一种价值观，一种生活方式，它要求师生参与其中，都有源自心灵的感触。“合作学习”本身是内容，比如怎样接纳、悦纳别人，怎样承担自己的责任，怎样更好地掌握合作技能，怎样让认知、人际、反省三个元素互相激荡融为一体。这些都需要在本质意蕴上的教育发挥功能，都需要，也一定是体现“爱就开心”！

本文为《江苏教育研究》“幸福教育的样子”专栏文章。

大浦的文化

在泰州，人们称呼大浦小学，常常省略“小学”二字，不经意间增添了些许亲切的感觉。我想，这么多年来，在我和大浦接触的过程中，温暖我的，感染我的，打动我的，就是一种亲切的感觉。这种感觉有时还难以言喻。恰如有些西方学者琢磨了许多年，终于认识到：西方人与人之间的联系适合用“网络”这个词，如中国的东方人与人之间的联系，更适合用“气氛”这个词。对于大浦亲切的感觉，就是一种人与人关系存在的气氛。其背后，还是缘于大浦的文化。

大浦有景观文化。潺潺流响的西城河，静静矗立的青砖小楼，高大繁茂的老银杏……这些自然景观与一代代学子的成长联系在一起，都已经有了丰富的人文内涵。步入教学楼拾级而上，从一楼至五楼，更是一部学校的校史，一个地域文化的展览馆。校容校貌是一所学校最显要的外部特征，大浦的外部特征是鲜明的、文化的，充满活力的。

大浦有组织文化。在老与新、师与生之间，大浦强调责任意识，为一代代学子的成长奠定了优秀的人格基础，使教师团队得到很好的发展。大浦还创新组织建设，举办“名师研修班”，创办“教学运动会”，建设学习共同体。我和“名师研修班”的老师们有过多次交流，感受到他们的共同担当，彼此分享，更钦佩他们中的一部分，把共同学习和发展，不仅仅当做一项活动，一个过程，更在意确立一种态度，一种生活方式。

大浦有制度文化。大浦的制度首先在于激活人的主观能动性，激发人的创造力，激励大家奋勇争先。一位年青教师能够不断追问：“我学习了吗”“我思考了吗”“我实践了吗”“我奉献了吗”“我表率了吗”，这是制度的力量，是文化的力量。关于大浦的一篇报道，讲了不少大浦的“先锋”故事。其实，我以为，在大浦先锋可以泛化些，在老师们之间，在孩子们之间，是到处回荡着“先锋队之歌”的。

大浦有教学文化。这些年来，大浦致力于智慧课堂的实践研究，并且取得了丰硕的成果。他们把智慧课堂解读为通过知识学习引导并促进学生智慧成长的特殊情境，在这种情境中实现教师对学生智慧的培育、启发和唤醒。他们探索了智慧课堂的校本模式：第一层次，自主探究；第二层次，合作创新；第三层次，深度质疑。我以为这些观点和做法是经得起推敲的。在某种意义上也是对教学理论的实践性贡献。

古人云：“五色为文”“以文化之”，大浦的文化是丰富的，难以一一列举，而我们要更多关注的是文化的背后。在我看来：

大浦的文化有魂。萨乔万尼曾经指出：“最成功的学校领导会告诉你，形成正确的文化以及关注教师、学生及其家长所共同的目的意义，是人们普遍认可的创造成就学校的两条基本规律。”支撑学校文化的主要是共同的价值观，在大浦，这个共同价值观就是校友胡锦涛同志提出的“把最美好的世界献给孩子”。学校赏心悦目的景观是美好的世界，老师们爱的行走是美好的世界，组织、制度、课程、教学都在彰显着做什么、怎么做，描画的依然是美好的世界，“先锋”追求的还是美好的世界，正是这样一个体现教学本质和时代精神的核心价值观，使大浦有了很多“大”的味道。

大浦的文化有根。美国文化学者萨姆瓦说：“文化是一种积淀物。”也有的学者认为，文化就是人们日常过日子的方式。这种生活方式日复一日，年复一年，日积月累，习惯成自然，如同“草色遥看近却无”，具体到某个时段，未见其增，但时间长了，却见其长，于是就积淀文化，形成了特色。大浦文化就是大浦百年的积淀。“把最美好的世界献给孩子”，是一代代大浦人的追求和努力，就如西城河百年不息的自然流淌。

大浦的文化有张力。这种张力体现在师与生之间。老师追求“把最美好的世界献给孩子”，一代代学子努力创造“最美好的世界”回馈母校和社会，他们都成了美的创造者。这种张力还体现在显在和潜在之间。大浦文化有很多显在的标识，但文化最深层次的东西，应当是潜在的。有的西方学者把文化分为三个层次，第一是表象层，第二是价值层，第三则是默认层，即某些行为方式、思维方式已经成为组织成员理所当然的、下意识的，这是价值观和行为的终级根源。在我看来，大浦文化潜在与显在存在着一定的交互性、统一性。

南京大学老校长匡业明先生曾说过：“空气流动就是风。”匡老这里所说的“空气”，其实是指一种气氛、一种文化。衷心祝愿大浦人继续前行，“把最美好的世界献给孩子”；衷心祝愿大浦文化自然弥散，蔚然成风！

本文发表于《江苏教育》2011 年第 6 期。

学会分享

——常州市实验小学的“分享教育”

常州市实验小学开展分享教育研究已经7年多了。经历了两轮的课题研究，也经历了从质疑、争议到理解、接纳的过程。每次参与常州市实验小学的活动，每次与杨文娟校长交流，我都有惊喜与感动。为一所老牌实小在素质教育发展中找到自己办学的突破口与文化特色而惊喜，为一个执着于教育探寻、敢于走不一样的教育之路的“分享团队”而感动。

学校管理的关键是什么？《孙子兵法》中说：“上下同欲者，胜！”学校管理的关键就在于建设道德共同体。常州市实验小学以“分享文化”作为共同的价值追求，亮出了自己鲜明的学校文化旗帜，是全面实施素质教育基础上的特色发展，它既基于校本又促进了校本化发展。一旦有了学校文化的根，有了向上、向前的价值追求，有了共同的愿景，那么，岂有不胜之理？

我很欣赏“学会分享”这一说法。分享要学会吗？我的看法是：要！常州实小对分享有了自己的界定、理解，遵循这一理解有了一系列行之有效的实施策略。每一项策略的核心都是指向“学会分享”。这是办学者的高明所在。从哲学角度而言，“学会分享”始终是一个过程，没有终点，一如常州市实验小学的每一位共同体成员的姿态——“分享”始终在路上。这就为教育人不断追求卓越留下了很大的发展空间。

我很佩服常州实小人的探索勇气。当下，“××教育”的提法的确很多，有些提法不敢苟同。但常州市实验小学所提出的“分享教育”界定明确，理论建构较为完善，实践策略比较科学，且能从传统到现代的一脉相承中找到渊源，有传承，有创新。虽然有些提法值得商榷，但一所小学能够有勇气在国家级课题研究中产生这样的一个科研成果，勇气可嘉。

我期望常州市实验小学继续走在“分享文化”研究的路上。我一直很强调学校要有自己的教育特色。怎样创造教育特色呢？袁振国、陈玉琨先生曾提出学校特色应当体现全体性、基础性、内在性。全体性，是指特色建设应当面向全体学生，应当使全体学生受益；基础性，是由基础教育的特征决定的；内在性，是指学校特色应当是在学校传统、学校文化中内在地发展、生长起来的。我的同事孙孔懿先生提出学校特色之“色”有三重内涵：一是颜色之“色”，指学校外在的环境；二是成色之“色”，指含金量、内在品质；三是春色、秋色之“色”，指文化。这三种“色”，后者对于前者都有包容的关系。创造学校的办学特色，就是如海明威主张的“寻找表达自己的句子”。“人人成为吸纳的树，个个成为分享的源”是常州市实验小学“表达自己的句子”。继续沿着“分享文化”研究之路走下去，相信常州市实验小学一定会建设成特色鲜明的名校。

我非常喜欢“人人都是吸纳的树，个个成为分享的源”这个句子。关于分享教育，常州实小一直都在试图用通俗易懂、琅琅上口的句子进行表述，以便师生好记，也好传播。例如，行动口号是：我们分享，我们快乐，我们成长，我们超越。课程理念是：给每个学生一段难忘的分享经历。分享团队评比的基本条件是：增强分享意识，提高分享能力，形成分享品质，倡导分享精神，营造分享文化……但总觉得表述得不够全面、准确。在我看来，分享文化最主要的价值观就是基于“人人”“个个”，就是相信每一个师生在分享方面都有、都能、都会。分享文化的核心，就是在真正意义上走向以人为本，以每个人的发展为本。我觉得，理解这句话，可以对“吸纳”和“分享”、“树”和“源”、“人人”和“个个”、“都是”和“成为”等对应的词做出校本化的解读。我以为：

第一，这句话是针对了实小特有的分享文化的建构。“吸纳”是有选择地吸收与接纳，也有海纳百川之意，要表现的是师生虚心好学、如饥似渴的终身学习理念。在“吸纳”的同时，也有“分享”的要求，要能如星星之火一般去影响带动一大片，充分彰显百年实小优质教育资源的辐射与放大。

第二，这句话是针对了学校校树百年银杏与百年的办学历史。常州实小有一棵180多年的银杏树，这棵校树昭示：实小所有的师生应该像古银杏一般，根扎得越深，才会越枝繁叶茂。百年办学历史必有“源头”“根脉”，在时代飞速发展的今天，每一个现在的实小人都会成为历史的一部分，所以要树立标杆，成为名师，勇当“源头”。

第三，这句话是针对了学校的培养目标。实小历史上对学生的培养目标就有“厚基础，有特长”的要求。“基础扎实，全面发展，具备特长”是高一级学校对实小毕业生的普遍评价。这样的培养目标是基于“人人”“个个”的，是面向全体学生的，也是为了学生的全面发展的，这与素质教育的要求完全一致。

第四，这句话是针对了学校长远发展中教师的重要地位。学校的发展归根结底是教师的发展。每一位教师都应该不断充实、丰富并完善自我，多向先进学习，无论是师德修养还是专业素质，要永不知足，追求卓越，所以“都是”是普遍要求，无一例外。同时，教师要有“人人都成为好教师”的愿望与行动，在基础教育课程改革中能起到辐射、示范、引领作用，真正彰显知名学校的风采。但是“成为”毕竟是一种期望、方向，不可强行要求。所以“都是”“成为”也是特别用心的表述。

常州市实验小学的“人人都是吸纳的树，个个成为分享的源”已经深入到学校的各项工作之中，也已经深深烙在了每位实小人的心头。我欣喜地看到：“课程中的分享”正在通过“不一样的我”的“经历·分享”课程体系的建构来实现；“课堂中的分享”正通过对课堂观察与研究，找寻“分享课堂”的理念、文化、特征及行动策略等；“教师共同体中的分享”正以“分享智慧工作室”“分享论坛”“分享团队”“学习俱乐部”“品牌教研组”等载体充分体现；“学生共同体中的分享”则是通过“学生俱乐部”“特色社团”等载体来培养……特别值得一提的是：常州市实验小学基于分享理念，提出了“给孩子们100种分享经历”的命题，并以“经历·分享课程”的方式让学生在“健康之旅”“责任之旅”“礼仪之旅”“阅读之旅”“特长之旅”充分享受快乐童年，在“银杏娃分享之旅”手册的引导下，以校本的多元评价方式，实现了学生评价的微变革——取消“三好学生”评比，增加基于学校“培养会分享的实小人”的目标而设置的“健康银杏娃”“责任银杏娃”“礼仪银杏娃”“阅读银杏娃”“特长银杏娃”的评选，让更多的孩子有了“我能行”的成功体验与感受。目前，学校已经将这五方面的“旅程”作为新校区新楼道的文化布置，让更多的孩子有机会亮相校园，让校园里发生的故事更多地记录在这里，成为永恒的回忆。

这样的研究已经历时 8 年多了，不断建构，不断反思，再不断重建。正是这样的一种研究过程，让常州实小的师生们经历了分享之旅，不知不觉地，一种分享文化已悄悄地融入了常州实小这片沃土之中。

本文为《江苏教育研究》“幸福教育的样子”专栏文章。

建构单元课程　践行“活教育”思想

近几年多次去南京市鼓楼幼儿园，每次都听到崔利玲园长关于继承与发展“活教育”的畅想。“活教育”是鼓楼幼儿园创办人，也是中国现代幼儿教育奠基者陈鹤琴先生的思想，作为鼓楼幼儿园的第八任园长，发扬光大陈鹤琴的幼儿教育思想是她的使命和责任，也是她向善、向前的性格必然的追求。难能可贵的是，她不仅心向往之，而且带领她的团队通过单元课程的建构，探寻到践行“活教育”思想的有效路径。因而，走进“单元课程”，我们自然会欣奇地发现“活教育”思想在鼓幼是怎样落地、生根、开花、结果的。

一、从教育理念看单元课程

“活教育”理论体系是陈鹤琴留美归国后将西方先进教育思想与中国本土文化结合的产物，其核心主张是“幼童本位”，即一切为儿童。单元课程的建构应该以此为思想基础。

（1）早在上世纪 20 年代陈鹤琴就对中国儿童心理特征进行了十分详尽的研究，其 1925 年出版的《儿童心理之研究》揭示出了儿童心理的七大特征。他指出：“儿童不是小人，儿童的心理与成人的心理不同，儿童时期不仅作为成人的预备，亦具有他的本身的价值，我们应当尊敬儿童的人格，爱护他的烂漫天真。”陈鹤琴强调儿童就是儿童，儿童是独立的人，不能用成人的标准去衡量、评价儿童。应该说，尊重幼儿身心发展规律，以人为本的教育理念一直是鼓楼幼儿园的办学宗旨。单元课程应该成为这种理念生根的基本载体。

（2）“稳住儿童成长的脚步”。面对市场经济下商业利益驱动的社会中早教商业机构林立、“兴趣班”遍地开花的现象。作为管理者，崔利玲园长提出“稳住成长的脚步”，并站在一个幼儿教育者的立场，告诫那些“急功近利”的家长不要去催促和压缩孩子的童年，以免把他们变成“年纪轻轻的博士和老态龙钟的儿童”。她认为这些教育过分追求与学习相关的知识量的积累，忽略习惯、兴趣、能力的激发与培养，孩子的年龄特点及个体差异性未得到充分的尊重。当孩子们跌跌撞撞被大人们推上一层又一层台阶时，大人们有没有考虑孩子是否站稳、是否做好迈向更高一层的准备？应该说，这里的“稳”，既有思想的、观念的，又有技术的、艺术的，既是陈老的，又是崔利玲的，是具有重要的现实意义的。

（3）“适合儿童个性的发展”。一切为了儿童，是为了每一个具体的鲜活的儿童。因遗传素质、家庭环境、性格特征、教育资源的不同，孩子们犹如在不同阶梯，在不同的起点开始起步，每一个儿童其身心发展水平也各不相同，“适合儿童个性的发展”就是充分尊重不同儿童在其发展进程上的个体差异性。排斥差异、不尊重差异的同质化教育是不科学的。单元课程将儿童的个体差异性作为开展教育活动的出发点和中心，以此满足社会、家庭、个人的不同需求。课程实践强调教师对儿童的观察、分析与指导，通过丰富的教育环境的创设，让儿童在游戏与社会生活中亲身感受、主动学习，在原有基础上获得适宜的、最大化的发展。

鼓楼幼儿园在课程建构中秉承了陈鹤琴的教育思想，保持了单元教学当年的雏形，但是，这种守根不是停滞不前的原地踏步，而是不断创新，有鲜活的时代意义。

二、从组织结构看单元课程

1928 年，陈鹤琴受大学院之聘，以鼓楼幼稚园的实验成果为蓝本，起草《全国幼稚园课程暂行标准》，使之推广全国，这是鼓楼幼稚园开展中国早期现代幼稚教育研究走向成熟的标志，也是单元课程发展的基础。在建构过程中单元课程呈现出一些明显的特征，可以看作当今幼儿教育课程成熟的一个样本。

（1）课程结构强调“整个教学法”式的整体设计。鼓楼幼稚园课程实验初期，教师们按时令季节和幼儿实际生活的情况，从自然环境和社会环境中选取儿童感兴趣且又适合学习的事物为主题，制订富有弹性的课程计划，一月为一大单元，一周为一小单元，将儿童的整个教育活动用五指教育活动结成一个完整的教育网，开展融合科学、社会、语文、艺术、健康为一体的教育活动，陈鹤琴将这种方法称之为“整个教学法”。鼓幼在此基础上发展的“单元课程”就是根据“整个教学法”的思想，在统一的目标下，通过以时间为节点，以儿童发展需求、发展因素为坐标体系，架构单元的目标、内容、方法、师生关系、评价等，让课程具有规定性。各活动联系在一起，构成一个完整的教育体系。所有的教育活动内容均围绕单元的中心展开，而不是简单的拼凑。这种整个的、融为一体的、有系统的、渐进的课程编制思想，是十分符合幼儿期孩子的认知特点的。

（2）教育活动组织呈现集体、小组、个体的渐进式发展。陈鹤琴创办鼓楼幼稚园的宗旨就是探索适合中国国情的、大众化、科学化的幼儿教育道路，他将在鼓楼幼稚园开展的课程研究确定了两条基本原则：一是要适合中国国情，二是能够促进儿童发展。若干年后，鼓幼又增加了第三条，那就是幼儿园有实施的可能。鼓幼以特级教师领衔研究活动教育课程风生水起的时候，他们想到了国情、想到了最大化支持儿童的发展、想到了实施推广的可能性，在“中心制的单元教学”基础上，吸纳进“活动教育”课程的理念，扩大外延、丰富内涵，通过不断的改革和创新，构建鼓幼单元课程。为了让理念与行为逐步趋近，单元课程分别侧重集体、小组、个体，分三个阶段渐进调整、提高和上升。三个阶段的过渡，让可能变成现实。

（3）课程内容以“链”“网”“云”弥漫延伸。单元课程在集体教学组织阶段，由教师根据教育规律、儿童发展需要、社会对儿童的要求、季节时令等，选编好一学期的课程单元内容组成备选单元，形成126个环环相续、螺旋形上升的单元链。到了小组教学组织阶段，126个单元演变成相互贯通、可进可退的单元网。发展到个体教学组织阶段，四处弥漫、变化莫测的“单元云”，会将单元课程带进儿童的心灵。这种基于标准、源于心灵的教育方式，能通过差异化的活动，让儿童通过选择性的学习，真实地展现自我。按照我的理解，这种弥漫是源自对儿童的尊重，源自对“活教育”的追求。

三、从游戏精神看单元课程

禅宗里有句名言“活泼泼的生命”，在崔利玲园长的文章中，经常看到“视游戏为儿童的生命”类似的描述，这“生命”是鼓楼幼儿园“活教育”实践中的追求，是儿童在游戏玩耍中的成长，当然，也是教育的成就。怎样让小孩子在游戏中展示的是“活泼泼的生命”呢？鼓幼的教育实践强调了以下三点：

（1）喜欢游戏是小孩子的天性。我们总是强调树立以人文本的理念，这里的“人”不是符号，而是一个个生命。游戏精神其实就是童年心灵与生命存在的一种状态，它应成为贯穿幼儿教育的灵魂，也是审视和评判幼儿教育教学过程质量的一把标尺。幼儿园在组织活动中，要把小孩子当做人，要把小孩子当做小孩子，要把小孩子当做是具有个性特点的生命，要把游戏当做童年的生活，把游戏当做儿童存在的方式。1837年福禄贝尔在勃兰根堡首创的幼稚园（Kindergarten），德文的意思就是“儿童花园”。走进鼓楼幼儿园，我们看见的是娃娃家的桌椅、小床、小厨房，看到的是开放的活动柜与琳琅满目的玩具，看到的满处奔跑笑容满面的小孩子，看到的是满园的小花朵。这些小花朵不就是活泼泼的生命吗？只有我们把幼儿园视作花园，把小孩子视作花朵，才会有真正意义上的爱护与尊重，才能有满足儿童天性的教育活动。

（2）教师要成为儿童游戏的支架。维果斯基认为，游戏是一种自主工具，儿童在游戏中的表现往往高于他们的实际水平。游戏就像放大镜，能使儿童潜在的能力在类似教学活动的情境中表现出来之前，首先在游戏中呈现出来，游戏让儿童释放的是本真的“我”。当然，这种释放离不开支架——儿童的伙伴：教师。鼓幼的“活教育”实践强调师生关系的处理，在实践的早期，他们甚至将师与生主动接触比、肯定与否定评价方式比作为师生关系改善的量化指标。随着对游戏价值的认识以及对“儿童生命”的尊重，鼓幼的游戏从老师自己做变为与儿童一起做，师生共同成为游戏环境的创设者、材料的收集提供者、主题的发起延续者、过程的交流分享者。游戏赋予教师教育者、朋友、玩伴的角色，也给予教师观察儿童、了解儿童的机会。游戏保障了儿童生命的需求，让“活泼泼的生命”不断成长。如此，发展的追求才有可能实现。

（3）“游戏化”是课程变革的重要目标。1992年，中央教科所牵头项目

IEA研究调查中发现，幼儿园一日活动存在“六多”现象：集体活动多于自由活动，教学活动多于游戏活动，室内活动多于户外活动，等待时间多，控制时间多，班级人数多。改变“六多”现象的唯一办法，就是改变教师组织领导的方式，一日活动中给儿童游刃有余的自由度，让程序、刻板的教育“活”起来。崔利玲园长在文章《一日活动中的课程设置》中提出：“游戏的教育价值人所皆知，既然游戏中儿童的自由度最高，游戏促进儿童在原有基础上适宜的、最大化发展的可能性也最大，推进一日活动游戏化的行动迫在眉睫。在幼儿园课程变革研究活动中我们商讨：我们能给孩子更多“活”的自由游戏时间吗？一日活动时间安排可以调整吗？隐性课程的价值有效吗？我们能挑战每天游戏3小时吗？”鼓幼的课程变革将游戏化作为目标，让游戏精神成为贯穿教育教学的灵魂，在其营造的童年健康生活与快乐成长的自由乐园里，小孩子们展现的必定是“活泼泼的生命”。

四、从环境资源看单元课程

皮亚杰认为，在影响人的发展因素中，物理环境的经验和社会环境的作用是经典性因素。换言之，小孩子离开了环境的影响，无从获得经验，也就无从发展。陈鹤琴“活教育”的课程论更是强调“大自然，大社会，都是活教材”，他反对把儿童的思想禁锢在书本中，把儿童的活动限制在课堂里。他批评那些天天把孩子关在一间小房子里，不让他们与外界发生直接接触的幼稚园为“幼稚监狱”。借助陈鹤琴的课程论，我们可以归纳鼓楼幼儿园环境资源利用的重要元素。

（1）将环境作为活动的主线。在单元课程中，我发现鼓幼将环境专门作为课程的一个支点，将环境作为教育活动的主线贯穿始终。前面我们提到“整个教学法”式的课程结构整体设计，这种从自然环境和社会环境中选取的、儿童感兴趣且又适合学习的主题，加上弹性的课程计划，让幼儿园的教育内容一下子就成为“环境”引领、“环境”支撑、“环境”影响了。当然，这里的环境，有物质的，也有人文的。这种环境是绚丽的、富有生命力的，更是儿童向往的。

（2）让环境成为课程的重要元素。崔利玲园长关于《一日活动皆课程》的阐述，表达了鼓幼除教学活动外，正努力挖掘生活活动、游戏活动、体育活动的价值，鼓励利用生活场景开展教育活动。环境，就从静态走向动态。静态的环境老师好驾驭，无非是备好课、准备好教学具、储备好游戏材料。动态的环境就考验老师了，单元课程的“活教育”要求的“鲜活的主题、灵活的方式、激活的效果”，将老师们推向课程改革的最前沿。所谓“眼观四路，耳听八方”，识别资源、利用资源、创设资源，不被教材禁锢，不被教室框住，将“渗透”“契机”作为环境资源利用的最佳方式，单元课程正发生着重大的转变。

（3）以环境支持课程。鼓幼曾经开展过一场讨论：儿童需要什么样的环境？单元课程需要什么样的环境？教师如何提供环境？陈鹤琴在《论幼儿园的环境布置》中鲜明地表达其思想：“环境的布置要通过儿童的大脑和双手。环境的布置要常常变化。美中必须有变化，在变化中有统一，在统一中有变化，这才融合贯通，达到纯美的境界。”最近几年，鼓幼正与省教研室合作开展环境研究，他们通过调整班级布局、作息时间、材料提供方式等，给予儿童尽可能多的话语权、自主权、决策权，让儿童在自主探索中萌发兴趣、探究操作、解决问题、积累经验，满足了个体适宜发展的需求。这种体现“活教育”思想的、既含技术层面又含艺术美感的环境，必然将幼儿园变成儿童的花园与乐园。

五、从园外扩展看单元课程

陈鹤琴说：“活教育不是标新立异想自外于一般教育的主张，而是不满于传统教育的固陋和偏枯，想推动为全民幸福服务的一种教育运动。”鼓幼的单元课程也从未停止过对幼儿教育的创新与探索。他们拟定教学资源库，解决城市自然资源缺乏的困难；他们举办分园扩大优质教育资源，缓解入园难矛盾。他们将教育推前至0–3岁，以让更多的孩子和家庭受益，让活教育更多地深入人们的生活。

（1）活动场所向社会、自然进发。陈鹤琴强调“儿童智力是在游戏中、作业中、劳动生活中、自然社会中获得基本知识的积累”，鼓楼幼儿园的孩子们从来都不受校园围墙的限制，他们可以“随时随地向大自然大社会进攻”。为了避免走马观花式的游玩带来的遗憾，向园外扩展的活动都变成了课程的一部分。去年参加鼓楼幼儿园建园90周年学术交流中，有两个教学活动印象深刻。两个活动都是围绕大班小朋友到农村参加社会实践的内容，第一个活动是让孩子自己讨论到农村去在衣食住行玩等方面需要准备的材料与物品，第二个活动是让孩子想象农村的样子并通过造型表现出来。之后，他们就会乘汽车到真正的农村，看农村的房子、灶台、猪圈、狗窝、大棚与田地。他们会发现猪不是粉红色的，农田里是有臭味的……一所被高楼大厦包围的城市中心的幼儿园，通过走出校园、走进社会、走进自然的方式，让小孩子自己找到真正的“奶”和“蜜”，“活教育”的功能不言而喻。

（2）家园合作支持儿童发展。2012年，崔利玲园长的专著《稳住成长的脚步》出版。在这本书中，她坚持“幼稚教育是幼儿园与家庭共同的责任”观点，提出建立幼儿园、家庭互动机制，增强幼儿园与家庭的横向联系与沟通，倡导家庭介入幼儿园的管理、决策，帮助家长、教师、管理者走出教育的误区。崔园长把日常面对面的家长工作、网络上与家长的互动交流以及自己作为家长和管理者的经验和理性思考梳理成册，引导家长正确认识幼儿教育的价值，走出家庭教育的误区；指导教师与各种家长交往时保持尊重、平等和公平的态度；进而明确幼儿园和家庭在孩子成长中应共同承担的责任。家园合作共育，播撒出爱的阳光雨露，让孩子拥有了幸福快乐的童年。

（3）单元课程向家庭社区扩展延伸。10年前，鼓楼幼儿园在多元化办学的过程中，有了独立场所的亲子园，成立了首家幼儿园与社区联动的社区早教指导中心，成为亲子教育、社区教育“吃螃蟹”的探路者。在这里接受教育帮助的，有孩子，有家长，有教育者。幼儿园、家庭、社区的有机联系，以及综合功能发挥的运作机制，让三者形成了正向合力，幼儿园之外的家庭，也享受到“活教育”的芬芳与甜蜜。当年，陈先生在自己的家中腾出客厅创办了鼓楼幼稚园，就是想尽自己所能帮助需要帮助的家庭。今天，鼓楼幼儿园再次张开臂膀，将园外的孩子揽进怀中，教育的使命、教育的意义，就在这般图景中升华。

六、从开发团队看单元课程

要读懂单元教育，首先要了解陈鹤琴，了解鼓楼幼儿园，了解鼓楼幼儿园的教师团队。鼓幼的教师团队也正是在单元课程的开发中，得到更好的成长；也正是她们的健康成长，传承着、发扬光大着“活教育”的精神与文化。

（1）坚持弘扬研究精神。霍普金斯大学的研究精神曾给年轻的陈鹤琴留下难忘的印象，“霍普金斯的研究精神真是好极了。教授、学生一天到晚，都浸润在研究精神之中做研究工作，而没有一点傲慢的神气、自满的心理，总是虚怀若谷、诚恳万分”。“霍普金斯的校训是‘真理使你自由’……一个人要有种种自由，就要先明白真理，得着真理。”陈鹤琴将这种研究带进鼓幼，一代代鼓幼人又将这种探求科学真理的精神传承下来。在这里，他们坚持对理想教育的追求，坚持教育创新，坚持团队合作分享。在课程研究中，也是一切以事实说话，以研究先行。幼小衔接研究科学地回答了幼儿园孩子要不要提前识字、要不要学汉语拼音的问题，游戏区域创设研究科学地回答原材料、半成品材料、成品材料的占比关系，儿童自主性研究科学地回答了如何向游戏三小时迈进……开发团队的研究精神，让课程研究有了生命的轮回，有了不断前进与发展的基础。

（2）与单元课程一同成长。在鼓幼的课程研究中，老师们力图解决的问题是：孩子们需要什么？怎么给予他们？解决这一问题，需要老师从观察儿童、了解儿童开始，根据孩子的需求与发展水平，提供适宜的教学内容，并从儿童的经验出发，通过环境、材料的暗示，让儿童在活动中主动学习、积极学习。从这个意义上理解，教师需要从教学计划的实施者转向儿童发展的观察者、分析者，转向儿童活动的帮助者、支持者，转向环境材料的创设者、提供者，转向教育活动的设计者、实施者。随着教师角色的转变，“儿童的发展”才能成为所有教育活动与行为追求的目标。单元课程研究，实现了教师、儿童的共同成长。

（3）勇担超越使命。作为中国现代科学幼儿教育的发源地，崔利玲与她的团队有个梦想：成为中国幼儿教育研究的先行者。2013 年，鼓楼幼儿园成立的江苏省首批特色项目研究所——“活教育”思想研究所，让梦想增添了动力。这里，既有对鼓楼幼儿园文化轨迹的寻找，也有对陈鹤琴教育思想的继承，更有对价值多元化时代如何满足社会和家长对幼儿教育多层次诉求的思考和探索。这些沿着“活教育”的轨迹在幼儿园文化建设、科学管理、家长工作和教师培养方面的探索，融合了当今世界先进的幼儿教育理论，创新了科学的教育策略，保持了陈鹤琴教育思想的活力，实现着“让儿童活泼泼地成长”。

作为鼓楼幼儿园的现任园长，崔利玲率领的团队在单元课程的实施中，对陈鹤琴教育思想的运用不是语录式的，而是继承中有创新。她努力在不断变化的社会场景中，创造性地运用活教育思想。她提出的“一日生活皆课程”理念，提醒教育管理者重视生活、重视游戏、重视设施设备的保障，充分、科学的活动安排让孩子们在快乐中成长，避免了单纯性知识学习能力的偏离。她提出的“家园共育 101 条主张”，真正实现了陈鹤琴“幼稚教育是幼儿园与家庭共同的责任”的愿望，帮助家长稳住了儿童成长的脚步。她提出的“层次性发展目标与指导”，帮助教师提高观察的意识与水平，让教师在尊重儿童年龄特点与发展差异的基础上因材施教。她提出的“每天游戏三小时”目标，挑战了幼儿园班级环境的设置，让教育者视游戏为儿童的生命……

这，正体现了其创新和超越所在。

本文为《江苏教育研究》“幸福教育的样子”专栏文章。

第三辑

你是人间四月天

幸福教育的样子

人生的意义

——试说李吉林老师对教育的贡献

李吉林是江苏人民优秀的女儿。江苏教育有着深厚的人文传统，特别是语文教育，更有一片肥沃的土壤。叶圣陶、吕叔湘等都是对中国现代语文课程做出奠基性贡献的大师。今天，江苏的语文教育在全国仍有重要影响，江苏有一大批优秀的语文教育工作者，斯霞、李吉林就是杰出的代表。江苏对语文教育的研究也很有特点，李吉林老师的江苏情境教育研究所、洪宗礼老师的江苏母语课程研究所，都是由教育厅批准成立的，由旗帜性的教师挂帅，集中了一批专家学者，对语文教育研究作出了很大贡献。

李吉林老师的情境教育研究所，是在时任江苏省副省长王珉教授的关心下成立的，教育厅不仅批准成立，还拨出 30 万元专款予以支持。一个小学语文教师创办冠以“江苏”名号的研究所，省里专门下文并拨款，是破天荒的，这从一个侧面说明了江苏语文教育根深叶茂的原因。

李吉林老师在语文教育改革以至整个教育改革中做出了杰出贡献，我理解主要是三个方面。

一、“为了儿童”的人生宗旨

1. 为了儿童，走向人生高境界

李吉林曾多次把孩子比喻成小鸟，她说：“情境教育就是给孩子添翼，用情感扇动想象的翅膀，让孩子的思维飞起来，让孩子的心儿飞起来，快乐地飞向美丽的、智慧的、无限光明的童话般的王国。这是我心中的小鸟之歌。”“多少次、多少回，小鸟之歌在我心中鸣响。歌声中，儿童的眼睛，儿童的智慧，儿童的情感，让我激动不已。此情此境，如诗如画，我仿佛也是诗人，饱含着深情，在儿童的心田里，写着明天的诗句。儿童，是我心灵的寄托。一切为了儿童，是我教育理念的核心。正是‘为了儿童’，使我成为一个执着的探索者，不倦的学习者，多情的诗人。”

为了儿童，李吉林有了情境教育，李吉林的人生有了意义。“何谓‘意义’？意义发生于自觉及了解，任何事物，如果我们对它能够了解，便有意义，否则便无意义；了解越多，越有意义，了解得少，便没有多大的意义。何谓‘自觉’？我们知道自己在做一种事情，便是自觉。”（冯友兰：《人生的意义及人生的境界》，见李中华编《冯友兰学术文化随笔》，中国青年出版社，1996 年版）冯友兰先生的这段阐述，可谓说透了李吉林的情境教育和人生。李老师“为了儿童”，贵在自觉，而且一直在执着地“了解”，这就使“为了儿童”真实、具体。人们经常讨论教师作为职业与事业的区别，冯友兰先生也把人生分为自然境界、功利境界、道德境界、天地境界。所谓“职业”，是一种功利境界，“事业”则是超功利的，是一种道德境界，而李吉林老师对语文教育、对儿童教育执着去探索、去了解，其实已在走向天地境界。“为了儿童”，已经成为贯穿她生命的一根红线，已经成为照亮情境教育、照亮她整个人生的一支火炬，正是在这里，我们才可以真正领略她的人生意义和人生境界。

2. 不断创新的可贵品质

在教书匠和教学艺术家之间，最大的区别恐怕就是要具有教学的创造性。克莱德·E. 柯伦在《教学的美学》中说过，教学“达到了某些要求的创造性工作便是艺术”。（克莱德·E. 柯伦：《教学的美学》，周南照译，载《教育研究》

1985 年第 3 期）在这里，“创造性”和教学艺术一脉相连。李吉林老师无疑是教学的艺术家，稍作解读，我们还可以从李吉林的创造性工作中梳理出一些共性的东西。比如：（1）教学的创造，其基础是对教育规律和儿童身心发展规律的把握。李吉林的情境教育是一个不断学习探索的过程，也是其理论基础不断丰富的过程。情境教育能够建立在科学理论的基础上，可见李吉林用力之勤，功夫之深。（2）所谓创造性就是与众不同，就是形成教学个性，以至浑然一家的教学风格。风格“是艺术所能企及的最高境界”。（歌德等:《文学风格论》，上海译文出版社，1982 年版，第 3 页）李吉林老师的教学无疑达到了风格鲜明、炉火纯青的高境界。（3）创造、创新不仅是对他人，也包括对自己的不断超越。李吉林从情境教学，走向情境教育，走向情境课程，正是一个不断超越自我、创新自我的过程，这需要具有非凡的勇气和巨大的创造力。李吉林为许多有志于改革的老师们提供了很好的示范。人们经常在讨论“创造力可不可以教”，在我看来，如果认为创造力靠反复操练就可以获得，那必然会误入歧途，或者南辕北辙；如果基于对学习主体的唤醒、解放，注意培养创造精神、创造能力，是可以有所作为的；最为有效的则是“身教”，教师的教学就是创造性的，师风可学，对学生的熏陶、影响是巨大的。在这些方面，我想，追逐李吉林老师前行的身影，有助于培养学生的创造性，也有助于我们成长为苏霍姆林斯基认可的“教师”，苏氏曾说过：“我熟悉几十种专业的工作人员，但是没有——我对此深信不疑——比教师更富有求知精神，不满足现状，更充满创造思想的人。”

3. 坚忍不拔的奋斗精神

李吉林老师和同时代的许多教师一样，经历过政治劫难。正值 28 岁，一个女性鲜花盛开的时候，一个小学教师最为宝贵的年华，“文化大革命”来了，她成了“修正主义的黑苗子”，成了“小学里的反动学术权威”，大字报、批判会、围攻、无限上纲、抄家等接踵而至。因为爱儿童，因为努力上进，因为“小荷”已露，当灾难降临，她只得忍痛把积攒多年的备课笔记和公开课的教案一把火点着了。接着，她被“下放”到农村小学。后来搞情境教学实验，按照“国情”揣测，冷眼、热讽必定不少，其中艰辛可想而知。就实验本身，要形成体系、形成特色、形成突破，对一个小学老师，谈何容易。但李吉林一步一步蹚过来了，何等的了不起啊！李吉林自己有这样一段记载，真令我嘘唏长叹，感慨不已。

> 记得在那惶恐不安的日子里，在那些没有星星和月亮的晚上，我常常默默地在灯下读着鲁迅先生的杂文，并常常念着这三句话：
>
> 第一句是普希金说的："心憧憬着未来。"
>
> 第二句是高尔基讲的："我从小就是在和周围的环境不断斗争中长大的。"
>
> 第三句就是毛泽东所说的："人是要有一点精神的。"
>
> 10年，漫长的10年，惶惶不可终日的3000多个日日夜夜，我没有低头，我没有抛弃自我，我警惕着女人的脆弱和碌碌无为。

李老师啊，哪里仅是"女人"，"男女都一样"噢，而你正是以不折不挠的精神，写成了一个大大的"人"啊，这也是你成为"人民教师的典范"重要的原因。

二、情境教育是一座富矿

1. 情境教育是一种诗化的教育

高文教授说李吉林是"诗化的教育，创意的人生"，我深有同感。李吉林其课，如诗如画；李吉林其文，诗情澎湃；李吉林其人，"饱含着深情，在儿童的心田上，写着明天的诗句"，是"不倦的诗人"。她贡献给中国教育的，就是"情境教育的诗篇"。对于诗化的教育，人们可从情生发，也可寻美而行，但与李吉林老师其课、其文、其人接触，常常使我联想的，是别林斯基对普希金抒情诗的评价。别林斯基认为，普希金抒情诗充满诗意的全部奥秘，在于他的诗篇里洋溢着他对生活的微笑，于是俄罗斯的青年在他的诗篇里，感受到生活的阳光。借以诠释李吉林的诗化教学，我以为是很恰当的。正是李吉林积极向上的人生态度、人生信念，使她在教育活动上，由内而外地洋溢出"生活的微笑"，而且，她与普希金的抒情诗创作一样，找到了一种最为适合的表达形式，这种形式使她内在的诗意更为充分地表现出来，这就是情境教育，就是精神与形式、信念与表达相映生辉、互为优化并且融为一体的情境教育。我想，这些是情境教育最为迷人的奥秘。

2. 情境教育的本质是创造有利于学生发展的教学生态

"情境"是要有物理环境的，"境"是一种物质存在，但作为有情之"境"，那些物质的因素，也已有情感的色彩，带上了人们主观情绪的光晕，"情"与"境"真正交融了，"情境"也就形成了。在教学、教育意义上的情境，它可能也需要一种物质凭借，需要一些技术辅助，但最为重要的应是构成一种生态系统，这个情境应是整体的、灵动的、开放的，其内核是要有利于学生的发展。我想，对李吉林情境教育的理解，不应过多地关心"技术"，而应该从本质上加深认识，主要研究李吉林老师是怎样构建学生发展的教育生态系统的。李老师认为："情境教育主张作为一个真正的老师，首先必须懂得珍爱孩子纯真的情感，学生透过'黑箱'窥测到其间熠熠发光的珍宝，以爱孩子的天职，为促进孩子获得充分发展而倾注真情，细心地触及孩子的情绪领域，从而建立起亲和的师生关系，渲染一种温暖的，可以依赖的、感到自信的、无拘无束的情境。"（《李吉林文集（第八卷）》，第 180 页）她还说："情境教育是以生动形象的场景，激起学生的学习情绪的手段，连同教师的语言、情感、教学的内容以至课堂气氛成为一个广阔的心理场，作用于学生的心理，从而促使他们主动积极地投入整个学习活动，达到儿童整体和谐发展的目的。"（《李吉林文集（第一卷）》，第 24 页）从这些活动入手，学习、实践情境教育，老师们似乎可以更好地得其真谛。

3. 情境教育"预设"着精彩的生成

有位同事多次听过李吉林老师和她的徒弟的课，其印象是"美极了"，但他提出一个疑问，认为情境教育的课堂动态生成不够，我以为这里存在认识的误区。事实上李吉林的教学案例中不乏精彩的生成，比如李吉林到信阳上课，老师们请她上《桂林山水》，走进教室，她发现这个班孩子已学过《桂林山水》，李老师临场调整，提出多种方案让学生选择，带领学生一起研究《桂林山水》，这可是"彻头彻尾"的动态生成啊！我这里要说的，对"动态生成"不能片面地理解为"意料之外"，也不能将课堂的精彩寄托在"灵机一动"上。一个负责任的教师在教学设计上要倾其心力，对教材的理解应达到通体透明、形神兼备的境界，在"用教材教"方面要超越教材、超越教参，真正"越超"了，也就"生成"

了，这种“预设”就是“生成”。这种“预设”是面向全班每一个鲜活的个体，是基于全班学生知识、情感的经验、基础和差异的，是体现出教师教学个性的，我以为是应该大力提倡的。只有精心预设，教师能以坦然的心态，带着很高的期望值走进课堂，走向学生，才可以期望预设的课堂上的精彩生成，期望“未曾预约的精彩”。通阅李吉林老师的教学案例，“预设”的“生成”令人如行山阴道上，目不暇接，美不胜收。正因为有了这样一次一次、持续几十年的“预设”，使她底气十足，才可以一节课准备多个方案，才可以临场把“预案”彻底推倒，也可以在“预设”时留下生成的空间。当我们走进课堂，更多地感到一些老师备课不够时，我要借此呼吁，学学李吉林吧，把课认认真真备好，学会“预设”精彩的生成啊！

三、李吉林老师是一所教师进修学校

李吉林老师的徒弟，早些年已被评为特级教师的施建平这样写道：“熟悉李吉林老师的人都说，李老师把爱心分开了两半，一半给了孩子，一半给了孩子的‘孩子’老师。”李吉林老师一直把对青年教师的培养作为自己的一份责任，甘为人梯，为青年教师的成长倾注了心血，所以从某种意义上说，李吉林就是一所教师进修学校。

只要稍作盘点，就可以看出这所教师进修学校培养青年教师的工作量是多么饱满。

（1）从 1980 年起，李吉林先后带吴云霞、施建平为徒，他们随堂听课 300 节以上。

（2）上世纪 90 年代初期，南通师范学校第二附属小学成立了青年教师培训中心，李吉林担任辅导员，培训 8 年以后，有些青年教师又转为她的徒弟。

（3）江苏情境教育研究所与南通师范学校共同成为小学语文骨干教师国家级培训基地。

（4）用谈话体对青年教师系统地传授情境教育，“与青年教师的谈话”共 18 讲，现已成为《李吉林文集（第 2 卷）》。

（5）上世纪 90 年代初就应约为《师范教育》撰写系列文章，主题为“与未来教师通信”，在师范生的心灵里撒下情境教育的种子。

（6）李吉林老师大量的实验课，是对听课老师最好的培训。

（7）李吉林老师关于情境教育的研究成果以及她发表的大量文章，为广大教师提供了很好的培训教材。

（8）李吉林老师为青年教师成才搭桥铺路，为他们尽可能创造展示才华的舞台。

一个有成就的小学老师，仅仅在对青年教师传帮带方面就做了这么多的工作。尤其可贵的是，李老师不是挂虚名，她是实打实地做，用青年培训中心老师的话说，她是“慈母”，更是“严师”。李吉林老师自己也描述过她在青年教师培训中心的“工作”，截取其中一个片段，就可以看出她用心之苦，用力之勤：

我根据全面提高青年教师思想、业务素质的要求，站在培养21世纪教育师资的高度，将培训分成教学基本功、教学艺术、教育理论、教育科研四大块，对他们进行辅导和演示。我还根据小学语文课文中常见的文体进行分类，讲授如何运用情境教学教好诗歌、散文、童话、寓言和常识性课文等，讲清各类课文的特点、备课的注意点以及情境的创设、教具的制作，提高他们把握教材、驾驭课堂的能力。为了帮助他们更具体真切地认识教学过程的实质，我还经常与他们就具体课文共同备课，设计方案，在一起听课、评课，使他们学有所获。

关于青年教师培训中心，李老师还有许多个“还”，在敬佩之际，我不由得联想到青年教师的成长模式，联想到校本教研的方式，我们今天提倡的许多做法，李吉林老师早已在身体力行，而且做得是那样的好。如果把李吉林这所“教师进修学校”作为我们培训教师的“样本学校”，我想，我们会对校本培训、校本教研有新的认识，这也许会成为我们研究情境教育意外的收获。

本文发表于《人民教育》2006年第19期，多家报刊转载。

于永正：语文教学艺术的大师

20 多年前，我在中小学一线工作，有一段时间曾经关注并研究过语文教学的艺术，我最喜欢列举的案例是于永正的。我认为，于永正的教学艺术了不得，不得了。20 多年过去了，我仍然保留着这样的第一印象：于永正——语文教学艺术的大师。

第一，于永正的教学艺术体现了本体性。一位教师的教学达到了艺术的境界，主要不是指教师的教学方法技巧如何，而是其对学科本质有了独特的理解、发现和表达，于永正就是这样的教学艺术大师。于永正的贡献首先在于他对语文学科本体的独特理解、发现和表达，于永正的“五重”教学思想可以说是基于对母语教育规律的深刻把握。他把“重情趣”放在工具性和人文性统一的高度去认识，强调要坚持语文教学的人文精神，要对学生有情，要对语文教学有情，要把课上得有趣，让学生乐此不疲。他的“重感悟”深得语文教学的真谛，他提出要尊重学生的主体地位，尊重语文学习的规律，以读为教语文和学语文的根本之法，让学生在读中悟其语、悟其义。他的“重积累”，不仅是语言的积累，还有生活的积累和情感的积累，这让我想到了同行提出的这样一句口号：积累大于方法。这是语文学习的一条基本规律。他的“重迁移”强调语文教学的应用性。他提出读的迁移就是由课内到课外，得法于课内，得益于课外。他十分重视由读到写的迁移，一切从每个学生的实际出发，指导学生读写结合，适量适度。他的“重习惯”，提出要让学生在“时习之”中养成良好的学习习惯和运用语言的习惯，培养学生受用一生的好习惯。

第二，于永正的教学艺术体现了主体性。于永正具有鲜明的儿童立场，他百般呵护童心、童趣、童真，他的课堂体现自由、民主、平等，正是这种自由、平等、民主，使孩子们的灵性得到充分发挥，使课堂充满了活力。他非常重视学生的精神成长，重视培养学生的语言能力，“五重”更多地指向语文能力的培养，而他培养学生的语文能力是与引导学生的精神成长融为一体的。他的“重情趣”首先强调对学生的爱，强调关爱每一个学生，尤其要关爱学习上有困难的学生。他认为，爱的主要表现之一就是对学生的尊重，力求理解并尽力满足每个学生的内在需求。他的“重感悟”基于学生成为语文学习的主体，让学生在老师的指导下自己读书、领会；尊重每个学生的独特感受，让学生真正有个性地学习。他的“重积累”强调要教出学生的灵性，他理解的“灵性”就是丰富的语言、经验、积累和创新能力。他的“重迁移”倡导让学生成为语言运用的主体，学会举一反三。他把养成良好的习惯和培养兴趣作为一个整体来认识，让兴趣和习惯相互促进，共生共长。这些思想既包含了培养学生语言实践能力的要求，又处处渗透着对学生精神成长的关照。乌申斯基说，任何一种力求满足高度的道德要求和人的一般精神需要（即只属于人和构成人本性中的特征的那些需要）的实践活动，就已经是艺术了。就这个意义讲，教育当然就成了最高级的一种艺术，因为它力求满足人类最伟大的要求——人的本性的完善。于永正教学的主体意识还包括对教师自身的尊重，包括对自己童心的一种坚持。

第三，于永正的语文教学艺术体现了创造性。克莱德·E. 柯伦在《教学的美学》中说教学达到了某些要求的创造性工作便是艺术。苏霍姆林斯基说：“我熟悉几十种专业的工作人员，但是没有——我对此深信不疑——比教师更有求知精神，不满足现状，更充满创造思想的人。”我认为，苏霍姆林斯基指的真正意义上的教师，就是于永正这样的教师。于永正的教学常常出乎意料，但又在情理之中，实现了有规则的自由。于永正的教学尊重、遵循母语教育的基本规律，同时，又充满了属于他自己的灵性。他善于把学生的情绪调整到最佳状态，让学生的思维得到激发。苏霍姆林斯基认为，所谓课上得有趣，就是学生能够带着高涨的、激动的情绪从事学习和思考，对面前展示的真理感到惊奇甚至震惊，学生在学习中意识和感受到自己的智慧力量，体验到创造的欢乐，为人的智慧和意志的伟大而感到骄傲。于永正的教学艺术还回答了这样一个问题，也是我们经常讨论的：创造性可不可以教？答案是肯定的。于永正的教学充满着创造性和灵性，对学生就是一种创造精神的示范、创造方法的示范，使学生在老师的教和自己的学中体验到创造的快乐。

第四，于永正的教学艺术具有鲜明的审美性。在课堂上，教师应当是美的使者。首先，于永正有一双发现美的眼睛，他能发现教材的美、孩子的美、生活的美。所以，在于永正的课堂上，他给孩子们打开的是一片美的天地。其次，于永正为教学内容找到了最好的表现形式，使内容和形式达到了高度的统一。再次，于永正还有很高的表演技巧，他实质上也是一位表演艺术家。比如他的京剧，我认为是在语文教育界唱得最好的，当然他也是唱京剧的人中教语文教得最好的。他的眼神、形体，一举一动都惟妙惟肖。罗伯特·特拉弗斯曾说，教学是一种独具特色的表演艺术，它区别于其他任何表演艺术，这是由教师和那些观看表演的人的关系所决定的。正是因为于永正的语文课是审美课堂，所以听于永正的课，是一种美的享受。

第五，于永正的教学形成了卓异的风格。歌德曾说，风格是艺术家所能企及的最高境界。于永正的教学风格体现出厚重、大气、自然、精致。于永正曾说，要让每一个教学环节、每一个教学细节都经得起推敲。于永正的教学向我们展示的是一种自然而然的、与生俱来的内在的精致。我曾用三句话来阐述风格的形成：第一，风格是时代的印记，不管什么人，他的风格有其所处时代的烙印。第二，风格有乡土的味道，一方水土养一方人。第三，风格是心灵的音乐。首先是心灵的纯真，于永正全身心地爱着孩子，献身事业，怀有一颗赤子之心，这是心灵的底色；其次是心灵的相通，师生之间，生生之间，心灵交流，达到融合，这是一种教学的化境！

本文系作者在于永正语文教学思想研讨会上的讲话，发表于《江苏教育报》2013年1月11日，多家报刊转载。

草根原创与时代精神的统一

——走近李庾南和她的教学法

卡夫卡说："我通向同仁的道路非常之长。"当我面对李庾南老师时，我深感到这句话的分量。李庾南在数学讲坛上，一站就是54年；我在中小学教语文18年，"隔行如隔山"，何况，这20年我已经离开教学第一线，也许我和李庾南之间隔着万水千山。李庾南创建了"自学·议论·引导"教学法，获得了苏步青数学教育奖等许多重要奖项，形成了具有广泛影响的教学流派，卓然独秀，成为实践型教育家，而我只是一名普通的教育工作者。可以说，我通向李庾南老师的道路是"非常之长"。但道路再长，走总是对的。所以，我们要坚持学习李庾南，努力走近李庾南。

一、李庾南其人

任何教学流派都有一个或一群核心人物，都有领军人物，李庾南教学流派的领军人物自然就是李庾南自己。因此，讨论这个教学流派，首先要认识李庾南其人。

（1）登攀者。对于李庾南而言，有几个时间概念很重要，72岁，54年教龄，33年对于"自学·议论·引导"教学法的实践探索。33年的探索历程，步步深入，经历了四个阶段：第一阶段，提出命题，重点是通过教法改革推动学法的确立；第二阶段，明确研究方向，主题是关注学程与教程的内在关系；第三阶段，深入研究，突出学习主体与学生学力；第四阶段，创新教学模式，重点研究教学创新和团队建设，形成鲜明的教学流派。而且，她至今还活跃在讲台上，并担任班主任，创造了“连续任职时间最长的班主任”上海大世界吉尼斯纪录。注视李庾南前行的身影，我们看到的是一位登山的人、一位坚持不懈的跋涉者。年轻的时候，我曾选用一句话作为座右铭：“最好走的路是下坡路。”李庾南自 18 岁启程的从教之路，这一路用她自己的话说：“好生辛苦。”这是因为她一直在走上坡路。李庾南经常强调：“人是要有一点精神的。”向上、向前，这就是李庾南最为宝贵的精神，也是她人生要义之所在。学习李庾南，最重要的就是学习她这种永远登攀的精神！

（2）努力集真善美于一身。李庾南这样表述过自己的教师观：教育是事业，事业的辉煌源于热爱；教育是科学，科学的高峰需要智慧去征服；教育是艺术，艺术的美感需要在创造中升华。李庾南在这里阐述的其实就是理想教师的标准，科学要求真，事业要崇善，艺术要寻美，教师要努力集真善美于一身。李庾南是这样认识的，更是这样践行的。在 50 多年的从教生涯中，李庾南渐生对教育的挚爱，从关心“最后一名学生”做起，成为“为教育而生”的人；创建“自学·议论·引导”教学法，不断接近数学的本质和教育的规律，走的是一条求真之路；她的教学艺术炉火纯青，她的人生境界成为审美境界。努力集真善美于一身，使李庾南成为人民教师的楷模。

（3）幸福的人。李庾南对 50 多年的从教经历做了精辟的总结：“好生辛苦，好生幸福。”这 8 个字深刻地揭示了过程性与终结性内在统一的幸福观，从走向、达成、实现来看，李庾南的辛苦蕴涵了幸福，她就是一个幸福的人。教师的幸福主要体现在两个方面：一是在过程，教师创造性的教学，会自然生成幸福的体验。李庾南说，教师应成为美的创造者，这种美的教学、创造性的教学、臻于艺术境界的教学，会给学生带来惊喜、兴奋、愉悦，以及美的享受，教师自己自然也会生成幸福感。就如李庾南，每每上了精彩的随堂课，她会快乐得像个孩子。二是在结果，学生的成长、成人、成才、成功，都是教师幸福的源泉。李庾南不仅有学生，还有徒弟，学生们茁壮成长，徒弟们发展得很好，每每接到问候的电话、节日的贺卡，每每看到学生、徒弟灿烂的笑脸，她都会忘记这些年所有的辛劳与烦恼。她说：“我的幸福就是选择了当一名教师。”

二、李庾南的“自学·议论·引导”教学法

实践型的教学流派，总是与一定的教学模式、教学法联系在一起的，李庾南教学流派就是基于她创建的“自学·议论·引导”教学法。

（1）思想性。这是教学法的精髓，在我看来，李庾南“自学·议论·引导”教学法的思想性主要体现在四个方面：第一，这个教学法的核心是为了改进学生的学习，帮助学生真正学会学习、自主学习、创造性学习、享受学习；第二，这里的帮助学生学会学习，指向促进学生整体发展，包括李庾南所强调的“要着力激发学生的生命活力，培养学生通透的灵魂”；第三，帮助学生学会学习、发展学习能力，要聚焦到学生学力的研究和培养上，特别是思维能力的培养上；第四，促进学生学会学习，要调适好教与学的关系，坚持以学定教，坚持教与学的统一，坚持教为学服务。把李庾南的探索研究放在基础教育课程改革背景下，我们认为，“自学·议论·引导”教学法是草根原创与时代精神的高度统一。

（2）操作性。李庾南的“自学·议论·引导”教学法简明具体，操作性强。如“独立自学”“群体议论”“相机引导”12个字，基本上就把操作要义说明白了。以“独立自学”为例，活动形式有阅读、倾听、演绎、操作、笔记等，具体实用。面对不同的教学情境，李庾南通过探索实践，又提出三种水平的自学活动：一是“接受性”的，即自学演绎性材料，如通过教材、教辅资料等习得知识；二是“生成性”的，即在新知识的背景中，或在凸显知识本质特点的情境中，自主建构新知识；三是“创造性”的，即由思维的拓展延伸、知识的迁移形成新知识。

（3）立体性。听李庾南的课、琢磨“自学·议论·引导”教学法，我们能感觉到她的教学法是立体的。“自学·议论·引导”是三个环节，“自学”是基础，“讨论”是枢纽，“引导”是关键，它们是一个有机的组成；三个环节又可以理解为三个维度，“独立自学”“群体讨论”“相机引导”是围绕学习能力的培养组织的，三个方面相辅相成；这个教学法自身又具有很强的自组织性，可以自我调节，可以再度生成，可以不断开放。

三、李庾南的教学艺术

李庾南在教学艺术的追求方面，具有自觉意识，她想到了，也做到了，在多

年的探索实践中，她逐步形成了自己的教学风格，进入到教学艺术的境界。

（1）规律性与创造性的统一。李庾南的“自学·议论·引导”教学法直抵数学的本质，准确把握了数学学习的规律，但李庾南的教学又能“从心所欲”。正如苏霍姆林斯基所说，教学的创造性，归根结底，就是使“科学与实践相结合”，“把科学的原理变成我们的创造性劳动的活的经验”，李庾南的教学闪耀着创造性的火花。有的专家把李庾南的教学艺术誉为梅派风格，这使我想起梅兰芳先生的一则逸事。据说，梅先生在莫斯科演《洛神赋》，有一位酷爱中国京剧艺术的苏联老太太连看了9场，她发现梅先生的表演有一定的程式，但又不受程式的束缚，每次都有新的变化，就请梅先生释其缘由，梅先生尚未开腔，斯坦尼斯拉夫斯基在一旁代为作答，说梅先生的表演是“有规则的自由”。我以为，教学艺术也是追求“有规则的自由”，李庾南已经达到“有规则的自由”，实现了规律性与创造性的统一。

（2）教法与学法的统一。“自学·议论·引导”既有教法，又有学法，根本上还是学法，还是为了让学生学会学习。李庾南特别强调以学定教，教为学服务。这种教与学的统一又是以促进学生发展为价值基石的。此外，李庾南教法与学法的统一还体现在：教师的教闪烁着创造性的火花，这本身会对学生创造性地学带来创造性思维方式的示范、创造性数学学习方式的示范、创造精神的示范，对学生学法形成的影响是深刻的。

（3）实用性与美感的统一。李庾南的“自学·议论·引导”教学法简洁明了、具体细致，具有很强的实用性，李庾南的徒弟们都感到它上手快、实用。此外，“自学”“议论”“引导”又有较为丰富的意蕴，张力很强，空间很大。如果走进李庾南的课堂，就会悟出些奥秘，“自学·议论·引导”教学法是她教学思想生成的一棵大树，是融入她人格的一首诗。在多年的探索实践中，李庾南形成了庄重大气与温婉细腻相渗透、相统一的教学风格，这也就使得她的“自学·议论·引导”教学法有了实用性与美感相统一的特征。

四、李庾南的教学流派

可以流派名之，最重要的特征是风格的相似性、结构的群体性和影响的广泛性，李庾南的“自学·议论·引导”教学法得天时、地利、人和，加之她自身人格的影响，从无到有，从隐到显，已成一派。

（1）从自发走向自觉。李庾南的教学流派是逐步形成的，开始主要还是个体模仿的多，但80年代中期以后，随着教育行政部门的强力介入，随着基础教育课程改革的逐步推进，随着现代传媒工具的广泛应用，更主要还在于李庾南自己的身体力行，逐步从自发状态转入行政推广为主的阶段，流派的成员也更多从自发走向自觉。南通市专门成立“自学·议论·引导”教学法教改实验领导小组，有领导、有计划地推广实验。2005年又专门成立“李庾南数学教学研究所”，分批培训全市初中教师，对李庾南教学流派的形成起到了推波助澜的作用。这些努力大大抬高了李庾南教学流派中新人们的起点，使他们较快地进入到规范操作的阶段。

（2）从个我走向他我。在我看来，“他我”可以理解为他中有我、我中有他。在一个教学流派中，参与者追随领军人物就有一个从个我走向他我的过程；领军人物引导追随者亦然。这是一个相互学习、共同发展的过程。在与李庾南教学流派的成员接触的过程中，我们感觉到他们正在经历这样的过程。

（3）从模仿走向创造。流派的形成是与领军人物的教学法、教学风格联系在一起的。可以说，教学风格（包括教学法）是教学实践成熟的标志，教学流派则是教学教研活动趋向繁荣的标志。风格是因，流派是果。一个流派的成员，都是借助学习和模仿领军人物的教学法、教学风格起步的，但流派的生命不是在模仿，而是在发展、在创造。我们欣喜地看到，李庾南在创造新的自我，引领“自学·议论·引导”教学法的发展。李庾南团队的成员在学习实践的过程中，逐步做到从形似走向神似，从模仿走向创造，这使我们对于李庾南教学流派有了更多美好的期待。

海到无边天作岸，山登绝顶我为峰。年逾七旬的李庾南还在前行。尽管，这会加长我们走近她的距离，但她的坚持和努力是学生成长之幸、年轻教师发展之幸、数学教育科研之幸，我们深深祝福她步履矫健，走得更远。

本文发表于《中国教育报》2011年9月22日，多家报刊转载。

唐江澎和他的体悟教学

什么是有意义的学习？一句话概括：有体验的学习才是有意义的学习。这是体验性教学最大的价值所在。

江澎终于要把他对语文教学的理论思考和实践探索作一个阶段性的了结出书了，这是他早就该做的事，也是我等待已久的事。

我认识唐江澎是在 1997 年，我听课，他上课。一直到今天我还记得他那天开设的公开课是《邹忌讽齐王纳谏》，“借助工具书阅读”教学当时给我留下了深刻的印象。那个时候，他虽然还没有公开提出“体悟教学”这个概念，但我现在知道其时他已经开始系统地思考。由于他的体悟教学理论和实践经验，直接促生了苏教版高中语文教材三种呈现方式之一“活动体验”，并直接催生了一个“走进语言现场”人文教学专题，这不仅是苏教版高中语文教材的特色，我个人认为还是对中国高中语文教材编写史的贡献。

2010 年底，在唐江澎教育思想研讨会上，我曾借美国学者霍华德·苏伯在《电影的力量》一书中的观点来评价唐江澎对教育本质的坚守。那时候我谈是什么成就了今天的唐江澎，是更高的原则，更强的意志，更优秀的智慧。今天我依然这么认为。更高的原则是他“成全人”的教育理想，是他的教育价值观。在功利主义横行天下的今天，教育的境遇有目共睹，教育家办学只能是一种理想而不是现实，那么这就要求教育追求者要有更高的原则约束并激励自己，唐江澎做到了。

应试教育是当今最强大的推斥教育从业者远离教育本质的一股力量，它可以把来自家庭、社会、政府、求学者、教育从业者对教育的功利诉求纠合裹挟起来，合成一种强大的可怕的应试风暴，铺天盖地地压向教育梦想的追逐者，要坚守自己的教育价值观是非常艰难的事，我们也在现实中看到，应试风暴涤荡了大片大片的教育场域，但唐江澎以更坚强的意志守住了自己的教育价值追求。

唐江澎为什么能够坚守住自己的教育价值观呢？他坚守的力量来自哪里？这是因为除了更高的原则、更强的意志外，他还有更优秀的智慧。唐江澎是一个智慧的人，他能够将自己的教育价值观和理想成功地转化为一种课程表述，善于通过课程体系表述他的教育信念、教育哲学、教育理想和教育主张。他建构的课程学习体系，他主张的“体悟教学”，由核心价值观统领，更符合课程学习的认知规律，更适应孩子成长的需要，同时又是可操作、可实施、可推广的课堂学习模式。唐江澎的智慧还体现在他能把西方的现代教育思想与中国教育传统巧妙地嫁接在一起，成功地在历史和现实的结合点上把学校往前引导。这样就减少了一些误解，多了一些本土文化的厚重。

我想特别指出的是，唐江澎体悟教学的提出是建立在对教育的终极价值追问和语文课程追求的哲学思考之上的，这就让一种课程教学学说变得根基牢固、来路清晰，经得起时间的检验和教学实践的验证，也才有了真正的推广价值与意义。关于唐江澎的体悟教学主张，我耳闻大约是在 2001 年，合作编写教材后才对他的体悟教学的意蕴有了真正的了解与认知。所谓体悟教学，正如江澎在本书中所说的，“体”是体验、体察、体会，是手段、途径和方法；“悟”是领悟、感悟，是结果、目的；在教学中，体悟教学强调一定的策略（如调动主动性、鼓励参与和交流等）和方法（如设问—理答、设境、换位、对比等），使学生在语文教与学的过程中确实有所体验、有所感受、有所领悟，能够把自己已有的经验（直接的生活经验和间接的学习经验、知识背景）与当前的学习活动结合起来，从而能够产生对文本的深刻理解、对形象的深刻感受和对方法技能的切实领会。体悟教学的意旨之一，就是让语文课堂教学本该就有的生机焕发出来，让学生学习本该就有的“意义”凸显出来。

让学生的学习变得“有意义”，这是我们多年追求的语文课程教学的目标，现在江澎用最简单的话给我们提供了一种实践并能实现的路径。什么是有意义的学习？一句话概括：有体验的学习才是有意义的学习。这是体验性教学最大的价值所在。还是引用唐江澎在书中的话说吧：只有在“有意义学习”的基础上，只有把“体悟”引进语文教学，才能真正谈得上学生对语文知识的理解，才能谈得上学生语言能力的提高，也唯有如此，才能真正实现学生人文素养的提升，实现学生对“文”中之“道”的融通和把握。我在这里不得不说，让学生的学习变得有意义，这是唐江澎体悟教学学说带给阅读者和语文教育实践者的最大意义。

在上文谈及唐江澎是一个有智慧的人时，我有一点没谈，现在放在这里谈。说唐江澎有更优秀的智慧还指他的课堂教学。我多次听过江澎的课，有的课还不止听过一遍，在他的课堂里，在他的学科教学里，我很多次都很感动。唐江澎的课，有一个显著的特征，即富有吸引力。这种吸引力来自两个方面，一是“实”，二是“活”。“实”是指课堂的有效性，每一堂课学生总有实实在在的收获，总能在语文能力上得到练习，在语文素养上得到积累，在人文精神上得到感染，语言教学和人文教育各有侧重但又相互渗透，水乳交融难以分开。“活”指他的课学生参与度高，不仅是外显的学生发言、讨论、交流多，更重要的是学生活动体现出来的内在的思维活跃度和情感觉醒度也很高。

我就想，江澎的体悟教学理念是建立在“成全人”的哲学根基上，而所谓“成全人”,就是让人得到整体的发展,这样的人就是禅宗里面所说的“活泼泼的生命”，我们的语文课堂本来就是要培育“活泼泼的生命”的，我们的孩子本来就应该是一个整体的、鲜活的、灵动的、生长的、独特的生命的，生命成长非常需要精神滋养、精神抚育、精神分享，江澎的课堂恰恰给了孩子需要的！每一次听他的课，都能感受到孩子们如花盛开，也都能让人感受到师者的精彩，那是一种教育意识达到很高境界的课堂，师生在这里是一个生命的整体，江澎有这个能力和智慧演绎这样的课堂与教学。

母语教育本来应该是最鲜活最生动最有张力的教育，课堂教学形态也应该是多样和变化的，但长时间以来，我们的语文课堂形态却过于乏味和单一。苏教版高中语文教材努力想给学生呈现一个开放、多元的学习情境，所以才有了“文本研习”“问题探讨”“活动体验”三种学习方式。但要说到多样课堂形态真正的创设者和提供者，还只能说唐江澎，他用声音呈现意义的现代诗歌诵读课，他的演讲课、听力课、问答课、非连续文本课和即将开出的辩论课，是对传统单一语文课堂教学形态的巨大补充和完善，我个人认为其具有母语教学史的意义。关于这些课型，本书皆有论及，阅读者自会从中获益良多。

江澎是我的朋友，更是万千母语教育觅渡人群中的一个。我们曾在“觅渡文丛”的序言里共同认为，对语文津梁的寻找，不必太在意寻找的结果，不同的渡口指向不同的彼岸，无尽的探索将成就日渐详尽并不断更新的语文地理。他的这本《唐江澎与体悟教学》就如从此岸驶往语文教育彼岸的大船，我们从体验性学习的这个渡口出发，满怀信心地驶向鲜花盛开的彼岸的那个地点。那就让我们出发吧！

本文系作者为《唐江彭与体悟教学》一书所写的序言，发表于《光明日报》2013年9月25日，多家报刊转载。

阅读黄厚江

——由本色语文到共生教学

江苏省首届基础教育成果奖评选，黄厚江老师的语文本色教学获得特等奖，同时他作为主要编写者的苏教版初中语文教材也获得特等奖，江苏省第二届基础教育教学成果奖评选，黄厚江老师的语文共生教学又获得特等奖。获得这样的殊荣，黄老师是江苏省唯一一人，可能全国也不多见。他为什么会获得这样丰硕的成果呢？

我以为，要解读黄厚江老师学科研究成功的原因，要解读黄厚江老师的语文本色教学和共生教学，先要解读黄厚江其人。

一、黄厚江的成长经历

黄厚江老师提倡以语文的方法教语文，以语文的方法学语文。我在这里响应他的倡导，“阅读”黄厚江，并且记录一些阅读的随感。

黄厚江老师的成长经历与许多个“三”相关联。第一，工作过三所学校：最普通的乡村中学→一般省重点中学→苏州中学这所全国著名中学；第二，在不同时期形成过三个关注的重点：考试的成绩→课堂教学的艺术→语文学科的使命；第三，教学研究经历了三个阶段：专业知识和教学内容研究→教学方法、学习方法的研究→语文学科课程研究；第四，师徒关系有过三部曲：开始间接学人家的→然后拜师正式学习→现在主持名师工作室，领导共同体；第五，语文教学研究有过三个目的：为生存→为发展→为热爱的事业。就连获奖，黄厚江老师也都是连中三元：全国圣陶杯论文比赛，他获得三个一等奖（最高奖）；江苏省师陶杯论文比赛，他也获得三个一等奖（最高奖）；江苏省省政府的成果评比，他也获得三个特等奖。

黄厚江的成长经历提示我们，教师成长至少有以下关键元素。

（1）树立理想。理想是人生前进的动力。教育工作者的理想，就是对新人培养的渴盼，对新人培养的坚持。黄厚江从来没有放弃过理想，他自称是“浪漫的现实主义者”，他对学生的要求是：“你可以不做诗人，但做人不可没有一点诗意。”“诗意”其实也可以理解为人性中理想的光泽。尽管在应试教育的环境下，“要行走在理想与现实之间”，他有时也迁就，也妥协，成为“戴着枷锁的舞者”。但由于他个人的努力、积累与坚持，对语文教学的规律已经登堂入室深得三昧，进入了一种“自由王国”。所以，他的课，已经感觉不到对应试的顾忌和束缚感、僵化感了，有时候，已经是一种诗意课堂了。

这使我联想到普鲁斯特在《追忆逝水年华》中的一段文字：“当现实折过来严丝合缝地贴在我们长期的梦想上时，它盖住了梦想，与它混为一体，如同两个同样的图形重叠起来合而为一体。”有梦者，事竟成！这对青年教师的成长是具有重要启迪意义的。

（2）站稳课堂。如同一个演员的成长，必须在舞台上“滚”出来，教师也必须靠一节一节课垫起人生的高度。黄厚江是靠课堂安身立命的。他为自己的书写的自序，就题为《成长从课堂开始》，他说：“一个教师的尊严，一个教师的幸福，一个教师的价值，都来自课堂。”信哉斯言！朱光潜先生提倡人生要“慢慢走，欣赏啊”，就强调人生要创造自己生命的图画。人生其实是在展现生命，欣赏生命。作为一名教师，钟情课堂，用心课堂，研究课堂，享受课堂，人生才具有真正的意义。作为一名高中教师，黄厚江上的初中语文的公开课就有 400 多节，简直有些匪夷所思。他成长的案例告诉我们，名师是站立在一节一节经得起推敲的课上面的。

（3）潜心读写。在我的朋友中，厚江未必是读书最多的人，但他读书有自己的特点。比如，有些书厚江读过许多遍，他告诉我《论语》他不知读了多少遍，《老子》《史记》《红楼梦》都读过不止一遍。他还有一个好的习惯，总是带着思考的问题和研究的课题与经典对话，而且会把心得随手记下来。比如阅读《论语》，他的研究心得《〈论语〉读人》的书稿已经交付出版社出版。

黄厚江的阅读不以广博胜，他的精读其实也是一条好的路子。前贤们也有这样的主张。比如，陈寅恪就提出过人生的阅读也就是几十本书，我的揣测，这应该是让我们足以安身立命的几十本书。就语文教学而言，文学、文化源头的几十本书是至关重要的。有的学者提出过，人生要反复读一本大书，那是可以让你取之不尽、用之不竭的。在黄厚江那里，《论语》《史记》《红楼梦》大概就是。杨义先生指出，要带着“精神关注点”阅读，张弦以待，雁过留声。这一主张厚江也有很深的体会。

厚江是一个勤奋的笔耕者，他的写作更多是撰写语文教学论文，到目前为止，他公开发表的论文就有 400 多篇，《人大复印资料》转载了 100 多篇。美国有位学者讲过一句很有意义的话：“写作是唯一的”，“在你和不可能之间”。厚江基于实践，基于思考，基于研究，下笔千言，滔滔不绝，把许多不可能转化为积极的可能。我想，这其中有些是名头、名号、名利，更多的则是生活的充实和精神的饱满。

二、黄厚江的教学主张

一位名师总有自己的教育哲学，或者称为教育思想、教育观念、教育主张等，它使其教育活动和思想带有了倾向性、一致性、稳定性。黄厚江老师举起的思想旗帜为“本色语文”。其基本内涵，一是语文本原，立足母语教育的基本任务，明确语文课程的基本定位；二是语文本真，探寻母语教学的基本规律，实践体现母语基本特点的语文教育；三是语文本位，体现语文学科的基本特点，实现语文课程的基本价值。他语文教学的基本定位，是以语言为核心，以语文学习活动为主要形式，以提高学生的语言素养为根本目的。他对语文最基本的要求，是“像语文课”。

阅读黄厚江的本色语文，引发我思考的是：

（1）“本色语文”是“我们”的。《论语》里有一个片段，似乎对讨论厚江的本色语文有些启发。子夏问曰：“‘巧笑倩兮，美目盼兮，素以为绚。’何谓也？”子曰：“绘事后素。”子夏曰：“礼后乎？”子曰：“起予者，商也，始可与言诗已矣。”

我想，“素以为绚”“绘事后素”，都讲到一个底色的问题，素洁是人外在的和精神世界的底色。这个“素”就是最基本的，就是厚江强调的“原点”。从这个意义上说，厚江的本色语文不是“我”的，而是“我们”的，是反映语文规律的，是语文最基本的东西。

（2）“本色语文”又是“我”的。在我看来，名师的教育哲学、教学主张一类的东西，都是他们对学科本质独到的理解、发现和表达。所以，它又是“我”的，是“我”与“我们”的统一。陈嘉映教授在《价值的理由》里有对类似问题的深刻的阐述：“本真不是现成地摆在那里的东西，它倒毋宁是某种新鲜的东西，我们搜集各种历史线索把它创造出来。只不过，这种创造与科技创造不同，它从来不是单纯的进步，而是在不断变化的情势中，创造出与以往的优秀卓越尽可能坚定的联系。”我以为，黄厚江的“本色”就是陈嘉映先生所说的“本真”。其中，有厚江自己的“创造”。

（3）“本色”应当进一步贴近语文的特质。列宁说过，人的知识是“无限地近似于一串圆圈”。厚江对“本色语文”的探索还在螺旋式上升的路上。我曾建议厚江老师更多地从以下方面思考语文本原的问题：第一，从母语习得的特点看，更多关注综合性、实践性；第二，从汉语自身的特点看，更多关注形象性、诗性；第三，从人文学科的特点看，更多关注主客观的融合性；第四，从教学基本特点看，更多关注活动性、经验性。当然，这些方面有的厚江已经论及，只是还需“言其详”而已。

三、黄厚江的超越

在黄厚江的本色语文教学主张得到人们广泛认可的时候，黄厚江老师又提炼出了他的语文共生教学法。其实，在第一次评审他的语文本色教学成果时，我们已经关注到了他的共生教学法，只不过当时它还不是一个独立的成果，而是语文本色教学这个成果的一个部分，黄厚江老师将它表述为语文本色教学的操作机制。这一次，它在和语文本色教学互相组合的同时，本身已经成为一个独立的有理论有实践的教学成果。

从语文本色教学到共生教学法，我们看到的是黄厚江老师的超越精神。

当很多老师沉湎于多年不变的教学时，当很多老师顺着课改的时尚之风盲目跟进时，当很多老师不满于现实的许多问题但又找不到突破的路径时，当很多老师对许多时兴的说法和做法并不认可而又说不清楚时，黄厚江老师已经行走在探索的路上。他一个一个问题地思考，一个一个问题地解决：从语文课程的性质，到工具性与人文性的具体内涵及其统一；从语文学科的基本特征，到语文课堂的基本原则；从语文教学主张，到语文教学方法；从阅读教学的基本定位，到阅读教学的基本策略；从写作教学的基本定位，到写作教学的基本策略；从课堂教学诊断，到学科质量评价；从必修教学，到选修教学；从学科研究，到专业素养……他的研究几乎触及了语文教学的每个领域，甚至每一个领域的每个具体问题。而且，当别人彷徨的时候，当别人埋怨的时候，当别人无所适从的时候，他已经找到了自己的路，已经有了自己系统的主张，有了自己的教学方法。他远远地超越了许多和他同行的人。

而更可贵的，是他对自己的不断超越。本来，作为一个普通的语文教师，形成了鲜明的教学风格，形成了自己的系统主张，已经是很了不起也很值得自豪的事。如果是一个容易满足的人，如果是一个固步自封的人，陶醉于满足于已经有的成果和成绩，是完全可以理解的。同时，这也是很多关心黄厚江的人所担心的。2012 年全国中语会在苏州召开黄厚江语文本色教学研讨会，我应邀在会上讲话时就再三提醒厚江老师要在追求本色、立足原点的基础上努力追求创新和突破。显然，对这一点，黄厚江老师自己是非常清醒的。他在《语文的原点：本色语文的主张与实践》的封面上写道："本色不是守旧；本色不是倒退，本色也不是无为。本色，不排斥其他风格；本色，不反对创新；本色，更不放弃更高的追求。本色，是语文教学的原点。你可以走得很远，但这里是出发地。"这几句话，黄老师不仅仅是写在书上的，更重要的是写在心上的，是写在自己的每一天的教学和研究的行动之中的。于是，我们又看到了他一系列新的成果，看到了他比较成熟的语文共生教学法。

在谈到语文共生教学法和语文本色教学的关系时，黄厚江老师说，语文共生教学法是语文本色教学主张实现的主要机制。语文本色教学，是针对语文教学种种异化行为提出的教学主张；语文共生教学法，是遵循母语教学的基本规律，运用共生理论，从丰富的教学实践中总结出来的，能体现语文本色教学基本主张的教学方法。前者主要是理性思考，后者主要是实践操作。前者是守正，后者是创新。

语文本色教学的核心主张是“把语文课上成语文课，用语文的方法教语文，学生按母语学习的规律学语文，教师按母语学习的规律教语文”，语文共生教学法的核心理念——“用阅读教阅读，用写作教写作；在阅读中教阅读，在写作中教写作”，是立足阅读教学和写作教学对语文本色教学核心主张的具体体现。它要求教师必须用自己的阅读和写作引领学生的阅读和写作，用自己的读写感受引发学生的读写兴趣，用自己的读写体验激活学生的读写体验，用自己的读写思考激发学生的读写思考，用自己的读写发现引导学生的读写发现，用自己的读写经验引导学生的读写过程。它要求教师要重视教学过程和教学现场的教学价值与学习价值，让学生在读写实践中形成读写体验，在读写实践中掌握读写方法，在读写实践中形成读写经验，在读写实践中培养读写能力。引导和促进学生共享语文学习的感受，互相启发语文学习的思考，互相激活读写的体验，互相激活读写的思维。这就是我在前文所说的，对母语习得综合性、实践性特点的关注，对汉语形象性、诗性特点的关注，对人文学科主客观融合性特点的关注，对语文教学活动性、经验性特点的关注。

在此，我们不难看到黄厚江老师不断超越自己、不断向语文教学研究纵深领域探索的精神。

四、黄厚江的学术品格

阅读黄厚江，从他的语文本色教学主张的提出，从他语文共生教学方法的提炼，我还看到了一个学科研究者应该有的学术品质。

首先是他的承担意识。说实在的，语文教学及其研究的许多理论问题和实践问题，很多人都看得很清楚。但问题怎么解决呢？踏踏实实去思考，去探索的人并不很多。时至今日，不少人仍然热衷于问题的揭示：课程标准有问题，教材有问题，课程知识有问题，课堂教学有问题，高考命题有问题……批判都是比较容易的，可是问题谁来解决呢？这是一切问题中的最大问题。隔岸观火，发发牢骚，都是轻松的，但意义却很寥寥。

而黄厚江老师从来都不是一个只会提出问题的人，他总是寻求着每一个问题的解决办法，哪怕是他感到力不从心的问题，他也不惜作一番努力和尝试。如果说解决阅读教学的定位问题，解决写作教学的定位问题，解决阅读教学的基本策略问题，解决写作教学的基本策略问题，解决课堂教学的设计问题，某种意义上还是他作为一个一线老师应该关注、能够解决的问题，那么对于语文课程的性质问题，恐怕真不是一个一线老师能够解决的问题，而黄厚江老师却责无旁贷、义无反顾地面对这样的问题进行自己的思考，并作出回应。什么是语文工具性的内涵，什么是语文人文性的内涵，这两者又是怎样的统一，这样的问题，课程专家似乎也很少有人愿意正面作出回答，而黄厚江老师却丝毫也不回避。他说：语文不仅是“学习的工具”、“工作的工具”、“交际的工具”等日常生活的工具，更重要的是人的精神生活的工具。他说：语文学科人文性的内涵主要是，培养学生对母语和民族文化的热爱，培养学生积极乐观的生活态度和丰富健康的情感，培养学生健全的人格和良好的审美情趣。他说：语文学科的人文价值必须体现在工具价值的实现过程之中。这样的回答是否是完全正确的？答案并不十分重要，可贵的是敢于承担的学术精神。

由此我们也不难看到黄厚江老师自觉的建构意识。我们常常发现，黄厚江对许多问题的思考和探索都是多层次的，都是系统化、系列化的。比如课堂教学，他立足学科特点提出了“以语言为核心，以语文学习活动为主体，以学生语文素养的提高为目的”的基本要求，他立足教学过程提出了语文课堂教学的和谐原则、整体原则、适度原则、节奏原则等四项优化原则，他立足日常教学提出语文本色课堂应该追求朴实的基本特征。不仅如此，他还对这些内容的每一方面进行更加细致深入的研究。比如，语文本色课堂对“朴实”的追求，他就进一步明确了教学内容要简明，教学过程要简捷，教学方法要简易，要有实在的语文积累，要有实在的语文能力训练，要有实在的语文学习活动等具体要求。对于如何达成这些要求，他也立足教学实践进行深入的探索，他总结了语文教学活动设计添加、删减、整合、分解等具体方法，总结了语文课堂教学凭借设计的多种方法，总结了多种作文课型的教学要领。在黄厚江老师的语文教学研究中，无论是宏观的问题，中观的问题，还是微观的问题，他的想法和做法往往都不是零散的，而是组合成为一个有机的系统。这种自觉的建构意识，是一个比较成熟的学科研究者应该具有的品质。

尤其让人敬佩的是，他总是立足教学实践进行自己的探索。这就让我们想到黄厚江老师的另一可贵的学术品质，就是他的实践精神。

在《守望在语文的原点》一文中黄厚江老师说：“我还是个实践主义者。我喜欢多做少说，或者不说只做。我做自己该做能做的事，我做多数人都能做的事。我的所有想法都来自实践，我的所有想法也都能付诸实践。自己不做的，我不写也不说；自己做不到的，不说也不写。凡是遇到新概念新思想新理论新方法，我喜欢问：这有用吗？这真能解决问题吗？我能做到吗？有多少人能做到？如果自己做不到，如果绝大多数人做不到，我很少接受；尽管我不排斥理论，我也常常提炼一些新的概念和观点。”这样的实践精神体现在黄厚江老师一贯的教学研究之中。

对于关注的每一个问题，黄厚江老师几乎都会立足教学实践进行思考，并且几乎都能找到在实践中加以体现的具体方法。比如工具性和人文性统一的问题，他不仅试图分别明确“两性”各自的主要内涵，不仅概括提出“语文学科的人文价值必须体现在工具价值的实现过程之中”这样纲领性的观点，而且从操作层面寻求解决这个矛盾的具体方法。在黄厚江老师的共生阅读教学基本课型中，有一种课型叫言意共生教学，它就是体现“两性”统一的最直接也是最有效的方法之一。如果我们认真研究黄厚江老师的课堂，就不难发现他关于“两性”统一的主张，绝不是脱离实践的概念和空洞理论，而是体现在每一节课，甚至每一个教学细节之中的。

不仅仅是“两性”统一这样的重大问题，对于语文教学每一个领域的问题，他都试图使自己的一切主张能够在课堂实践中体现出来。他提出了阅读教学的基本定位，就同时提出了阅读教学的基本策略；他提出了写作教学的基本定位，就同时提出了写作教学的基本策略；他提出了语文本色教学的系列主张，就提出了实现这些主张的语文共生教学方法。他提出了语文共生教学的方法，就总结了树式共生课堂结构，就总结了阅读共生教学的12种基本课型，就总结了共生教学的三大操作要领，而且他还为阅读教学和写作教学的每种课型提供了不止一个典型的教学案例。

需要指出的是，黄厚江老师的实践精神，更体现在他的一切主张和理论都来自自己的实践，他没有一个来自书本的主张，更没有一个脱离教学实践的主张，这大概就是他的主张总能为广大一线老师接受和欢迎的原因。他一直宣称，他说的就是他所做的，他从来不只说不做。而我们认为尤为可贵的是，他从自己的实践中提炼出一系列的教学主张，提炼出自己的教学方法，总结出自己的课堂教学结构，绝不是为了这些“成果”本身，而是为了改善自己的课堂教学，是为了改善更多人的课堂教学，是为了改善学生的语文学习状态。所以，他的教学主张和教学方法形成后，他总是自觉地用自己的理论主张衡量、检验自己的课堂教学，使他的课堂教学品质不断提高，也使他的教学风格更加鲜明，使他的理论主张更加完善同时更加经得住实践的检验。正因为如此，他的主张和教学方法很快就形成了极其广泛的影响，被很多老师运用到自己的课堂教学之中。

五、黄厚江的意义

阅读黄厚江，是因为黄厚江的意义。我想，这至少在五个方面：

（1）“本色语文”源于本色的人。黄厚江个人的性情、气质、教育背景、成长道路，对于他的本色语文的影响是全面而深刻的。“我即语文”，厚江又是一例。他的意义在于，我们对语文教学的追求，其实就是在做人的登攀中拾级而上。

（2）教学主张的本质内涵在于人文关怀。那些能够照亮人们精神世界的教育哲学、教育观念、教育教学主张，都是源于人文关怀，源于人道主义精神。陶行知先生的“捧着一颗心来，不带半根草去”，斯霞的“童心母爱”，等等，无有例外。黄厚江的本色语文包含了对学生的理解和感悟。在阐说本色语文时，他曾经有多个设问：教学中，你在意的是谁？你的问题，学生应该回答吗？课文解读，你是从学生的立场出发的吗？这样的活动学生需要吗？你的目的，真的是为了学生吗？你的教学，对学生有用吗？“本色”在某种意义上就是基于学生，就是学生立场。同时，他的本色语文，也包含了对自己成长经历的感悟。这就提示我们，坚守人文立场，弘扬人文精神，实践人文主张，是有可能产生响亮的思想的。

（3）做一个乐观主义者。在应试教育疯狂得几乎无以复加的境地中，我们听到太多的无可奈何的叹息，一些老师看不到光亮，自暴自弃者有之，随波逐流者有之。黄厚江说他是“浪漫的现实主义者”，这里的“浪漫”就是坚守理想，就是具有乐观的精神。黄厚江是一个语文的乐观主义者。他以积极的姿态走向生活，他看到了光明，看到了希望，坚持有所作为，渐渐大有作为。他的成长案例对于广大的老师们是有鼓舞意义的：只要我们乐观，信心就存在；只要我们努力，希望就存在；只要我们前行，理想就终会照亮我们的生活！

（4）坚持在“守正”中“创新”。常常有人把“守正”和“创新”对立起来，以为坚持传统、注重继承就不可能创新；追求创新，就必须抛弃传统。其实，无论从学理上还是实践上，这样的观点都是站不住的。黄厚江老师的探索及其成果非常有力地说明了这一点。他的语文本色教学无疑是坚持传统的，是立足“守正”的，是坚守语文的原点的。当初，甚至有人以为他的主张和课程改革的主流是不一致的。但当我们看到黄厚江老师立足母语学习的特点和规律，依据语文本色教学的基本主张，运用生物学科的共生理论，提炼出语文共生教学法，协调语文教学中的多种矛盾，有效地改善学生的语文学习状态和语文教学课堂状态，有效提高学生的语文素养和促进语文课堂教学改革时，我们对在“守正”中“创新”无法再持怀疑和犹疑的态度。

（5）语文教育应该有技术路径。黄厚江的本色语文有实践体系的雏形。他创造了许多具体的、可以操作的东西。语文的“可为”，很重要的是理念落到现实，是具有很强的操作性。厚江一直坚持这样做，仅以课堂教学设计说，他就提出：添加，增加课堂的广度和厚度；删减，让课堂由多到精，以少胜多；重组，在整合中提高教学效益；分解，使重点难点的解决更加到位。语文教学之难，对于青年教师往往就难在笼统，难在模糊，难在飘忽。如黄厚江这样，在正确思想观念的导引下，找到一定的技术路径，于是我们就在接近科学性的意义上，能够“做”起来。黄厚江老师的语文共生教学法的成功推出，更是一个有力的明证。他提出了具体的教学方法，他总结了基本的课型和操作要领，他提供了丰富的典型案例。于是我们的实践，也就可能如黄厚江的所作所为一样，在现实的土壤里生长着金灿灿的希望。

本文发表于《江苏教育（中学版）》2013年第1期，人大复印资料转载，收入本书时做了进一步充实。

何为名师

——以孙双金老师为样本

名师，顾名思义，就是业绩突出、名气很大的老师。名气从何而来？我以为，名师之“名”，就来自名气的“气”，比如气概、气质、气脉、气度、气象、气场，等等。在笔者所熟悉的教师中，有一个人，在他身上，较为完美地综合了这所有种种的“气”，将这些“气”发挥到了极致。他就是语文特级教师、“情智教育”的创立者、南京市北京东路小学校长——孙双金。笔者尝试以他为样本，对“名师”做一些初步的探讨。

一、气概

人们评判一个人的精神状态，往往是由其气概入手的，如果一个人有昂扬的气概，我们基本可以想见他的努力与向前。孙双金老师说：“人性，总是向善的”，他对山东教育报刊社原总编辑陶继新老师的成名秘诀——“无他，只是天天向前走一点而已”十分激赏，认为这也是自己的体验与心声。向善、向前的人生姿态，是一个好的职场人，自然也是一名好教师最为重要的人生底色。孔子与他的学生谈诗，有“素以为绚”的论断。向善、向前的“素”，就可以绘就“绚”的灿烂图景，而且，极“素”就可以看作大“绚”。笔者每次与孙双金老师聊天，每次听他在一些公众场合慷慨陈词，总感到他之斗志昂扬，总觉得他又在产生新的想法。我想，这是他的人生底色，是他“生活的微笑”这一基本态度使然。

有了这样的态度，教育人还应该有梦想，有追求，还应该有些理想主义的色彩。《孟子》曰：“志，气之帅也。”俄国诗人巴尔蒙特的人生宣言是：“我来到这个世界，是为了看太阳。”这样的充满理想主义色彩的宣言，应该可以成为所有教育工作者的精神大合唱。孙双金老师就是一个教育追梦人，这使得他的人生进行曲充满了向善、向前的音符。他做学生，就努力做一名好学生。中学毕业，他考了全乡第一名。进入丹阳师范后，他是公认的品学兼优的尖子生。学校为了打消毕业生实习前的紧张和担忧，从300名学生中选出两名上“示范课”，其中就有孙双金。做老师后，孙双金的梦想就是成为一名优秀教师。他说：“在我的梦中，常常出现上课的情景。我梦中的课堂，学生小脸通红，小眼发光；学生小手直举、小嘴常开；学生兴趣盎然、兴致勃勃；学生思接千载、浮想联翩；学生如沐春风、如痴如醉。学生沉浸在美的画面、诗的境界、爱的怀抱之中。这就是我苦苦追寻的教学境界吧。”他上课，下的是水磨功夫。正是一节一节精彩的课，垫就了孙双金的人生高度。他做校长，梦想做一名好校长：“努力让学校充盈人文的光芒，让每一位师生在校园里幸福成长”。他说，为了梦想，“我曾呕心沥血，我曾披星戴月，我曾上下求索”。孙双金老师的成长经历告诉我们，有着向善、向上的人生姿态和教育追求，有着积极昂扬的气概，这是成就名师的第一要素。

二、气质

在心理学家那里，人格可以按照一定的维度分成不同类型，比如艾森克提出人格划分的两个维度：人格的内倾与外倾；人格的稳定与不稳定。根据这两个维度，他又把人分成四种类型，即稳定内倾型与稳定外倾型，不稳定内倾型与不稳定外倾型。这些类型分别对应于黏液质、多向质、抑郁质、胆汁质。这些类型的人有各具特色的气质，具体的人则可能是某些类型的综合。气质是具有先天倾向的，但环境与教育又可能影响人气质的形成。借用心理学的性格理论分析孙双金，笔者揣测，他大概是稳定内倾型与稳定外倾型的综合，这表现在他的镇定、沉稳、开朗、乐观、善于克制自己、反应比较敏捷等方面。由于“腹有诗书”，由于长期浸润在儿童的精神世界里，由于注重交往艺术，他一直能在学科前沿和教育前沿的圈子里参与对话。在他养成的自我气质特点中，有一些是笔者特别推崇的。

第一，书卷气。孙双金行为儒雅沉稳，举手投足之间，都是书生本色。今年春节前，他曾告知笔者，这几天他出去淘了1000多元钱的书，准备在春节假期好好读读，可见这个春节他过得多么充实。子曰：“文质彬彬，然后君子。”如果说“质”是人的先天秉赋，那“文”就是后天书卷气息的熏染。孙双金读书很杂，他读语文专业书，读文学书，读心理学书，还特别爱读哲学、美学书籍。他还涉猎军事、政治、经济、管理等诸多方面。他自称争取做个“杂家”，而他的专业素养已经比较丰厚——专家加杂家，方能成为大家。有的学者主张，人要有一部自己的大书，这部书是要反复阅读的，它可以成为一个人取之不尽、用之不竭的思想资源。对于孙双金来说，这部大书就是《论孟》（《论语》和《孟子》的并称）。这不仅体现在他有能力去做《论孟》的专题报告讲座，更在于他的外在气质、思想和实践，常常让人感觉是深得夫子之道的，譬如他“文质彬彬”，他“学而不厌”，他“一以贯之”，他“仁者爱人”。

第二，朝气。现代诗人林庚先生在论述盛唐文学现象时，提出了“盛唐气象”这个概念，并把盛唐气象的本质归纳为“青春的活力，蓬勃的朝气”。对于一位名师一所名校而言，活力和朝气是必不可少的。孙双金老师的朝气，首先体现在他的童心、童真、童趣。有学者提出，做一名好教师，要想象童年，回归童年，要把“好玩”作为评价一个人、一节课、一篇文章的重要标准，而我们所说的“好玩”，就是童心、童真、童趣。孙双金热烈地响应这些主张，生动地实践这些主张。在他看来，在校园里，在课堂里，“看到孩子们天真无邪的眼神，听到孩子们发自赤子之心的天籁之声，内心的儿童情怀就不由自主地流淌出来，自己真的就变成了一个长不大的儿童”。其次，孙双金老师的朝气在于，他在校园里、在课堂上，总是朝气蓬勃、充满活力。如他的“四小课堂”所说，老师在课堂上应当激发起学生的积极性，使他们一个个“小脸通红，小眼发光，小手直举，小口常开”，真是如禅宗言，“活泼泼的生命”。再次，孙双金的朝气表现在他对于教学的创造性，这是由他所葆有的“儿童”的好奇心、想象力所决定的。孙双金说：“我读古今教育家的著作，颠过来倒过去，在字里行间读出两个字，那就是‘创造’。”孙双金上课常给人耳目一新的感觉，就归因于他注重创造。

第三，大气。大气，是一种很高的境界，也许有些跻身名师行列的教师也达不到这种境界，孙双金达到了。他的大气来自于三个方面。

首先，他是一名思想者。文学界有人说，三流作家拼积累，二流作家拼技巧，一流作家拼思想。我以为，教育界完全可以套用这样的话。一流、超一流的教师必定都是思想者，他们在长期的实践中形成了自己的教育思想、教育理念、教育主张。孙双金老师就是靠“情智教育”的主张立足于教育界的。这样的思想，使他超越了功利化，追求人的真正发展，引导孩子成为一个大写的“人”。

其次，他是一名教学艺术家。他的课大气磅礴，收放自如。无论有什么样的“意外”，他都能“淡妆浓抹总相宜”，顺其自然，再上层楼。著名语文教育专家靳家彦先生在听了孙双金执教的《黄河的主人》后，激动地评说：“当前，语文教学的一个突出问题是文化品位的缺失。而孙双全老师执教的《黄河的主人》一课，则诗情洋溢，大气磅礴，工具性和人文性的统一是那么和谐自然，让我们回味无穷。”

再次，他是一名探路人。他努力站在学科前沿，提出要教好“十三岁以前的语文”，努力探索母语课程的构建事业。他经营自己的学校时不断追问，我们的学校未来是什么样子？我们往哪里走，怎样走？这些前瞻使他能超越当下，使他有了大追求、大格局、大手笔的实践。

三、气脉

气脉，指一个人的血气和脉络。论及诗文，气脉指的是气势、结构、脉络。一位名师，为人、思想、作文、上课，都是要讲究气脉调和、生机贯注的。而这一切的前提条件，是教师个人内在精神世界的和谐。我国的中医讨论人的气脉，讲究的是阴阳平衡、气脉调和。作为一名教师，自我认同十分重要，这样才会产生由内至外的力量。《教学勇气》的作者帕克·帕尔默认为：“自我认同在于构成我生活的多种力量的汇聚，自身完整与这些力量的联合方式有关，使我的自身完整协调，生机勃勃，而不是七零八落，死气沉沉。”按照帕克·帕尔默的观点，这里的“多种力量”指的是：认识自我——通过智能的、情感的、精神的内在统一，完美交织成自己的内部图画；认识学生——倾听学生内心发出的甚至尚未发出的声音，让学生在课堂上真实、自信地表达自我；认识学科——在个人意义上出神入化地理解学科。我想，孙双金老师的力量主要还是来自他完整的内心世界。他的内在与外在，就是情智互生、和谐统一的。

他善于触摸学生情感脉络的跳动，并且注意在课堂上适度地“隐藏”自己，把学生推到课堂的前沿，推到思维的中央。他对学科有自己独特的理解和表达，他说：“13岁以前的语文，是童年的语文、积累的语文、种子的语文、经典的语文，是不求甚解的语文，是逐步反复的语文，是为一辈子奠基的语文。”他说：“知识，分为种子知识和叶的知识两类。叶的知识再多再繁茂，也不能生长出新的知识。而种子知识能生根发芽，生长出茁壮的枝干，开放出绚丽多彩的花朵。因此我们在学生的心田要多播下种子知识。对于语文学科来说，种子知识就是经典文本。”情智语文，已经成为他独树一帜的教育主张。正是在这些地方，他的智能、情感、精神已经融汇在一起，完美地交织成美好的图画。

同时，孙双金老师的思想体系也是脉络清晰、生气贯注的。他围绕情智教育，提出了情智教学、情智校园、情智活动、情智课程，构成了学校文化完整的结构。他的情智语文理论，无论从哪一点深入进去，你都会感到它是自成体系又相互贯通的。如情智语文的实施策略，他提出：课堂富有画面感、场景性；披文以入情；课堂向学生的问题打开；教学是挑起矛盾的艺术；教学要运用故事思维。在这里，既有情智的交融，又有前后的贯通，足见气脉的通畅与生动。

四、气度

气度，指的是气魄和度量。这两个方面都是作为名师不可缺少的。先说气魄，笔者认为，气魄就是有想法、能坚守。《生命中不可承受之轻》的作者昆德拉说，一个有信念的人，是一个被限制的人。在当下这个应试教育猖獗的年代，自我限制、自我约束，就是一种大气魄，坚守信念、努力践行，又是一种大气魄。

孙双金提出的情智教育，直指现实社会“半人教育”的弊端——其实，在应试教育下，“半人”的完整性也是大打折扣的。人们关注的知识教育，也逐步异化为与考试科目纸笔测试关联的解题训练。

难能可贵的是，在这种畸形的知识教育猖獗的年代，孙双金不仅提出了“情智教育”，而且生动地将其实践了，这就有些气度不凡了。曾记得10年前，孙双金提出情智教育的时候，教育界有些学者提出了质疑。他在虚心倾听的基础上，坚定地走自己的路。他曾说过：大凡一些杰出的人物，总是有自己的追求和抱负，管他东南西北风，咬定青山不放松。自己认定了的路，就坚定地、锲而不舍地走下去。10 年过去了，情智教育得到了教育界的广泛认同，赢得了它应有的地位和影响。

再说度量。会谦让，能容人，是名师应该具有的重要品质。有些老师也很聪明，起点也很高，但就是难有大的成就和影响。可能很重要的一个原因就是缺少度量。于漪老师说，她有两把尺子：一把尺子量同事，发现和学习同事的优点；另一把尺子量自己，发现和检讨自己的缺点。名师成长的过程，其实就是一个学习、反思的过程。和孙双金老师聊天，经常听他如数家珍般地说起他的同事们。他夸陈静书记思路清晰，做事干练；他夸唐隽菁副校长低调沉稳，是一位"老黄牛"式的好领导；他夸张齐华副校长天资聪明，点子多，是不可多得的人才；他夸朱萍主任性格温婉，外表优雅，内心坚强，做事执着……可见他对同事的优点是处处注意、时时留心的。

而对于自我，孙双金老师总是能用冷静的态度来审视。他对自己所上的课的成败得失是非常清醒的。1989 年，孙双金参加全国大赛荣获一等奖之后，全国各地的讲课邀请纷至沓来，但他没有被荣誉迷惑，他很清醒地说："不久，我发现自己的教学存在问题。对同一篇课文的教学设计，为什么在此地上得生动甚至轰动，而到彼地就上得沉闷，甚至很吃力？经过一阵闭门沉寂和反思，我发现原来我追求的是教师自己所谓的教学艺术，而忽略了对儿童主体的研究。此后，倾听儿童问题，倾听儿童见解，倾听儿童心声，让我的教学又走入了新的天地。"

五、气象

气象，说的是情景和气派。苏轼云："惟江上之清风，与山间之明月，耳得之而为声，目遇之而成色……是造物者之无尽藏也，而吾与子之所共适。"去年暑期，笔者在梅里雪山，常常为大自然的瑰丽景色惊叹不已，不时生出如苏东坡一样的感喟。而一位名师，应当是学子健康成长之气象的创造者。

以孙双金老师为例，在他这里，至少形成了三幅图景。

第一，课堂上"活泼泼"的气象。孙双金主张学生在课堂上要"小脸通红，小眼发光，小手直举，小口常开"，他认为好的课应该是"书声琅琅，议论纷纷，高潮迭起，写写练练"。他的课最大的特点，就是能把学生的思维向四面八方打开。有人认为，自由地思想是素质教育的核心，对此，我是赞同的。孙双金老师总是能创造出民主、平等、安全、自由的学习环境，激活、调动起学生学习的欲望和活力，让学生在不断接受思维的挑战中前行。正是由于他着眼于人的发展，所以，在这种学生“活泼泼地生长”的课堂上，学生所得的就不仅是知识，而一定是情智和谐、共生共长。特别要提及的是，孙双金灵动的课堂，不是一种平面式的展开，而是“登山式”的前行。是的，学习就是登山，是自己一步一步地攀登。一路如行“山阴道上”，目不暇接，美不胜收，此一乐；在多条路径中选择，有个体的体验和探究，此二乐；路途上合作互助，相互提携，此三乐；“会当凌绝顶，一览众山小”，享受审美的高峰体验，此四乐。孙双金“活泼泼的登山课堂”正是如此，学生在这里得到了知性的充实和诗性的升华。

曾听孙双金说过这么一个小故事：2010 年，江西省南昌市请他去上课，他给孩子们上了《走近李白》一课。课上完之后，只见一位女同学走上讲台说：“孙老师，我要授予您一枚奖牌。”孙双金一愣，心想，学生要授我什么奖牌？只见小女孩双手呈上一张纸片，是一枚用练习纸剪成的五角星，上面用钢笔写着四个大字——最佳教师。此事让他感慨良多，他说，自己一生接受过很多金光闪闪的奖牌证书，但唯有这一枚学生用纸片剪成的奖牌最为珍贵！它是纯真孩童发自赤诚之心的赞美。

第二，教师群体相互映照的气象。孙双金深知，好教师就是好教育。身为校长的他，努力把学校建设成道德共同体。他引导教师培育爱生情怀，以情智教育，培养情智共生的学生；引导教师们研讨经典名著，提升专业素养；组建北小导师团，开设名师讲堂，为青年教师的成长助力；在生活细节上留心，常常用一束鲜花、一张贺卡给教师带来感动……孙双金在对教师提出要求时，总是努力让自己先行一步。2009 年，他给自己定下的指标是读 20 本书，发 10 篇文章。年底一盘点，他在省级以上报刊发表文章竟有 34 篇。北京东路小学的教师团队在他的引导下，愈发呈现整体跃升的状态，成为了一个积极向上的群体。一时间，“那本书你读了吗”成了大家见面的问候语，团队的共同学习、切磋常常会令大家废寝忘食。近几年，在江苏省最高级别的论文大赛中，北京东路小学教师取得的成绩令同类学校刮目相看。一批教师提出了自己的教学主张，如陈静的“享受数学”，张齐华的“数学文化”，唐隽菁的“公民道德”，唐文国的“和谐语文”，朱萍的“作文教学”，等等，都已成了或有着属于自己的理念。学校已有特级教师多名，教学能手占教师总数一半左右。更重要的是，他们都是那样的阳光、开朗、积极向上。教师与校长，青年教师与导师，教师们之间，都有一种相互映照的感觉。孙双金言及，自己总不免有些激动，他说，这是他追寻的境界：“万类霜天竞自由”，“漫江碧透，百舸争流”！

第三，学校校园“五色为文”的气象。哲学家罗素说：“参差多态乃是幸福的本源。”孙双金校长的校园，是丰富多彩的。

这是一座书香校园：学校有《13岁以前的语文》的校本教材。有为学生打造的必读和选读书目单，有书香家庭、班级小书迷评选活动，有作家进校园报告会，有读书故事大奖赛，有读书笔记、剪报大展示……

这是一座畅想的校园：学校进行了“想象作文”的实验，鼓励学生们进行创意写作。低年级以创作童话故事为主。中年级以创作儿童故事为主，高年级以创作儿童小说为主。每个孩子都有几本自己的作品集，记录着自己成长的足迹。

这是一座缤纷的校园：学校根据“追求心心相印的情智共生教育”这一办学理念，设计了红色为底、白色蝴蝶翩翩起舞的校标；校园内的三层水景，喷泉涌动，层层递进，给人以充满生机和灵动的美感；教学楼的一楼大厅，摆放着一台三角钢琴，每天都有学生弹奏乐曲，以优美的旋律迎接师生们进校；三层楼道的墙壁上，都有精美的布置，引领学生回味经典，亲近历史，走近名人。

这是一座创造的校园：学校成立了“娃娃科学院”“娃娃电视台”“娃娃书报苑”“娃娃参议院”等，经常举办以培养学生创新能力为主题的各项活动，更注意在教学过程中培养学生的创新意识和创新能力，为培养创新型人才奠基。正是这些主导性与丰富性统一的文化实践，使北小呈现出生机勃勃的活泼气象。

六、气场

气场，指的是一个人对其周围人产生的影响，是他的能量所产生的感染力、影响力、凝聚力。每个人都有自己的气场，正负不一，强弱不一。

而孙双金的气场，第一体现在课堂上的影响力。孙双金的名气，首先在于他的课上得好，“跟随孙双金学语文”是许多家长的期盼和希望。日积月累的充实感和升华感，使许多学生在他的课堂上生成更高的预期。北京师范大学教授林崇德在《教育的智慧——写给中小学教师》一书中说，“所谓自我效能感。就是个人对自己在特定情景中是否有能力完成某种行为的客观判断与期望”。而学生的这种自我效能感，常常源于教师高质量的教学；学生由此对教师产生深切的信任和期望，又成为教师工作的推动力。这样形成的教师对学生的气场，大概是可以用“如沐春风”来形容的。

孙双金的气场，第二体现在校园里孙校长的影响力。孙双金校长非常注重以文化人，他提出情智教育的主张，又建构了学校的实践体系，注重校风、教风、学风的建设，使得“走情智教育之路，育情智共生之人”成为师生们的共识，成为“北小人”的生活方式和日常状态。气场的形成正是文化立人的重要佐证。

孙双金的气场，第三是在校园之外作为名人的影响力。孙老师有自己的“粉丝”“粉丝团”。一位名师，要从风格走向流派，从个体走向群体，从地域走向全国，一定的“粉丝”数量是必不可少的。这些“粉丝”可以是有组织的，也可以是自发的。一些年长的教育家型名师，拥有众多学习者、模仿者、研究者，正在形成自己独有的流派或学派。比如李吉林老师，她的追随者既有进入行政组织形态的，也有自发的，她所在的南通师范第二附属小学，我将之誉为情境教育的“教师进修学校”。于永正老师以“五重”闻名于小语界，仰慕者、追随者众多，在民间组成了全国性的粉丝团，对推广他的经验起到了极大的作用。孙双金还年轻，还没有到接受如此众多的鲜花与掌声的时候，但他的粉丝也绝不在少数。他在各地上过400多节公开课，可见其影响力。孙双金提出“13岁以前的语文”，登高一呼，应者云集，也可见他在小语界的影响力之大。当然，随着孙双金教育思想的更加成熟，教学艺术的更加炉火纯青，教育成就的更加突出，他的气场自然也会越来越大。只要假以时日，必然水到渠成。

走笔至此，忽然想起孙双金第一次与我相识时的情景，记得他一见面就自我介绍：“我姓孙，小子孙，我叫孙双金。”孙双金从事基础教育业绩突出，似乎是天意如此：从事的是培养“小子”的事业，还是“双金”——把学生和自己都熔铸成“金子”。这大概也算是名师成长的“普世价值”吧。

本文发表于《未来教育家》2013年第11期，多家报刊转载。

董健的精神意蕴

董健的精神状态和他的朴实无华一样给人留下深刻的印象。他曾经主攻的江苏省姜堰第二中学以“普通生源”创造了“一流质量”，作为校长，董健把成绩归因于“一切从实际出发”。极朴实的思想，人人都懂的道理，似乎很难与“管理哲学”这样复杂的符号挂上钩。但这就是董健，在他的意识中，一所受老百姓欢迎的有内涵的学校是做出来的，不是说出来的。董健做教育，是立足现实做理想的教育，所以姜堰二中才能不断实现超越；董健做教育，是回归人自身做本真的教育，所以姜堰二中才能不断提升品质。做理想的教育，做本真的教育，本身就是一种精神，是一种教育的生存方式，也是作为教育者的道德境界。非但如此，在做的背后，我们看到作为教育者的进取、务实、自信、坚韧和灵动，这构成了董健的精神状态，并成为姜堰二中的文化基因。

董健是进取的。作为校长，他一直思考自己要把学校带向何方，并在不断的追问中清晰自己想要的学校模样。在二中主政的7年时间里，他先后组织全体教职工参与修订了两个5年规划，对学校的办学理念、品牌特色、发展目标等做了明确界定，完成了对学校未来整体性、长期性、基本性问题的思考和考量。有人对他规划中提出的“办省内外名校”的主张表示过怀疑，认为二中无论是生源还是师资力量，都无法与“一中”比肩，跻身一流犹如痴人说梦。然而，不甘在“一中”腋下生存的姜堰二中，在他的引领下，书写了“二中其实也可以一流”的神话。他常说：“尊重要靠自己去争。只要学校发展有一线的希望，就要想办法变成现实。”他在学校大门内的广场上立起一块文化石，刻上“超越”二字，并一再表明，要让“超越”成为二中的精神核心，成为二中人的品质和能力，成为学校思考问题和解决问题的着眼点。为了让“超越”成为现实，他亮出了“超越别人、超越历史、超越自己”的追求，确立了“战略上超前，战术上领先，环节上精细”的管理策略。我觉得，在姜堰二中发展的关键时期，董健提出“超越”精神，无疑是给学校发展提出了新的目标。他用奋勇当先的意识，争做第一的豪情，借助宏伟目标唤醒教育智慧和潜能，使学校实现了跨越式的发展。

董健是务实的。他的务实体现在想得现实。他懂得校长必须要头脑冷静，做清醒的管理者，在定位学校发展目标时，坚持不脱离学生、教师、学校的实际，不违背教育发展的规律，目光始终聚焦在校园里活生生的师生身上。他说，二中经不起折腾，必须避免因循守旧而丧失良机，主观臆断而决策跑偏，急功近利而留下遗憾。他的务实体现在说得朴实。校长的教育哲学、办学思想需要通过话语来表达。董健在各种场合的言说都是清一色的大实话。为了避免与一中争抢优质生源，招生时他说：“我们让开大道，占领两厢，用优惠的政策吸引更多的农村薄弱学校的学生和本市以外的优质生源，少些窝里斗”。面对二中学生基础相对薄弱的实际，他告诫老师们：“起点低一点、坡度小一点、节奏慢一点，反馈勤一点，补差及时一点”。没有高深的道理，但不乏教育智慧。他的务实体现在做得踏实。他对二中与县中的差距有清醒的认识，所以他从学生的基础行为习惯抓起，关注对学生可持续发展能力的培养，以名师工程分层推进教师的专业发展，实行备课组、学科组、中心组、专家组四位一体的业务管理模式，将教学和研究有机结合，形成金字塔式的专业管理队伍，使学校发展在战略上获得了主动。

董健是自信的。他的自信来自于学养，坚信只有读书治学才会让内心变得强大，让人更像人，所以他要求自己多染书香，少沾官气。尽管人到中年，校长工作千头万绪，他还是主动参加为期 3 个月的全国重点中学校长培训班，啃下教育管理硕士研究生学位。在他的影响带动下，学校一批教师走上了悦读之路。学校每年都邀请近 10 位省内外高校的知名专家学者来校讲学，批量选送教师走出校门、国门，住进省内名校，聆听窗外的声音。学校先后培养了 6 位教授级高级教师、5 位特级教师、4 位泰州市名教师名校长、5 位省“333 人才工程培养对象”。他的自信来自于娴熟，业内人都说他是“接地气”的校长。从普通教师、教研组长、政教主任、副校长到校长，一路走来，让他对姜堰二中的运行动态了如指掌，熟谙破解困境的关键点、超越发展的生长点、深化改革的风险点在哪里，所以在学校中层干部大换血、校内名师推选、结构工资制推行、新课程改革深度推进等“大动作”上，有效规避了矛盾，保证了学校发展战略朝着预期平稳转向。他在姜堰二中的7年，一步一个脚印，一年一个台阶，硬是靠坚韧不拔的精神把学校办成了“江苏省乃至全国最好的‘第二中学’之一”。

董健是坚韧的。他在姜堰二中做校长的7年，正是新世纪开局之时，也是教育改革开始步入“深水期”之时。面对政府对学校的领导从微观转向宏观、给政策不给对策、给思路不给出路、给方向不给方法的转变，面对多年来困扰二中发展的生源不佳、经费不足、队伍不强等实际困难，他执着于对教育理想的追求，坚信办法总比困难多，坚持在发展中解决发展的问题。生源不佳，他亲自带领招生团队到市内外的初中学校游说，即使经常遭受冷眼也不放弃；经费不足，他提出经营学校的发展理念，主动抓住普通高中生源高峰期的发展机遇，借助规模化办学，实现了学校经济效益和社会效益的双赢；队伍不强，他组织开展着眼于未来的系列化的培训，实施名师工程、青年教师学校工程和学科专家组建设工程，唱响了姜堰二中人才培养的“大风歌”，用较短的周期完成了教师群体的美丽蜕变。董健说，在二中工作的7年，几乎每一天都在和自己较量，每一天都眺望学校发展的明亮那方。

董健是灵动的。他认为开拓创新，是二中可持续发展的活力之源，只有与时俱进，才能与时代同行。当许多学校还在迷信于制度的威力时，他就开始了姜堰二中“本真文化”的追问、实践，构建了以“坚持本色，解放智慧，追求真理，学做真人”为内核的“本真教育”理念，形成了“利益共同、道德共同、学习共同、发展共同”的共同体文化，追逐“文化共创，师生共生，教育共融，教学共长，管理共谋”的美好教育愿景。他主持申报了国家级课题《本真教育：高中素质教育的校本研究》，通过继任校长陈余根和二中团队的继续努力，这项研究不仅获得国家教育部规划课题优秀奖，而且获得了江苏省基础教育教学成果特等奖。当许多学校还在满足于靠“死揪”换来的“繁荣”时，他开始了科研兴教之旅，借力高校和科研机构的智慧，借助省内兄弟学校合作平台，扩展学校的专业资源，进而铺就了姜堰二中自主的可持续发展之路。当许多学校面对信息时代还在等待观望时，他就开始谋划在校内开辟信息高速，在全省率先为教师配备了手提电脑，并致力寻求信息技术与教育、教学和管理的整合，为学校提质增效找到了新的生长点。他的灵动表现在对政策的灵活运用上。上任伊始，面临校办企业的改制，在政策允许的范围内，学校争取政府的最大支持，顺利完成了数百名工人的改制工作，保证了他们的最大利益。同样在处置校办厂土地时，通过置换、市场化运作、政府政策性减免等，新建了100多套宿舍，让教职工得到了实实在在的实惠。他的灵动表现在对司空见惯的事物总能够找到新的视角去观察，对传统的疾痼有另辟蹊径的变通，对新生事物始终用敏锐的触角去捕捉。

校长即学校。董健的精神已经成为姜堰二中整体道德价值的核心，成为教育实践活动的推动力，成为学校文化的重要表征。二中的“校内名师”评选有着鲜明的教育伦理意义，对于广大教师来说，重要的不在于获得“校内名师”的头衔，而在于享受一种受尊重的愉悦，在于一种自我实现的满足。以“校内名师”为载体所形成的校内道德生态，融入教师的工作与生活之中，成为一种巨大的人文力量。“校内名师”在自身得到发展的同时，也生成群体价值，在各学科中心组、专家组发挥着示范辐射作用，引领着学校教育道德使命的实现。二中的一体化校本教学是极富创意的本真教育行为，基于学校实际形成具有校本意义的专业生活方式，是教育有效性的追求，也是教育适切性的选择。作业的校本化、学案教案一体化等策略构成了二中本土化教育知识谱系，无疑是二中教育实践智慧的深层内涵。着眼于中等生发展搭建教育平台体现了二中人对教育的深刻理解，也是他们对学校文化的个性化诠释。重视中等生的背后是关注每一位孩子的发展与成才，是借助分层教育实现对学生个体的人文关照。正是这种基于理性的教育追求，使二中的办学有了更高远的立意，彰显出鲜明的教育文化内涵。

社会转型期的中国教育需要重构教育精神，中国教师生存与发展呼唤精神的回归。在这种背景下，董健的精神状态无疑给我们展现了一道绚丽的风景，并赋予我们无限的属于教育的想象。

董健同志现任江苏省泰州市教育局副局长，本文系作者为2006年第11期《江苏教育》“名校长·董健专题”所写的点评，收入本书时做了进一步充实。

为有源头活水来

——张德超同志的“活语文教学”

还在教育管理岗位上时，每次遇到德超我内心都有一种亲切感，因为我们都几乎教过小学、初中、高中语文全程。时间长了，慢慢体会到他与我的不一样：我“曾经是”语文老师，他却“一直是”。作为宿迁大市分管基础教育的局长，他的生活是双线结构的，他的语文没有丢，而且因为提出并实践“活语文”，愈发见到专业上的进步。于是，亲切之中又生出佩服了。

一、“活语文”教学思想的形成

中国古代文论有“知人论世”的说法，出自《孟子·万章下》：“颂其诗，读其书，不知其人，可乎？是以论其也，是尚友也。”孟子认为，文学作品和作家本人的生活思想以及时代背景有着极为密切的关系，因而只有知其人，论其世，才能客观地正确地理解和把握文学作品的思想内容。借用这个观点，理解张德超“活语文”的教学思想，也应当从回溯他的思想源流，回眸其形式过程。

向上的行走。德超提出自己的教学主张，最为根本的是他的人生姿态，他一直向前向上，借用牟宗三先生的话，他的生命是“向上翻”的，否则，生命即使不是“向下坠”，也只是安于现状，随波逐流，那语文课“教死书”“死教书”“教书死”，对于德超也不会有这么大的触动。德超刚参加工作时的学历是中师毕业，他自己说是“两低一小”，即工作低起点、文凭低学历、成长小步子。5 年小学语文教师、5 年初中语文教师、5 年高中语文教师，三个“5 年”完成中小学语文教学的实践学习，3 年专科函授、3 年本科提升、3 年党校研究生，3 个“3 年”进行专业理论的学习。一路走来，拾级而上，德超渐入佳境，日记体的《播撒阳光——学校管理手记》《点亮心灯——师生沟通手记》，考察感悟的《为孩子服务——英国教育散见随思》，读书心得《为学而教——〈学记〉学记》先后出版，在报刊发表学术论文 80 多篇；在语文教学方面的思考和实践形成课题，提出“活语文”的教学思想。因此，追根溯源，德超的“活语文”来自他内心的向上行走的渴盼，来自他内在的需求，内在的动力。正如他自己所说，人的专业成长要有自己的发动机，自动自发是人发展的第一动力。

风格的凝炼。在教育教学实践中生长出来的思想，不可能是“概念先行”的。德超做语文老师那么多年，起初肯定不是“活语文”的自觉者。但因为他“向上行走”，在语文事业上有一个明确的追求，那就是要让孩子喜欢和热爱语文，所谓“知之者不如好之者，好之者不如乐之者”，热爱是最好的老师！为了让学生热爱语文，德超就不甘平庸，想把课上得好一些。怎么叫“好”呢？德超信奉陶行知所说的：“教的法子必须根据学的法子。真正的教育者必须培养出能思考、会创造的人。”以学定教，激活创造性，这就使得课有情趣、有情味、有情致，就使得课有个性、有创意、有美感。德超曾经介绍他教《一碗阳春面》的案例，那次活动我也在现场，我和听课的老师都认为，这位张老师的课有想法、有特点、生动有趣，别开生面。可以看出，德超的课其时已是风格渐成。风格是什么？他当时未必说得清楚，但他的追求很明确：“文似看山不喜平”，上课要有自己的想法，要吸引学生，哪怕来点小创意也行。正是这样的教学风格，形成德超提炼、凝炼“活语文”的土壤。

“活教育”思想的照亮。按照杨义先生的说法，人们的阅读，如果有思想关注点，就会处于“张弦以待”的状态，一下子“他乡遇故知”，豁然开朗了，醍醐灌顶了，思想照亮了，前后贯通了。依我揣测，张德超局长相遇陈鹤琴先生的“活教育”，一定是这样的感觉。陈鹤琴先生受其老师杜威先生思想的影响，提出“活教育”的思想，其目的论是“做人，做中国人，做现代中国人（健全的身体、服务的精神、合作的态度、世界的眼光），做世界人”；方法论是“做中教，做中学，做中进步”；课程论是“大自然、大社会都是活教材”；倡导并践行整个教学法、暗示教学法、分团教学法、生活教学法，提出运用教学法的17条基本原则。德超的语文本身就是“活”的，但德超原来的“活”主要是灵活，陈鹤琴先生的“活教育”是“做活人”的教育，是通体透亮、形神兼备的“活”的教育，德超的思想让“活教育”照亮了，其内涵、品味、境界也就不一样了。

自觉的探索。正是在自身实践基础上，在陈鹤琴先生“活教育”思想的指导下，德超从自发走向自觉，于2009年形成“活语文教学研究”的课题，开始理论与实践的双重探索。在理论研究方面，德超重点关注陈鹤琴、陶行知的生活教育理论，孔子、苏格拉底的教育思想，《学记》教学思想，现代语文教育思想，新课程改革理论。特别值得一提的是，德超对《学记》进行了整体的系统的研究，并有专著出版，这些研究添就了他的理论底气。在实践方面，德超和他的团队进行“活语文”课堂教学操作策略研究，“活阅读”“活写作”教学策略研究，“活语文教学”评价体系研究。西方哲人亚里士多德说：“事业是理念和实践的生动结合体。”德超的语文事业是理论与实践双重探索而成就的。

二、“活语文”教学思想的研究与实践

迄今为止，德超及其团队对“活语文”教学思想的研究主要集中在三个方面。

其一，对“活语文”内涵的理解。德超企图借“河”的意象来说明，他认为“活语文”，就是让学生拥有一条属于自己的奔腾不息的河流，这条河“活”在源头，“活”在自净，“活”在流动，“活”在包纳，“活”在变化。他似乎对刘国正先生关注“活”的阐释很是肯定，多次引用刘国正先生的观点：语文教学之“活”是活化之“活”，语文的学习对象是活生生的整个现实世界；活跃之“活”，激发学生的主动性和积极性，使充满朝气和活力的学生活跃起来；灵活之“活”，因文而教，因人而教；生活之“活”，语文要有真切的生活味道。德超也曾梳理过辞典等工具书对“活”的释义，引证过古今中外教育家，特别是语文教学名家对“活”语文的理解。在这些借鉴、汲取的基础上，德超形成了自己的表述，他认为“活语文教学”是指在教学过程中运用活的课程、手段和方式方法激发兴趣、激活情智、促进生长、润泽生命的教学过程。

其二，形成了“1258”的“活语文教学”的体系架构。

一个源头：活教育。

两个系统：一是活教—活学—活练—活用—活评的活教学系统；二是社会—自然—学校的活课程系统。

五个特征：自动的、互动的、生动的、个性化的、生活化的。

八个要素：教学理念上，强调“活”出兴趣，“活”出质效，“活”出精彩；教学价值观上，强调促进生长，润泽生命；教学情感上，强调喜欢语文，热爱语文；教学过程上，强调激活思维，教学相长；教学方法上，强调因人而异，多样实效；教学手段上，强调得当适度，灵活实用；学习方式上，强调综合性学习，互助学习；在教学载体上，强调联接生活。

其三，切切实实的课堂实践。

这样体系架构的全部研究内容，在实验学校的课堂里，得到切切实实的落实。比如姚芹老师在“活课堂”研究中，推进课堂教学“生活化、活动化、情趣化、校本化”的改革主张，设计了具体的操作模式。徐海龙老师在“活资源”的研究中，搭建网络平台，培养学生的观察思考能力；实施新闻评点，提高学生的分析评价能力；组织办好社刊，发挥学生的创造才能；开展影视作品欣赏，培养学生的审美鉴赏力。杨海燕老师在“活写作”中努力让“习作的枝头绽满个性的花朵”，重新认识写作目标——为了儿童发展；开放习作题材选择——贴近童心生活；优化习作指导策略——注意激励、唤醒。程振理老师在“活写作”研究中，仅课内课外结合的写作训练，就有周记型、日记型、竞赛型、活动型、读后感型、积累表达型，等等，彻底打开，真正“活”起来，收到很好的成效。

三、“活语文教学”的发展

德超曾用“河”来隐喻语文学习，同样，“河”也应是“活语文教学”研究的意象。“河”或浩浩荡荡，或潺潺流淌，总是向前的，“活语文教学”研究也应当，事实上也正是向前的。

（1）加强对“活语文学习”的研究。在这一方面，德超特别敏锐。“活语文教学”研究课题结题后，课题组把“活语文”的重点从“活教”走向“活学”，申报了“‘活语文’学习理论与实践研究”的课题，并被批准为省教育科学“十二五”规划重点资助课题。课题组确定了三个研究目标：①通过文献研究，梳理“活教育”

理论中关于学生“活学”方法的论述，同时借鉴国内外语文学习理论界关于“活学”方法的论述，努力形成基于“活语文”框架下的“活”的学习理论体系；②通过实践研究，深入探索“活语文”下“活学”方法的形与质的存在、其内部规律及运用策略，总结“活语文学习”的鲜活案例，优化和完善“活语文学习”的方法、途径、策略；③通过理论与实践研究，积累总结“活语文学习”的“活方法”及其学习理论与实践经验，有效推进新课程学习方式革新，提高学生语文学习质量。从已经顺利结题的情况看，我们应该对这项研究抱有信心。

（2）深化对“活语文教学”的研究。语文界讨论“活”，主要是在教法层面。叶圣陶先生的《语文教学二十韵》有句云：“教亦多术矣，运用在乎人。”叶先生又说：“凡是能让学生得到实益的就是好教法，而不在于用什么形式。”吕淑湘先生说：“成功的教师之所以成功，是因为他把课教活了。如果说一种教学法是一把钥匙，那么，在多种教学法之上还有一把总钥匙，它的名字叫做‘活’。”刘国正先生则认为：“现在教学法的研究很盛行，是有益的。但是离开这个活字，千法万法也难以奏效。换句话说，活，也许可以算是贯事诸法的一个基本法。”德超的“活语文”也是从“活教学”起步的，现在转向“活学习”，方向是对的，但不能因之而忽视了“活教学”，即使是“活学习”在很大程度上也是依赖“活教学”的。依我拙见，“活教学”第一要强调改进学生语文学习的基本原则，如目的性原则、对象性原则、对应性原则、优势性原则、低耗性原则，等等。第二要研究必然性中的“活”，当“活”则“活”，“活”中有“实”，“活”是应然与实然的一体化。比如不同教学方法结合的内在性、“顿悟”式变换的有机性，等等。第三，要研究“活教”与“活学”的有效互动，教学方法要引发主动学习、主动探究，要引发内化，使教、学双方融为一体，教法、学法协调一致，教、学进步相互辉映。当然，这些方面德超比我思考更多，我乱出主意，只是希望这方面研究继续深入而已。

（3）用“活语文”提升语文学科的“教养”性。伽达默尔提出，人文学科都是教养的学科，而这种“教养”，并非指自然而然地生长，并非指“形成”。真正的“教养”要超越自然而然的形成，有时甚至要断绝自然的生长，从而达到一个更高层次、更高境界的发展。作为一个语文教育工作者，我读这些论述时是有震撼感的，所以提出来与德超分享、共勉。条条大路通罗马，只要是对语文教学的研究，都有可能提升语文教学的教养品质，这种“教养”

有滋养、涵养，更有提升、超越。“活”语文从隐喻的意义上说，都可以有这些特质，因此，似乎可以有更多的担当。当然，这里要探讨的问题很多，需要我们且行且思，也需要同仁们为我们共同的事业多切磋，多交流。让我们共同努力吧！

本文为《江苏教育研究》“幸福教育的样子”专栏文章。

王兆平的“这一个”

卢梭说：“上帝创造了我，然后把模子打碎掉了。”上帝对每一个人都是公平的。但是总有“自以为上帝实际上是魔鬼”的那些人，会把人的成长变成一条生产流水线，这真是人类的大悲哀！好在还有些有识之士不甘心格式化，坚守“这一个”，让这个世界多了些缤纷色彩。在知名中学的校长中，王兆平的管理哲学就是“这一个”的。

王兆平的“这一个”在于他对学校的领导，首先是一种教育思想、教育理念的领导，有了思想灯塔的导引，团队的成员才不会找不着北。管理学上有一个经典的故事，说的是石油大亨们在天堂开会，有一位去得晚，一看已没有座位，于是灵机一动，向大家报告，说在地狱里刚刚发现了新的油田，这些大亨们立马起身，一个个赶往地狱，最后连这位忽悠别人的大亨也终于相信了自己的话跟着赶往地狱了。人们把这叫做“羊群效应”。治理一所学校，从思想的领导切入，是高人一筹的。东台中学的核心办学理念是“让我们共同获得发展和成功”，这“我们”包括所有的教师、学生，也包括所有的教学管理人员、后勤人员，甚至还包括关心东台中学发展的“人们”。这“发展和成功”是立体的全方位的协调发展，绝不只是考多少分考上多少名牌大学；是动态的，着眼于学校的今天更着眼于她的明天；又是两个并列的概念，不分对象，不分时空，只要大家在各自所处的位置上、所在的层次上向前迈出一步，哪怕只是一小步，就是发展，就是成功。这种思想秉承文化传统中孔子“和乐”的教育精华，又与时俱进，体现双赢、多赢、共享、和谐的时代精神，具有很强的前瞻性、亲和力与鼓动性。

王兆平的“这一个”在于浸润着东台中学的人文精神。东台中学的校园环境是文化的，“一草一木总关情”，“每一堵墙壁都在说话”。升旗台、天道酬勤柱、夸父逐日浮雕、文化广场等“文化”景点，都有来历，有讲究，有内涵，体现了一种精神，代表了一种境界。东台中学的不少制度充满了人文关怀，恰如王兆平校长所说：“没有竞争的合作缺少发展动力，没有合作的竞争缺少人文关怀。”首席教师举措不同凡响，体现合作、和谐，引导教师敬业、精业、乐教、善教，切合苏北实际，中看实用。不仅如此，王兆平关注每一个教师的成长。“能者为师”，对年轻教师，他鼓励重用，有所能，尽其所有能。现在身处高三一线的绝大多数教师都是在他手上成长起来的年轻人，有的甚至走上了教学的领导岗位。量化出中层干部、班主任，考评出教学能手、学科带头人，推荐出先“富”起来的科研型教师，即便是基本功一般成长较慢的教师他也绝没有放弃过。教室、办公室，甚至走廊过道，只要一有机会，他总爱与他们谈课，为他们的成长指点迷津。“能者居之”，对中青年骨干，他放样子，引路子，压担子，建设高的目标平台，打造实的专业平台，构建新的评价平台，并以自身形象引领他们向名师的目标迈进。

王兆平的“这一个”在于他“用心”管理的博大情感。“用功能把事情做成，用心才能把事情做好”，王兆平在学校管理中非常注重细节，于细微处让人感动。教师病了，他无论如何都要亲自或派人探望；教师家庭有困难，他不时送上抚慰金；教师思想中有想法有顾虑，他找机会谈心，相机诱导。但是教师工作中有问题他又毫不留情地给予批评——“在骂声中成长”，这“骂”是爱之深，是责之切，是长者对后来者的殷殷深情。于是我们看到，在东台中学，教职工的工作热情始终是那样的高涨。长期以来，学校始终把“做好‘学师’，更做‘人师’”作为教师队伍建设的抓手。学校各学科代表人物身上体现出来的“用心教书育人”的朴素理念和行为是学校教师的职业素养的集中体现。他们将教书与育人有机相融、相互支撑，做学生的“解惑者”和“引路人”；“用心”与其说是一种智慧，更不如说是一种境界；与其说是付出，更不如说是一种追求，他们“用心”教书育人，其动力来源于“爱心”。教师的心目中不仅要有人，而且要有整体的人，要处处从发展、成长的角度去关注人，去做好自己的教育教学工作。同时，作为学校的管理者，眼中要有教师，要关注教师的情感体验，实行人性化管理，创设促进教师发展的良好氛围。只有教师的生命幸福和创造，才有学生全面而有个性的发展、学校和谐而可持续的发展。重视“生命性”，将使学校诸多方面焕发出生命的活力，闪耀着生命的光辉。

王兆平的“这一个”还在于学校评价体系突出针对性、过程性、实效性。这个评价体系由五个聚焦和四个分析组成，五个聚焦指分时段来聚焦有问题的班科（班级、学科），分时段聚焦有特色的班科、老师、学生，分时段聚焦新教师，分时段聚焦有反映的教师，分时段聚焦不同层次和个性的学生；四个分析是在五个聚焦基础上真正分析出问题，分析出目标，分析出措施，分析出效益。这些招数没有“花架子”，但又准又快又狠，成效显著。“思想决定境界”，面对当今学校教育所处的新的发展时期，面对新一轮课程改革和实施《国家中长期教育改革和发展规划纲要》的大背景，他又提出管理重“理”，教学重“学”，学习重“习”的崭新的管理评价理念。管理，侧重在“理”：教育做得行不行，学校办得好不好，关键是管理。管理既是即时的，又是常态的。要真正负起责任使学校的教育工作得以顺利进行，要在看似“简单”“平凡”的事情中，做出“不简单”“不平凡”的成绩，不仅要“管”到位，而且要“理”得顺，“理”得当。教学，侧重于“学”：学校教育的中心无疑是教学。陶行知先生说过，“先生的责任不在教，而在教学，在于教学生学”。新课程要求的也正是以教师为主导，以学生为主体的新“教师观”、“学生观”和“教学观”。教师的教学行为重点就是指导学生学，让学生从学会到会学以至乐学。学习，侧重于“习”：新课程要求学生构建以自主、合作、探究为特征的现代学习方式，培养实践能力和创新精神。显然，当前变革学习方式，是提升学生学习能力的重要途径。学习，不仅要即时地“学”，而且要不断地“习”。要从阅读、听讲、研究和实践中获得知识或技能，就得“学而时习之”。这一理念前所未有，为学校今后的发展指明了方向。

王兆平的“这一个”又是个性与共性的完美结合。辩证唯物论认为，个性指一事物区别于他事物的特殊性质，共性指不同事物的普遍性质。共性和个性是一切事物固有的本性，每一事物既有共性又有个性。共性决定事物的基本性质；个性揭示事物之间的差异性。个性体现并丰富着共性。王兆平在努力构建校园文化的“这一个”的同时努力在共性建设上寻求突破，追求人有我新。学校星光文学社团就是他闪亮的一张名片。从成立的第一天起，文学社就秉承学校“让我们共同获得发展和成功”的宗旨，坚持“内涵发展”“长效发展”的策略，激发学生对文学的兴趣与爱好，从多角度全面提高学生的思维能力，学生的写作能力得到坚实的提高，精神生活得到极大的丰富。文学社不仅在东台，在江苏甚至全国都产生了极为广泛的影响。

爱是人类共同的语言，是教育最原始最本真的内涵。“我们工作中哪怕极细小的一个眼神，也可能影响孩子的终身。”作为校长，他尽可能地关爱他的每一个学生。10多年来，几乎每一个特困家庭的孩子他都关心过，每个遭遇特殊变故的家庭他都关心到。年级的质量分析会上，他如数家珍的常常是那些学困生。“永无止境，永不言弃”，是做学问更是做人，而做人，对教育者而言，首先是心中有人，爱人，做学生成长的引路人。与王兆平交谈，他眉飞色舞的常常是他教育后成人成才的学生，他们当中不少已成为祖国建设的栋梁，有的已成长为行业的专家，学者，教授。

王兆平有一句名言：“不做也罢，做就要做到我的最好。”他旗帜鲜明地提出，学校的发展，在乎特色——我强；教师的发展，在乎特点——我能；学生的发展，在乎特长——我行；校长的发展，在乎特质——我先。正是追求卓越的精神，一校之长的个性色彩，与学校绵延百年的文化传统有机融合，铸就了王兆平的“这一个”。我们相信，“这一个”将和东台中学一起发展，王兆平和他的学校将会获得更大的成功。

本文系作者为2007年第1期《江苏教育》“名校长·王兆平专题”所写的点评，收入本书时做了进一步充实。

因“和”而慧

——曹慧和她的教育哲学

有人说，一名好校长可以成就一所好学校。句容市崇明小学是一所创办不足4年的学校，然而在当地却声名鹊起，广受赞誉，这缘于它有一位用心办学的校长曹慧。

人如其名，曹慧是智慧的。“智慧”本身是一与多的统一。同样可以称之为智慧，但表现形态却是多姿多彩的。曹慧则是因“致和”而智慧。“致和”正是曹慧的教育哲学。

一、“致和”的教学主张

“致和”是曹慧的数学教学主张。她在长期的实践探索中有所感悟，从中国传统文化的中庸思想得到启发，契合数学本体的某些本质特点，提出并努力实践这样的主张。教学是一门科学，也是一门艺术。无论是从科学的还是艺术的角度来看，曹慧的“致和”都极具美感：（1）适切之美。我非常赞同曹慧的认识，没有一种教学方法可以包打天下，不同学科有不同学科的特质，同一学科不同知识板块又各有特点。教学又是因人（老师、学生）而异的学问，再加上教学环境、教学条件的变化，绝不是以不变可以应万变的。什么是最好的？最合适的就是最好的。曹慧以接受学习和发现学习的整合为主轴，强调允执两端，求中致和，最本质的就是探索为孩子提供最适切的教育。（2）中和之美。诚如曹慧所言，中和是中国传统文化非常重要的思想。我最近利用暑期重读《诗经》，就看到孔子非常重视诗乐的中和之美。《关雎》说："乐而不淫，哀而不伤。"《论语集解》引孔安国的评论说："乐而不淫，哀而不伤，言其和也。"这种思想直接导致了"温柔敦厚""诗教"的建立。曹慧将教学方法"执其两端而用之"，逐步扩展到师生关系的和谐，教与学的和谐，情与智的和谐，全体与个体的和谐，因此，"中和"就不仅是一种方法，也成了一种思想，一种信念，一种氛围。因此，她的教学也多少有了一些"温柔敦厚"的意味。（3）创新之美。曹慧基于"致和"的主张，创造性地提出了教学的"中间地带"。整合也是一种创造，她的教学质朴中新意迭出。正如数学中的等号，它的一个意思是表示平衡，另一意思则意味着等价转化，意味着前进。"中间地带"不是简单的混搭，而是意味着各种教育元素有机整合而达致的一种教学新境界。

二、"致和"的管理思想

"致和"不仅是曹慧的教学主张，也是她的管理思想。2010年8月，曹慧受命于刚刚兴建的崇明小学校长一职，仅用1年时间，她和她的团队就把这所学校办成了老百姓心目中的名校，曹慧本人也因突出的成绩当选为江苏省十二次党代会代表。作为校长的曹慧，其"致和"管理很有特色：不是仅凭个人的权威和刚性的制度来管理学校，而是以尊重为前提，以"唤醒"为核心，激发师生的理想信念、道德责任，形成"和而不同、不同而和"的团队精神。第一，用共同的愿景凝聚人心。建校伊始，针对老师们来自不同的学校这一事实，曹慧在恪守尊重和包容差异的基础上，用"我们都是崇明人"来消弭彼此间的隔膜，唤醒大家的责任意识，用学校发展的共同愿景引导激励大家"向着明亮那方前行"。第二，强化共同体成员的主体意识。她在集思广益的基础上，响亮地提出"我很重要"的校训。作为学校文化内核的"我很重要"四个字，是曹慧倡导的"唤醒"文化的标识和号角，它不是强调个人主义，不是鼓励唯我独尊、以我为中心，而是引导师生认同个人生命价值的自然、社会和精神属性，唤醒每个人的生命尊严和责任担当意识，激发每一个生命的潜能蓬勃生长，使教师、学生、家长以及所有与学校教育利益相关者都以主人翁精神参与学校的建设和发展。第三，尊重每个人的生命价值。曹慧的“致和”不是追求整齐划一，抹杀个性。她深知，大千世界，丰富多样，芸芸众生，各不相同，每个人都有存在的价值，每一个人都应得到尊重。她坚持量才使用，人尽其才，才尽其用，让每个人在适合自己的岗位上展其所长，实现人生的价值，尝到被需要、被认可、被尊重的幸福之感。她坚持“没有不好，只有不同”的学生观和评价观，尊重学生个性发展的差异，倡导为每一个学生提供适合的教育，让每一个生命个体成为“最好的自己”，建构了和而不同的“崇明文化”。第四，营造“唤醒”文化生态，激活教师成长内需。曹慧十分认同李希贵的“教师第一”的观点，始终把唤醒教师的教育情怀和成长自觉作为治校理校的第一方略，积极营造“唤醒”文化，激活教师的成长之需。一是开辟崇明书架，丰盈生命底色。在教师中持之以恒地开展“崇明年读”“崇明周读”“崇明书架”三项读书活动，用书籍为教师铺垫成长的阶梯，让阅读成为教师升华心灵境界的攀登之索。二是讲述崇明故事，传递向上能量。曹慧相信“故事的力量”，在每周教职工例会上开设了“崇明故事”栏目，让不同身份的宣讲者讲述校园生活中发生的令人感动的人和事，一个个平凡而质朴的故事里，蕴含着崇高、伟大，营造了“向上、向善”的“故事场”，让广大教师产生了强烈的“趋同”心理，汇聚成校园里的正能量。三是开设崇明讲坛，展示教师才情。“崇明讲坛”是属于全体教职工的讲坛，每个有特长的教师都可以登台亮相，每个教师都可以凭借这个平台展示自我的风采。老年教师说“三国”，青年才俊话“西游”，中年教师讲“童话”，语文教师讲“国学”，英语教师谈中西文化差异，科学教师介绍养殖知识，目前讲坛又向家长、社会人士和学生邀约，可谓“老幼皆宜、兼收并蓄、个性纷呈”的“百家讲坛”。同时，她还积极筹资，为美术教师举办个人画展，替音乐教师举行个人音乐会。在这里，不仅教师找到了属于自己的专业生长平台，获得了自我价值实现的满足，感受到自己的不可替代性和可发展性，而且也丰富了学校的教育资源。四是建立崇明团队，助推专业成长。曹慧以自己的名师工作室为龙头，鼓励教师成立了语文“向日葵”团队、英语 sunflower 团队等，每一个团队成员在经验智慧共享的同时，互相唤醒，互为促进，同质互勉，异质互补，在互助中不断成长。学校市县两级学科带头人、骨干教师人数大幅增加，从 2010 年的 15 人，增加到现在的 28 名，占专任教师的 30%。五是表彰崇明人物，激发责任情怀。学校每年开展一次“感动崇明人物”年度评选活动，上榜的并非全优全能人物，有默默无闻、兢兢业业的钟点工，有臂膀骨折仍坚持刻苦学习的普通学生，有八年如一日悉心照料植物人妻子、却从未影响工作的道德楷模，有温柔贤惠、鼎力支持丈夫工作的教师家属，有建言献策、积极支持学校体育工作的学生家长，以及为改善师生生活而恪尽职守的食堂工人团队等。曹慧十分注重表彰仪式的效应，为每个受表彰的人物精心设计颁奖词，并带领全体教师温习崇明教师誓词，以激励和催生教师内心深处的道德力量和责任情怀。

三、“致和”的育人之道

《中庸》开篇指出：“天命之谓性，率性之谓道，修道之谓教。”曹慧深谙教育之道。她认为，教育者要怀有对生命的虔敬之心，要敬畏儿童，尊重儿童的天性，按照生命生长的规律施以教化，切不可急功近利，揠苗助长。由此，她提出了基于“让生命的力量蓬勃生长”的“唤醒”教育主张。这与她的“致和”教育哲学是一致的。教育是一种唤醒，而非灌输；最好的教育应该是让人看不出教育的痕迹，如同风行水上，自然成纹。曹慧和她的团队在实践中积极探索“致和”教育的实践形态，努力为学生生命的自然成长营造一方最生态的“池塘”。

（1）打造情理共生的“责任体验”活动。尽可能让孩子们在亲力亲为中获取认知、体验过程、生成情感、收获快乐。例如，他们精心设计和开展的“唤醒种子的力量”案例活动，从猜灯谜、奖种子开始，到春种、维护、开花、结籽，这一系列活动孩子们都全程参与，感受种子的成长过程，体验种子内在的生长力量，也让孩子们悟到自身成长的规律。诸如此类的体验活动还有“唤醒生命责任意识、自我养成意识、学习责任意识、关爱他人责任意识、关注生态责任意识”等系列体验活动，旨在通过体验感悟，引导学生认识自我生命，提升自我价值。

（2）倡导德智相融的“责任课堂教学”。责任课堂要求教师有良知地教学，负责任地教学，教好每门课，上好每堂课。面向全体，对每一个学生负责；目标多元，对学生的全面发展负责；立足长远，对学生的终身发展负责。教学的设计与开展都要注重生命成长规律，遵循教育教学规律，促进学生自由而有规则地生长；要求学生在教师引导下形成主动学习、对自我负责的内驱力，为增强未来服务国家、社会、人民的履责能力而自觉地学习，通过实施责任课堂，把责任的种子播进学生的心灵，把责任的素养植人学生的血液。

（3）开发知行合一的“责任实践空间”。引导学生自发组织开展“情系格桑花”

捐书助学、情系雅安“跳蚤市场”义卖活动，与特殊学校儿童“手拉手”活动，在活动中滋生同情心、爱心和社会责任感，砥砺履责能力；常年开展“太阳鸟”志愿者活动，以“我服务、我成长、我奉献、我快乐”为行动纲领，由班内到班外，由校内到校外，开展力所能及的形式多样的志愿服务活动，在实践中体验自我对他人、对社会的重要价值。

（4）构建丰富多彩的“唤醒潜能课程”。按基础拓展、兴趣探究和综合实践三大类别，依托校内外的优势资源，满足不同类别学生的兴趣爱好和成长需求，组建各类兴趣社团，开发个性化创意活动。目前学校50多个学生社团姹紫嫣红，争奇斗艳，构成校园一道亮丽的风景。每一个学生就如一粒粒种子，找到了适合自己生长的土壤、阳光和水分，在崇明园包容多元的文化浸润下，茁壮成长，竞相绽放。

（5）尝试解放个性的“多元评价改革”。面对功利主义应试文化的侵袭，曹慧一直保持着特有的教育沉静和定力。她在探寻着真教育的境界，努力为孩子们个性的解放、自由地生长寻找良方。她把改革的触角伸向了那块难啃的骨头——评价，在当地率先尝试推行免考机制。从一开始家长、社会、同行的不理解，到现在的普遍认同，免考制度正在稳妥推进。由于免考对象是学业优秀学生，对大部分学生来说，依然是遥不可及。由此，曹慧又推出了“作业免写”的举措，调动了绝大多数学生的学习热情和积极性。

为鼓励学生综合发展、个性发展，学校还制定了“学科小能人”评价标准，设立了诸如“小冰心奖”“小华罗庚奖”“小刘翔奖”“小梅兰芳奖”“小齐白石奖”等名目众多的奖项，引导学生全面发展，展示个性风采。此外，通过星级评比，激励学生自我养成、自主管理。多元评价改革，为学生的自主选择、个性发展、多元发展提供了可能。

四、“致和”的人格追求

“致和”更是曹慧的人格追求。一个教育工作者的教育哲学、教学主张，往往是性格的使然。曹慧的“致和”亦是如此。曹慧就是“致和”之人。人格的“致和”其实就是讲人格的和谐、内心的完整。这么多年来，曹慧就是努力这么做了，并且创造了自己精神世界的生动的内部景观，她“择善而固执”，始终恪守“当一个老师好”“当好一个老师”“当一个好老师”“当一个名教师”的价值取向，不慕荣华，不恋富贵，不求虚名，甘于寂寞，辛勤耕耘。古人有养气说，认为只要“配义与道”，就能养浩然之气。曹慧就是以积善养浩然之气的。她多年来不懈学习，大量读书，古今中外，广泛涉猎，融会贯通，兼之不断借助学历进修，脱产培训，系统地提升自己的学养，不断地增加底蕴和底气。她坚持“以教师为师，与学生同学”，秉持儿童立场，注重向同行学习，不断探索创新，形成了自己的教育哲学和教学风格。帕克·帕尔默认为，教学源自教师心灵，有智能、情感、精神三条通道到达教师内心景观，内心完整的教师就有了强大的力量。这些我们在曹慧身上都看到了，与她近距离接触后，你就会发现这位知识女性内敛中蕴藏着大气，柔和中透露出刚毅，随和中不乏主见，质朴中彰显灵动。曹慧的同学和我谈起她，都认为曹慧现在不得了，但当年同窗读书时并不引人注目。我想，这种“不引人注目”，是一种内心平静、蓄势的过程，也是一种“淡看云卷云舒”的人生境界。这种积淀，造就了曹慧从平常到杰出。如今看来，曹慧成功的真谛还在于她有“致和”的人格追求，在于她有了人格的完整性。曹慧因“致和”而智慧，因智慧而美丽！

本文发表于《小学教学（数学版）》2012年第11期，收入本书时做了进一步的充实。

阳春有脚行健步

——王笑梅老师的“生命语文”

走进通州实验小学美丽的校园，听王笑梅校长阐说她的“生命语文”，与笑梅团队的老师们研讨、交流、欣赏孩子在她的课堂上幸福的笑脸，时常使我想起“阳春有脚”的典故。这个典故是说古代的一位名相对老百姓非常关心，走到哪里，就把无微不至的关爱带到哪里。于是人们就赞扬他如同“阳春有脚”。在通州实小，王笑梅正似“阳春有脚”，用她的思想、情怀和智慧，给百年老校、给莘莘学子带来春天的气息，带来春天的温暖。

一、春日讯息：生命的语文

古人写梅，有“一树独先天下春”。笑梅名如其人，她所倡导的“生命语文”，传递的也是“春来了”的讯息。她认为，真正的小学语文教学，应该回到生命，唤醒、激活语文的生命；真正的生命语文，应该站在生命的高度，将幸福作为至高的教育价值，不仅指向语文知识的增长，更指向儿童生命的生长和发展，指向儿童灵魂的生长和精神的发育；真正的生命语文是推动儿童语文生命成长的语文，是亲近儿童语文生命的语文，是激活文本沉睡生命的语文，是焕发师生课堂生命光彩的语文。

笑梅这样介绍她的“生命语文”：生命语文是生活语文——字词句篇洋溢生活气息，亦是生活方式。生命语文是生态语文——倡导维护文字语言的生态，追求语言的规范、精妙、雅致、活泼与清新；倡导维护文本解读的生态，杜绝肢解和歪曲；尊重学习过程的生态，不搞揠苗助长式的速成，摒弃百鸟朝凤的喧闹，追求春风化雨、润物无声；尊重语文发展的生态，尊重语文从古老的源头流到当下的河道奔向未来大海的文脉完整。生命语文是生本语文——尊重儿童的个性，尊重儿童的差异，追求学习氛围的和谐自然，学习过程的快乐余裕，学习空间的广阔悠远，让童稚的生命纵横古今，视接万里，体味语文学习的韵味隽永，连绵不竭，让语文学习成为孩子生命本能的向往。生命语文是生趣语文——活的语文，灵动的语文，趣味的语文。生命语文崇尚自然，汲取“天人合一”的理念，将大自然当作一本活动的书，倡导打开大地之窗，在自然中体验快乐，启发心智，感受人生的美好与诗意。生命语文是生长语文——致力于儿童的生长和发展，将“幸福”作为儿童教育的终极目标，通过阅读经典，感悟文本，培养孩子向善的心向，引导他们探寻人类人文精神的亮点，致力于培养现在的和将来都健康幸福的人。

笑梅倡导将儿童应做的事变成游戏，将儿童最难的事化作嬉乐，将儿童作文变成一部童年嬉游记。她将儿童生活其间的地域江海文化化作语文学习的课程资源，精心策划“水趣”“树趣”“苇趣”“筝趣”“农趣”“捕趣”“采趣”“割趣”等多个系列的童年嬉乐活动，为孩子一生存储最宝贵而又不可再生的体验性语文资源。

她把生命语文定位为“出山语文”，她认为语文应该是开放的，如淙淙的山泉欢腾着，跳跃着，穿越山川的阻隔，扑向山外广阔的自然丛林、生活原野，在与其他溪流的汇合中壮大与深厚，活泼与清新。她推出“儿童生命语文”的“我们的一百”系列文化生活系列，尤其重视遵循儿童生命成长节律的花期阅读。她向儿童提出“读书的孩子最美丽”的阅读宣言，发出“孩子，老师在书中等你”的生命召唤，以“分一瓣书香给伙伴”为口号，积极鼓励师生之间、生生之间、亲子之间的生命互动阅读。

生命·语文，语文·生命，在她的教学主张中巧妙融合，浑然一体，就像天边共徘徊的天光云影，给人以“忽然一阵清香来，散作乾坤万里春”之感。

二、春日舞台：“我”的课堂

虽然，王笑梅身兼数职，但她的舞台主要在课堂上。“生命语文‘我’课堂”

教学模式是她在近10年的“生命化校园构建”、近5年的“生命语文”教学探索的基础上逐渐形成的。该教学模式的主旨是“尊崇儿童生命天性，激发儿童生命灵性，催生儿童生命个性”，它以对话主义哲学等理论为参照，从人本主义伦理哲学的高度把课堂还给学生，将“他者”的课堂还原为“我”的课堂，是第一人称的课堂，是最具生命活力的课堂。

第一人称的课堂是春日里的舞台。笑梅钟情于课堂教学的思考与研究，她说：“我梦想着孩子在校6年的语文学习，通过一节节‘我’课堂的熏染，让我们的孩子喜欢语文，会学语文，会自觉地学语文，能持之以恒地学习语文。”是的，“生命语文‘我’课堂”关注儿童根基性素养的培养，致力于让孩子练就语文学习的童子功，让孩子积蓄语言和精神的核能量，从小锻造孩子的记忆力、阅读力、思考力、想象力、感受力和表达力。这样的课堂，关注语文的学科性素养，将语文视作儿童生命的泉眼，将语文学科的工具性指向表达。这样的课堂是师生心灵之间的约会，弥漫着感动，充满着发现，洋溢着“默契”和“心领神会”，充盈着“怦然心动”和“此时无声胜有声”的美妙。

阳光课堂彰显着童年生命的张力。在我的眼中，笑梅“生命语文‘我’课堂”的课堂特质是六个字：好玩、打开、生长。

（1）好玩。儿童往往崇尚新异、神秘、超越、假定、幻想和游戏精神。“我”课堂就是从儿童的审美理解入手，追求课堂内容的新鲜感。就像跟孩子玩游戏，如果每次玩新的游戏，孩子就愿意玩，玩得乐此不疲。由此可以看出，“我”课堂教学是站在儿童的角度，看看哪些语言是适合儿童发展目标的语言，捕捉这样的语言，推敲这样的语言，悟其意，品其神，给孩子陌生感的教学，才会让孩子觉得好玩。好玩还表现在这样的课堂值得玩味：学习的内容值得反复玩味，值得品味。王笑梅如是说：“语文的文本解读要具有自己独有的味道和感觉，有层次，有深度，有高度，才对儿童具有吸引力，有利于促进学生思维的发展。同时要有一定的难度，要跳一跳，摘到果子，才能达到学生的最近发展区。”由此可以发现，在“我”课堂中，教师的教“高于”学生的学。这样的“高”，不是知识，不是技能，而是理念、文化、智慧，而且在适当的时候是以智慧的方式，引领和提升学生。

（2）打开。这是一种理想的课堂状态。课堂上，师生彼此打开，情感打开，思维打开，胸襟打开，想象打开……尽情释放，全然接纳。课堂上，把文本的空白点打开，把通往世界的窗口打开，把通向自然的窗口打开。打开，才可以拥抱；

打开，才可以进驻；打开，才可以停留。打开，才可以视接千里，纵横古今。

（3）生长。每个儿童都有自身的前理解结构。“我”课堂倡导的阅读教学，就是引领这样的前理解去参与理解并形成新的前理解结构，引领在儿童原有理解的基础上深入理解。这样的课堂学习具有挑战性，是一种被引导的创造，学生可以自由地深度参与，获得生长，体验生长，快乐生长。是的，生长的课堂中要拥有许多可以沉淀下来的，能让儿童自我感受到成长、听到拔节声响的元素。

曾有机会听笑梅执教《父亲、树林和鸟》一课，切身体验到“‘我’课堂”的魅力。教学中笑梅充分以孩子为主体，通过“我发现”“我感悟”“我欣赏”“我表达”等教学板块展开，让孩子主动地学、互动地学，循着“发现寻常的文字中包含的细腻情感”这一路径，和孩子们一起读，一起思，一起感，让文本所蕴含的丰富的情、理、意、趣，活化在儿童面前，让文字一步步、一层层、一点点地贴近儿童的心坎，达到文字与儿童的心灵融为一体。孩子感悟到“喜欢就是不惊动、不打扰”“喜欢就是了解它、知道它”“喜欢就是牵挂它、担心它”“喜欢就是快活着它的快活”，进而孩子们明白“只有深刻地爱自然万物才是真正的爱”，“爱就是在爱中满足”。

在课堂中，笑梅还非常注重激活学生语言表达的欲望，通过多媒体播放的鸟叫声和老师情境化的语言，打开学生的生活库藏，强化他们的体验，孩子们快乐着小鸟的快乐，快乐着树林的快乐，快乐着父亲的快乐，在快乐的氛围里，孩子们畅所欲言。在自由表达之后，王笑梅又让学生进行角色扮演，进一步体会快活背后的原因，创作小诗。因为有趣，因为好玩，所以，孩子们天马行空地想，无拘无束地说，每句诗行都闪烁着童心的光辉。到此，教学没有停步，王笑梅继续让孩子分享小诗，同时以《小鸟·树林·父亲》组诗的形式配乐呈现，在音乐的渲染下，孩子的表达欲望更加强烈。小诗的创作、组诗的呈现，既无痕渗透了诗歌的多种形式，同时也强化了父亲、树林、鸟三者之间的联系。在整个课堂中，我看到儿童的学习充满着“挑战性的欲望”，孩子知识的充实伴随着情感的升华，孩子语言的学习和思维的训练伴随着审美活动。整个教学犹如一首清新、淡雅的小诗，课堂上流淌着，也弥散着对生命的呵护与尊重。

“闲云无定，阳春有脚。”美好的教学艺术，有如有脚的阳春，潜入了儿童的生命空间，抵达了儿童心灵的秘密花园，让我们感受到孩子语言生命的生长，语文能力的提高。

三、春日田园：生命的林子

一花独放不是春，万紫千红春满园。笑梅深知，教育不是一个人的事业，团队的成功才是一个校长最大的成功。以女性校长的视野，笑梅提出“管理若水”的治校理念，倡导学校管理应像水一样包容生命，滋润生命，涤荡生命，推动生命，激扬生命，提升生命。“做教师成长路上的校长”是她的管理哲学。为此，她构建了“校长，做学校首席学习官；领导班子——做学习的先行者；全体老师——让学习成为我们的习惯”的校园学习理论，探索出“让学习拓展教师的生命视野，让实践充实教师的生命体验，让反思提炼教师的生命智慧，让成功提升教师的生命价值”的教师成长路径。

在笑梅的心中，教师是最重要的！一个个教师都被作为具体的、鲜活的、无法替代的人而存在着，享受着属于自己的那一缕阳光，并用阳光的心态呵护教育的阳光，用生命生成的教育润泽生命。王笑梅尊重教师的智能结构和专业成长差异，运用多元发展性评价，“人人发展”，“发展人人”，把教师放到最适合自己成长的岗位上，帮助教师策划成长，点燃激情，快乐工作。她引领教师努力成为教育领域的孤本，做自己的“第一”，做学校的“第一”，最终成为学校的“唯一”；教师群体也由“少数人的胜利”变为“所有努力者的胜利”。她引领教师从“小工作”的狭隘中走入“大事业”的广博，从“小生活”的院落中走向“大人生”的旷野，去发现、创造，并放大、延续职业的感动，让感动生成的激情浸润今后的工作。她给教师“多一份自由，多一份收获”“多一份宽容，多一份期待”，强调“展示成就”与“改进激励”整合的评价功能，突出“综合素质”与“个体差异”统一的评价内容，实行“自我评价”与“协同评价”共生的评价手段，唤醒教师沉睡的能量，激发出自我发展的内在需求与可能，努力成长为“最好的自己”。王笑梅和她的老师们都是长大的儿童，他们“修心”，修炼对生活、对世界的欣赏和热爱；他们“全线阅读修文心”，读“功利”的书籍以解决困惑，读“无用”的书籍以丰富积淀，用“读书”来充盈并舒展心灵，树立笑对人生的境遇观；他们向孩子学嬉乐的传统游戏、学新潮的时代语言，学纯真的善良心智，学无欲的人生之道；他们尊重孩子的人格，体验孩子的处境，谅解孩子的幼稚，呵护孩子的童心，使孩子感受到生命的存在，获得欣慰、幸福的体验，得到健康、全面的发展……

笑梅向我介绍了一组数据："十一五"期间，通州区实验小学一所学校承担了5项省规划课题，其中两项为省重点资助；"十二五"期间，又有5项课题申报成功；参加江苏省"教海探航"征文比赛，该校连续5届获省"教海探航"优秀团队奖；2009年，应《江苏教育》编辑部之邀，王笑梅策划并组织一组文章，主题为"走向学科综合"。她没有请校外的专家、名师，而是在校内组织了一批教师，形成了10多篇专题论文，发表于《江苏教育》教学版，随即被《人大复印资料·中小学教学》全组刊载，在学术界引起很大反响……

对于王笑梅团队的抱团成长，我很是好奇。我试着在和老师们的交流中寻找答案。在实验小学，王笑梅除了拥有全校教师这个大团队以外，还拥有一个小团队——"王笑梅名师工作室"。2011年9月，作为南通市首批中青年名师工作室，王笑梅挑选了8名中青年语文教师作为工作室的首批成员，编制了工作室发展目标和工作室章程，制订了工作室年度活动计划，为每个成员量身定制了发展目标。工作室遵循"和而不同"的原则，采用周日磨课、个人书摘、文化讲坛、专题研究、课程开发、专家会诊等方式，将每个人的智慧彰显为可描述的语言文字和可资借鉴的思想经验，转化为整体的实践。"王笑梅们"开展的是"草根化"的基础研究，他们深入"推门课"制度，坚持"小团体"沙龙，正常"个人公开课"，切实解决语文教学中的实际问题，提升教学效率，实现教学价值。

一个老师的成长要有自己的觉察，一个团队的成长就是在不断的交流碰撞中产生新的觉察。任何共同体的前提是个体充分的自由，只有保持各自的独立性与个性，才能实现生命与生命的相互映照，王笑梅工作室团队很好地做到了。提到自己的团队，笑梅的脸上总是洋溢着自信的微笑："在我的团队里，每个人都很重要，但没有人绝对重要。大家拥有共同的爱好、相同的兴趣、共同的人生，情感相融、行为一致，精神愉悦，心朝着同一个方向眺望，梦朝着同一个方向创造。"是的，在"王笑梅工作室"中，她只是努力发挥领衔人的示范、辐射、指导、引领作用。

工作室的成员们充分利用群体智慧和协作思维的超群力量，实现了个体与群体的共同发展，把工作室建设成了"一个钟情于学术成长的绿色团队，一个以研究语文教育为使命的思想者俱乐部"。4年多来，工作室成员开展了"王笑梅工作室暨希望的田野教学展示活动""通派语文名师课堂教学展示活动""江海诗情——著名语文特级教师课堂教学展示活动”“王笑梅生命语文展示活动”……听课者几千人次。他们去淮安送教，与各地名师工作室交流研讨，将课堂送到乡镇教学协作区，为来自玉树、绵阳震区的老师献教，2012 年 3 月，“王笑梅工作室东莞阳光五小工作站”在广东成立……王笑梅工作室努力着，也收获着。工作室成员不知不觉中在发生着思想的裂变，实现着生命的蜕变。如今，这个团队已经不是简单的个体叠加，而是成倍激增，实现了“1+1 ＞ 2n”的效果。他们连续两届代表南通参加省语文教师素养、基本功大赛摘金夺银，多人获得全国、省级各类赛课一等奖，每年在《人民教育》等刊物发表论文 100 余篇。工作室抱团快速成长，被外界誉为“通州实小现象”。

王笑梅工作室在享受着团队成长快乐的同时，也把阳光传递给全体教师。实验小学成立了多个“校内”“校际”团队，如“探航论文写作智囊团”“课堂竞赛工作坊”“童年写真校本教材编写组”“课堂模式研修中心”“课堂诊断协进会”“七彩校园活动创意群”等，这些团队的责任人或核心成员多为工作室成员。这也验证了王笑梅常挂在嘴边的一句话：“一个人，可以走得很快；一群人，可以走得很远。”

德国诗人荷尔德林有一句名诗：“人，诗意地栖居在大地上。”在通州实小，我发现这里的教师充满着阳光的热情、生命的价值。他们诗意地栖居在“生命林子”的春日里，蓬勃、灿烂。“一个校长就是一所学校”，这也许有些夸大，但王笑梅的成长在一定程度上确实决定着教师的成长和学校的发展。在通州实小这片生机盎然的生命之林中，王笑梅是教师可持续发展的助力器，她总能够给别人带来春天的气息，带来属于春天的温暖。

阳春有脚行健步。王笑梅以个人的学术发展带动教师群体共生同长，从建立“学术个体”到构建“学术圈”到形成“学术场”，她收获着一个教育人的诗意与美好。

阳春有脚，幸福无边。

本文为《江苏教育研究》“幸福教育的样子”专栏文章。

做麦田的守望者
——沈茂德校长的人生境界

美国作家塞林格的青史留名，在于他创作了唯一的长篇小说《麦田守望者》，在作品里，主人公霍尔顿在和妹妹对话时说自己将来要做一个麦田的守望者：几千几万孩子在麦田里玩，只有我一个成年人在那里，我的任务就是守望，如果孩子们跑到悬崖边，我就把他捉住。在我熟悉的校长、老师中，我相信天一中学沈茂德校长是超级喜欢这部小说的，因为我听到沈校长多次宣言式的表白：我要做一个麦田的守望者！

守住心中的那座山。曾有几次和沈校长谈起“心中的山”，概而言之，茂德校长想要表达的有三层意思：第一，他的“麦田”，亦可以称作“一座山”，那是他的理想，他的希望。沈校长说自己最喜欢的一句话，是作家刘墉说的：“你可以一辈子不登山，但你心中一定要有座山，它可以使你总有一个奋斗的方向，它使你任何一刻抬起头来，都能看到自己的希望。”人们说他是一个理想主义者，确实是直抵他内心的。第二，他的“守望”在于用最适合的方式发展学生的个性，为学生打开各种积极的可能性。他说自己心中的大山是：“让每个孩子的个性和特长得到最大限度的发展，让每个学子在校园里享受成功的喜欢，走出学校成为社会的栋梁。”恰如他在笔记中记载的英国惠灵顿校长说过的一句话：“学校的成功，最关键的大约就在于尊重学生的个性，支持他们完成梦想。”第三，让师生（包括自己）心中不断生成新的“大山”，都有一块守望的“麦田”。沈校长非常欣赏美国托马斯·杰克逊理科高中校长伊万·格雷泽博士在世界知名校长论坛上的致词：“教育工作者是最幸运的人，因为在校园里每天可以看到梦想，因为为师者每天要学习，因为教育在培育着想法，培育着创造，因为教育在改变着未来。”沈校长自觉地担负起这样的职责，在引导师生创造新的梦想，在创造新的自我。正是这样，我们在天一中学看到，“只要有利于孩子的发展，就要尽最大的努力”。为了所有学生的视野拓展，沈校长想尽方法，推进天一中学的“名人课堂”，近年来，诺贝尔医学奖获得者布鲁斯·博伊特勒教授、中国科学技术大学杜江峰教授、搜狐张朝阳、神六副总指挥秦文波等近100位知名人士陆续走进了天一。为了给特长学生提供发展平台，沈校长还想方设法为学生联系高校、高新企业，开设了大学先修课程，创建了社会实践基地，在江苏率先为科技特长生专门配置了13个创新实验室。对于有个性化发展需求的学生，尽量予以个性化帮助。从“聚焦课堂”到“拔尖学生培养”，许多教育实践在省内乃至全国都产生了一定的影响，其中，创新人才早期培养项目获省基础教育教学成果特等奖。

守住脚下的大地。他的情感寓于天一校园。说起自己的学校，他的眼里马上会放光，他的整个身心都与天一的校园融为一体。他每天工作14个小时以上，几乎没有节假日，也没有一般人的娱乐休闲，在校园里转上几圈是他最大的休闲。他的动力来自天一校园。在与我的交流中，他曾强调：“我们都以为热量来自太阳，其实脚下的大地才是热量的源泉。”在他看来，心灵深处最骄傲和欣慰的，是拥有一大批圣母般的伟大同事。他们总是关注着孩子：孩子小的时候他们抱着，大一点的时候依偎着，更大一点时他们注视着。好教师对孩子的姿态应该是：抱着、牵着、注视着。在天一的校园里，正是这样的老师真实地关爱、引导着孩子们。所谓真实，就是他们能真心实意，始终如一地走近学生，走进学生每一天的生活中，敏感学生成长中的每一点困难，敏感学生尚存在的每一种尚不够完善的良好习惯，及时地予以阳光播撒、雨露滋润。所谓关爱，他们更是深度关注着孩子们每一天的成长过程，敏感着孩子们成长过程中的“原素缺失”，及时予以补充和引导。他的智慧来自天一校园。他始终认为，一个人的力量有限的，只有广泛听取群众意见，才能有更科学的决策。学校现在有教代会、学校理事会、家长委员会、行政干部周报表、校长小助理、校园网咨询平台、校长信箱等多种沟通渠道。2012年，绩效工资改革，沈校长主持制订“绩效工资方案”时，曾找了全校100多名教师面谈，在全校经过七上七下的反复酝酿，正式实施时，矛盾就很小很小。每天，他总会到各个办公室转一圈，了解一些情况，解决一些问题；每周，他都有计划地找十几位教师谈心，倾听老师对学校工作的意见；每学期学校邀请至少10多名知名专家学者来校开办讲座，提供机会让教师“重回大学”，帮助教师专业成长。但他并非一个狭隘的校长，为了天一，他又常常走出天一，甚至走向国外。“有视野才有境界。”“人的境界，决定于他的视野，当我们学习的能力越强，我们延伸的活动半径越长，我们完善自己的可能性就越大。”他多次走出了国门，一边用照相机拍下自己的所见，一边用笔记下自己的所思、所感。回来后，他又开始吸纳与鉴别，他知道，“在教育改革中，绝对不会是一种模式取代另一种模式，而应该是相互借鉴，取长补短的问题”。视天一为家，视天一学子为自己的孩子，他对自己的要求是：只要孩子在学校，我就必须在学校，晨钟暮鼓，伴随孩子学习、生活。

守住宁静的心田。一身正气守护本真。茂德校长常常引用艾青先生的句子，“为什么我的眼里常含泪水？因为我对这片土地爱得深沉。”热爱孩子，喜欢与纯洁的孩子在一起生活，真爱平静的校园生活，喜欢读书写作，已成为他的生活方式。“敬业奉献、崇尚科学、追求卓越”的“天一精神”也已成为无锡颇有影响的行业精神。抛却功利探索本原。“守住教育的事业。”“教育究竟是什么？”“学校因谁而美丽？”“学习的本义是什么？”“幸福究竟是什么？”……在长期的实践探索和深深的思考后，他开始回到这些本原的问题，当我们逐渐迷失于烦琐的事务或急功近利的时候，他清晰地认识到：“我们是不是更应该为每一个教师的发展提供尽可能多的条件和机会，为每一个学生个性特长的发展提供最大的可能和帮助？当他们的个性与心灵得到舒展与释放，当他们的生命力奔涌而出，当成批的优秀学生、品牌教师出现时，我们才能真正说，学校如此美丽。”提升境界诗意栖居。宁静的心田，在于超越，在于淡泊，在于坚韧，他和老师们共勉：师者要有境界，要远离庸俗，远离低级趣味，“耐得住寂寞，才有文化的探索和精神的丰富”。他自己选择工作、学习和写作作为基本的生活方式，海德格尔所推崇的“诗意地栖居”，他深以为然。于是，人们看到沈茂德那里，看到天一的校园里，一种新的人生境界在升腾。

本文为《江苏教育研究》“幸福教育的样子”专栏文章。

永不褪色的理想

——柳袁照校长对“诗性教育”的探寻

苏州十中我来过多次，这是我在这个礼堂的第二次讲演。第一次讲演已经被柳校长收在他的《我在“最中国”的学校》里作为序了。我愿意借这个机会，再次谈谈我对这所学校、对振华精神、对柳袁照校长诗性教育的认识和理解。

这所学校的前身是振华女校，由王谢长达女士于1906年创立，可能，在今天看来，“振华”两个字是相当平常的。不过放在100年以前，在那个风雨如晦的年代里，国家受到帝国主义国家的侵略即将沦亡的时候，几个苏州的弱女子营建一所女子学校，从办学入手，改变女子的命运，让下一代女性摆脱愚昧，掌握现代科学文化知识，担起中华民族伟大复兴的重担，默默地把自己的青春、精力、家业都放进去了，母业女继，绵亘至今，这是对于自己生身祖国何等无私的奉献。

感召于王谢长达的精神，当时许多社会知名人士如蔡元培、章太炎、周诒春、李根源、俞庆棠、竺可桢、叶楚伧、贝时璋、王佩诤、孟宪承、陈礼江……都纷纷鼎力相助，担任学校董事。蔡元培先生更是经常亲临学校，或磋商办学大事，或是讲学。

我们在他们身上看到的正是那一辈人“奋斗的历程”和“永不褪色的理想”。“勤勤恳恳，心力憔悴，满怀理想，成绩昭著”，也许这就是那一辈人的“担当”。“他们的人格往往比旧时代的人物更伟大，思想更透辟，知识更丰富，气象更开阔，行为更豪放，人格更崇高……他们的人格都可以上比一切时代的圣贤，不但没有愧色，往往超越前人”，胡适如是说。

回首百年，觉得振华的创办者们留给我们最为珍贵的、具有永久价值的，不仅仅是那些有形的文化留存，更是融入从振华办学伊始就具有，到以后的苏州女子中学、江苏师范学院附中直到如今的苏州市第十中学的每个人血脉中的振华精神，一种爱国精神、自立的人格精神、献身公众的精神、生生不已的自强精神。前贤们在振华讲坛上的每一句演讲，都足以让我们唏嘘不已，感怀良多！

百年的岁月在这所古典园林式的学府浸润沉淀：这里，每一寸土地都能演绎出一段或婉转或刚毅的故事，每一块石刻都能诉说一段或熟悉或隐密的历史，每一段时间每一处回忆都是最珍贵的典藏。而所有这一切，最可宝贵的是在这片神圣土地上所形成的学校文化精神——“倾听天籁”“质朴大气”“真水无香”。

往教育家这个高度走，要想成长为一个教育家，或者要实践教育家的理想，很重要的就是要思考我们的学校是一个什么地方。我曾经把《圣经》里的一句话送给柳校长和在座的一些校长。《圣经》里说，上帝要给亚伯拉罕及其后代一块土地，这块土地有一个什么特征呢？要到处流淌着奶和蜜。我想，学校就应该成为到处流淌着奶和蜜的地方。

我以为，“奶”主要是指知性教育，知识的教育。“蜜”主要是指“诗性教育”。柳校长的努力，就是努力把学校建成为了一个到处流淌着“奶”和“蜜”的地方。

什么是诗性教育？柳校长有基于他自己体验的个性化的表述，专家们也有基于理性的深刻阐述。每一次到十中，每一次碰到柳校长，甚至每一次接到他的电话，在谈到他的学校、谈到诗性教育的时候，我最先想到的是俄罗斯文学批评家别林斯基的一段评价普希金抒情诗的话，讲了他对诗意的理解、对诗性的理解。别林斯基认为，普希金的抒情诗充满诗意的全部奥秘，在于他的诗篇里洋溢着对生活的微笑，并且为他的思想、精神找到的最好的表达形式，因此，这些诗为俄罗斯的青年们喜爱，俄罗斯的青年们从中受到鼓舞，看到光明的未来。在我看来，别林斯基这句话讲诗意、讲诗性非常到位，用在教育上也非常合适。他阐述的三个元素值得我们去思考。

第一个元素，诗性、诗意最重要的是什么？最基本的是什么？是一种时代精神，是一种理想的表述。教育的诗意最重要的就是对教育理想的一种追求，这也就是柳袁照教育思想里强调的“超然”。

柳袁照认为，“超然”就是要让学校教育既洋溢“大气、质朴”的文化气息，又呈现“朴实、平实”的本真气色，同时营造“和谐、向上”的发展气势。在现实的土壤上，历史与未来、教育与文化浑然一体。在文化教育传统中，汲取具有永恒之美的智慧精髓，重塑极具包容性又不失中国风范的当代中国教育的精神和风采，即把自己的教育理想融入中华民族的教育理想之中，在学校微观的领域内实现我们民族的宏大教育理想。构建诗意的校园、课堂和课程，让师生诗意地过一种教育的日常生活，诗意地做老师、诗意地做学生。

第二个元素，就是别林斯基强调的普希金对生活的微笑。正如布封论及的“风格即人”，正如中国传统文化的一句话“文如其人”。任何形成思想、风格的人，都是把自己的人格化在了他的风格之中。这种“生活的微笑”，反映了普希金本身是一个乐观的、豁达的、向上的、积极的、开朗的人。这样伟大的人格，从“文如其人”“风格即人”的角度来讲，与柳校长强调的“本真”，特别是用理想教育培养理想的学生达到的一种更高层次的“本真”，是相通的。

教育只有遵循人的最真实最自然的生命本意，去发现和开掘每一个学生生命最绚烂的也是最初的辉煌，让孩子们从此带着满身的阳光与信心，带着对世界的真善美的追求走向人生，不至于在这个纷繁的世界里流离失所。真正美丽的事物，一定包含天然本色的元素，对事物本色的探索过程，正是人类从自然本真中获得丰富体验和至美享受的过程。

第三个元素，要为内容找到一个最适合的表达形式。普希金的理想、人格的表达形式是政治抒情诗，柳校长的思想、精神的表达形式就是“唯美”的诗意，就是我们今天看到的这幅织成了的图景，一幅古典与现代的双面绣。徜徉于如诗如画的十中校园，流连于诗意盎然的十中课堂，感动于诗情澎湃的十中师生，真是“唯美”如斯，叹为观止。

苏州十中的诗性教育是本真、唯美、超然的教育，它是以诗歌教育、诗歌课程为突破口与载体的改革实践。诗性教育是对学校百年办学文化的自然升华，是对当下学校教学，乃至整个教育现实的理性反思，更是对教育理想的执着追求。在功利教育、机械教学大行其道的当下，它旨在激发师生的诗性，关注学生的生命成长，消解应试教育的负面影响，实现“传承优秀文化，培养创新人才”的教育使命。

构建诗性的课程与课堂着眼于追求回归教育的本质，回归教学的本源，回归和传承中国优秀的传统文化，通过日常的课程实施与课堂教学，把当下的学校教育教学从机械的制造层面引向自由的创造层面。它着眼于还原教育的精神底气和文化根基，通过教育教学的返璞归真和对教育价值体系的再构，促进办学质量的全面提升。它立足于学校的小天地，以大境界、大胸怀办学，从而实现“以学校的每一天成就每一个师生的本色人生”的育人目标。

我非常愿意用“柳园”来表达振华和十中。我希望柳袁照的柳园夕照不息，让我们总看到斑斓、看到成熟、看到古典、看到韵致、看到气韵生动、看到真水无香。这是一幅多美的、多么令人陶醉的图景啊！今天我们就可以在柳园留下一照。我想孩子们也会把柳园一照作为一个永久的、美好的回忆。这个图景还在发展，还在生长，还会有新的版本。如果以后我再来苏州十中发表我的第三次关于对柳袁照认识的讲演，那么题目就叫做《“柳园”的味道》。

本文系作者在柳袁照教育思想研讨会上的讲话，曾摘要在《江苏教育报》发表，收入本书时做了进一步充实。

宁静之美

——吴红华老师印象侧记

吴红华校长给我的印象，总是轻轻地说，静静地听，浅浅地笑。淡雅纯净，淡泊明志，透现着宁静之美。

宁静之美是一种学养的美。哲人说，半杯水晃来晃去，仍能一目了然；湛蓝色的海水波纹不惊，也是难测深浅。宁静是与底气、内蕴紧密联系的。吴红华是一位安静的教师、校长，除了开会、出差外，她总在校园里，总在课堂上，不是在自己的课堂，就是在别人的课堂，静守着课堂这方小天地，在教育这块沃土上悉心播种，辛勤耕耘。她的宁静是与“三更灯火五更鸡”式的勤读苦学相关，是与长期的教学积累相关。从上世纪90年代开始，她致力于“走向智慧，打造本真的课堂教学研究”，形成了独特的教学智慧的课堂结构：“自主—合作—创新”，旨在教师的启发和帮助下，突出学生主体地位，以学生活动为主线组织教学过程的课堂结构，通过增加个体主动活动机会，发挥小组、班级群体功能，让学生先后进行自主学习、生际合作学习、师生对话交流，来进行语言文字训练，进而培养学生的创新意识与创造能力；归纳出了课堂教学智慧的十种表现方式：沟通的智慧、点火的智慧、等待的智慧、指路的智慧、解围的智慧、曲说的智慧、传球的智慧、引谬的智慧、放弃的智慧、捕捉的智慧。她的教学成果收入了江苏省《著名特级教师教学思想录》。她任校长10年间仍然坚持上课，在校内上了100多节公开课、研讨课，听课笔记写了50多本。在某种意义上，这种宁静之美就是知识之美、内涵之美。

宁静之美是一种性情的美。罗丹说，在艺术中，有“性格”的作品，才是美的。按照朱光潜的观点，人生本来就是自我创造的过程，人生就是自我创作，就是一部作品。吴红华校长的宁静，是一种优雅，远离尘嚣和喧哗，从容、淡定，不刻意，但匠心独运，从不随意；有追求，但决不强求，毁誉由人，荣辱不惊，熔铸成宁静的心态、执着的精神、沉静的性格，形成了独特的人格魅力。

工作中，吴红华校长真诚而坦荡，热情而宽厚，是可以亲近、可以信赖的朋友，跟她一起工作，顺心、舒心，虽苦犹乐。她用如花的心境、如发的细心带领师生一起打造花园式、人文化的生态校园，大到学校发展规划，小到师生冷热琐碎，她总是以女性特有的细腻，想到细微处，做到精致处，“让优秀成为习惯，尽量不让每件事留下缺憾”。

生活中，吴红华校长充满活力、有情趣、会生活。她心态年轻，休息时爱逛街、上网，保持对时尚的近距离欣赏；她热爱生活，喜欢研究美食；她细致温柔，努力用行动诠释家庭中的各种角色。

这些，都源于她的责任感，她对学生的慈爱，对老师的关爱，对学校的热爱，对家庭的挚爱，与她提出的“爱与责任同行”相呼应。这自然使我们想起罗丹的一段阐述：“美只有一种，即显示真实的美。当一个真理，一个深刻的思想，一种强烈的感情，闪耀在某一文字或艺术作品中，一种文体，色彩与素描，就一定是卓越的；显然只有反映了真实，才能获得这样的优越性。”

宁静之美是一种智慧的美。“以人为本，以章导行”，注意倾听老师和学生内心的声音，让管理基于心灵的沟通，这是一种智慧；价值引领，以精神凝聚人心，让办学的目标得到广泛的认同，在学校发展愿景上形成共识，这是一种智慧；设计各种PK赛：同一篇课文在不同班级轮着上的自我PK，特级教师与青年教师同课异构PK，所有中层以上的干部包括没有上过课的总务主任的新课程观摩课PK，每年一度的年级教师赛课PK，35周岁以上的没有任何学科荣誉的中老年教师会课PK……激发成长动力，裹挟老师前进，推进各个层面的教师均衡发展，这是一种智慧；致力于教师团队的建设，“为每一位师生的最优发展服务”，精心策划人人皆有机会的“抽签上课”、面向各个学科的“学科擂台赛”，把十周年校庆与“金秋之约”大型学术活动完美结合，把全省20多位专家、特级教师请来举办高品位的“智慧教育”论坛活动，一石激起千层浪，则更是一种大气度、大智慧。

宁静终能致远。吴红华校长的“宁静”，性情的优雅，学术的专注，管理的智慧都淡化成一种背景，成为她的一个文化标识，这种美景更具有打动人心的力量。

本文系作者为2007年第6期《江苏教育》“名校长·吴红华专题”所写的点评，收入本书时做了进一步充实。

言语主题研究的启迪

——黄艳梅老师的作文教学

作文教学，一直是个老大难问题。一茬一茬的学子都在嚷嚷：作文作文，作得头疼。语文教学效率低，最突出的例子也是学生的写作能力见效较慢。面对这种状况怎么办？似乎应当重温陶行知先生的名言——行动是思想的老祖宗。陶先生说："路走不通才觉有困难，走不通而不觉得困难，这是庸人；连脚都没动而心里却虚造出万千困难，这是妄人；走不通而感觉有困难便要解决这困难，不到困难解决不止，这是科学家。"令人十分高兴的是，在语文教育界，我们经常会遇见一些想做"科学家"的同行，黄艳梅老师就是其中的一位，她和同事们多年执着于此，以言语主题统领，教、读、写联动，力求创造作文教学的新天地，且从语文学科教学改革的这一突破上，彰显出学校文化建设的鲜明特色。他们的行动正在生成自己思想的过程中，已经形成对于我们富有启迪的特点。

一、意义性

黄艳梅说，她会经常想起我讲的那则《圣经》故事，她希望学校哪怕有那么一点点"奶和蜜"的味道也好。作为校长，她和她的团队一直在这方面努力。文化是教育的血脉，文化是学校的灵魂，人民小学以一种文化自觉引领学校的文化建设，引领学校的特色发展。这是一所有着70多年办学历程的学校，基于学校"和"

的文化基因，他们明晰自己的文化主张，从“和文化”到“和乐文化”到“和乐人生教育”，每一段历程，就是一次体认与扬弃，就是一次突围与超越，他们在历史与现实的语境中探求着，在个体发展与社会需求的教育理想中寻觅着。“和乐致远”的学校精神指的是在平和安适、自由快乐中达至远方，其包含三层意义：自由快乐、关系和谐的乐观精神，脚踏实地、持之以恒的务实精神，追求理想、不断探索的超越精神。“和乐人生”就是一种自立向上、好学力行、悦己纳人、从容致远的人生，是价值、行为、情绪及态度臻于完满的生活历程。“和乐人生教育”是黄艳梅们秉持的教育哲学，是学校的核心价值，旨在给予学生乃至教师一种整体性的、关乎人生价值、人生态度、人生作为以及人生修养的教育范式。她大气而舒展，直抵生命本真，是完满人格培养的道德教育，是和谐关系构建的自然教育，是积极快乐体验的生活教育，更是持续健康成长的终身教育。“和乐人生教育”是人民小学对于素质教育理念深入理解基础上的创新诠释，是贴合学校实际，并能满足师生需要的关于素质教育的自我表达，是学校可持续发展的动力源泉。提炼，转化，构建，提升，人民小学精心培育学校文化，以此引领教师、学生、学校发展。这也是他们行动的最根本的意义所在！

难能可贵的是，黄艳梅的“和乐人生”理念更多的是以课程和教学来表达的，仅从言语主题系列看，她的这种努力是用心的、持续的、卓有成效的。石中英先生说过：“任何教学改革的深化与教育知识的创新都可以从历史上或现实中所蕴涵的‘人的形象’的反思与重塑开始。”黄艳梅正是不满意传统语文课程教学特别是作文教学的现状，正是努力遵循学生身心发展与母语学习的规律，正是着意培育学生语文素养特别是作文能力，正是力求摆脱教作文和写作文的被动态势，提出了一系列的构想，力求见文又见人，并在初步的实践中尝到了甜头。他们的努力，他们的思想，他们初步建立的体系，其背后，其前方，都是“人的形象”，都是学生学科素养的提高，都是孩子的精神发育与精神成长。他们是在为孩子们提供更多的更优品质的“奶和蜜”。这种立足学科课程而又超越学科课程的努力，这种抵达“培养什么样的人，怎样培养人”等教育本质的追求，是值得肯定和推崇的。

二、科学性

教育是一门科学，教育是“科学在内”（杜威语）的活动，需要我们尊重规律，还需要我们不断探索规律。黄艳梅老师提出言语主题，是在探索语文教育科学的道路上迈出的坚实的步伐。有很多老师都在困惑：语文是什么？根据一些学者的研究，可以简而言之地说：语文就是语言，语言有宽狭之分，宽泛的语言包括狭义的语言加上言语，包括书面的语言（文字）加上口头的语言，包括语言的内容加上语言的形式。索绪尔是以狭义的语言，即那些普遍的稳固的词汇系统、语法系统为基石，创建现代语言学的。相对应的言语则是指怎么说（写）和说（写）什么，是属于个性的。索绪尔说要有两门语言学，一门是“言语的语言学”，一门是“语言的语言学”，“两条路不能同时走，我们必须选择；它们应该分开走”。他的学生说，老师曾向听众许愿：关于言语的语言学的研究将在以后的讲坛上“占有一个光荣的地位”。但索绪尔并未能如愿，关于“言语的语言学”留待后人们努力。我国语文教育界经过多年的探索，逐步认识到言语教育的重要性，认识到如果没有主体的言语实践活动，如果没有典范的言语成品作示例，如果没有言语经验指导言语行为，学生对语文课程知识的建构就是一句空话。言语教育是语文课程的根本属性。黄艳梅及她的研究团队对语文教学特质有着很好的把握，提出的言语主题意在突出“言语”之主线，是对语文学科言语特性的回归与彰显。

写作能力目标的实现，要以表达内容及表达活动为载体。黄艳梅提出以主题统摄，这个主题指培养写作能力的具体目标，就是以言语表现（写作）为本位、以分解式写作能力培养为教学目标（主题）的结构教学形态。小学阶段的写作以记叙为主，他们通过对三至六年级作文内容的整合，对小学记叙文体进行具体细化，梳理出人物、动物、静物、景物、游记、活动、事件、想象文、应用文等若干方面的类别，以这些记叙类别为内容和载体，围绕表达设计丰富而有序的单元教学活动，给学生提供运用口语、阅读、写作和思维等学习和分享的机会，提高学生说写能力。“主题”教学，就是目标明确的教学，追求科学性、序列性、高效性的教学。在我看来，黄艳梅和她的团队对于这些问题都有了科学的认识，于是有了自觉的行动，才提出了言语主题的构想。这在当今的语文教育界，无疑是领风气之先的。

三、体系性

小学语文教学中，基本以单元形式呈现，设置阅读、口语交际、习作、语文综合性学习等内容板块。在现实教学中，这几种课型之间横向勾连和纵向螺旋联系不够，语文教学效益不高。“言语主题”单元教学实行综合治理，尝试以表达为中心整体设计教学，优化阅读教学，在阅读教学中习得方法，将口语交际、综合性学习等作为单元教学的重要环节，既保证口语交际、综合性学习的教学质量，也使得口语交际、综合性学习与作文教学相辅相成，以提高听说读写诸项训练的实效性。“言语主题”作为重要的链接，可以打通很多壁垒，建立起作文与阅读、与生活、与语文各类课型的诸多联系，在解决以往的疑难问题上有很大的优势。

如何从知识与技能、过程与方法、情感态度与价值观三个维度上构建小学习作总体目标，是个复杂工程。能力目标是其核心目标，过去在年段目标中只能笼统表述，“言语主题”课题组为了使作文教学有的放矢，将能力目标划分为几个层次或几个侧重点，分解、落实到每个学年、学期中。建立纵向能力目标序，既可以作为作文教学的航标，引领着习作教学的方向和过程，也可作为作文教学评估标准，检验、评价和反馈学生的习作。在教学中，每个年段的训练重点各有侧重，这样将写作知识溶解到读写实践中，学生才能消化吸收，才能形成写作技能。他们正是通过具体的习作指导，通过模拟的、缩微的、典型的方法，引导学生发现、理解和掌握小学阶段各类记叙文的写作技能，层层推进，循序渐进，并通过记叙话题将作文教学引向自然，引向生活，引向时代，使学生用我手写我心，最终达到《语文课程标准》提出的要求和标准。

黄艳梅言语主题系列是一个比较庞大的体系，《教出好作文》《读出好作文》《写出好作文》是互为依托和促进的；阅读和表达是相互对应、互动生成的；低、中、高三个年级，拾级而上，是有序可循的；主题链接、单元联动与主体激活、走向生活又是相互策应的。学界关于儿童教育有关键期之说，所谓关键期，是指儿童发育有一个对某种类型的环境影响特别敏感，而这种类型的环境影响会对这一时期发展的方向及进程发挥重大的作用，“过之”与“不及”都会给儿童发展带来消极影响。我以为，言语主题系列是照应到儿童作文能力形成关键期的。这其实也说明，言语主题系列是以科学性为根基，以“人的形象”的更好塑造为价值追求的一个开放的充满生命活力的教学系统。

整体大于部分的简单总和，黄艳梅们的自主变革与提升体现了系统思维，这是一种含金量很高的思维方式。人民小学和乐人生教育为达成既定目标，形成特有的学校文化，建立了一套完整的文化内容框架，包括课程文化、教师文化、学生文化、组织文化和物质文化。他们不仅架构文化，还为文化落地寻找到必要的抓手，使得文化建设从无形走向有形。在我看来，文化落地最为重要的是课程教学中和乐文化的创造与浸润。条条大路通罗马，言语主题系列显然是通向和乐人生的有效路径。

美国诗人艾米莉·狄金森的许多诗，据说用童心去理解，才能品出滋味。我在这里抄录一首《我的河在向你奔来》送给黄艳梅老师：

> 我的河在向你奔来 / 欢迎么？蓝色的海！/ 哦，慈祥的海啊 / 我的河在等候回答 / 我将从偏陋的源头 / 带给你一条条溪流 / 说啊，接住我，海！

黄艳梅们的行动是奔腾的一条河，他们会激起教海的波澜；黄艳梅们的思想是涓涓流响的一条河，他们会融汇进语文课程的理论之库；黄艳梅们的学子们也是一条河，他们将因言语主题更加欢快，他们走向成人、走向社会，会汇进海的大合唱。“海”，不就是我们的理想么？“奔来”的“河”，不就是我们对理想的追求么？让我们共同努力，让我们的河奔得更欢吧！教作文、写作文都会因此成为成功的体验、幸福的享受。语文课程教学改革，儿童生长和发展的明天，都会因此而更加辉煌！

本文为《江苏教育研究》“幸福教育的样子”专栏文章。

后 记

2002年，江苏省教育科学研究院组建，我受命任江苏省教育科学研究院、江苏教育学院副院长，并先后兼任江苏省教育行政培训中心主任、江苏省中小学教学研究室主任、《江苏教育研究》杂志主编、江苏省基础教育质量监测中心常务副主任、江苏省中等职业教育教师培训中心主任等，分管横跨10多个部门，因为战线比较长，拨弄的文字也就比较拉杂。后来大致走“扬长避短”的路子，倒也形成了重点，除了参与一些政策性文件的研制，结合工作的写作主要在基础教育课程改革、学校与教师发展、语文课程教学三个方面。2013年8月卸下行政管理职务后，有了更多的时间就这三个方面做进一步的思考，也把著书的计划列上日程。

关于学校和教师发展，在我写作的三个重点中，最先结集，一是因为经常在学校行走，不少学校美妙的风景，不少校长和老师有为的身影，非常契合我心中“幸福教育的样子”，感慨之余记录下来，积累相对多一些；二是《江苏教育研究》的同仁鼓励我在杂志开设“幸福教育的样子”专栏，敦促我更主动地去一线观察，更自觉地参与学校、教师发展项目，更深度地和校长、老师们交流。江苏凤凰教育出版社年轻的编辑朋友许多次友好的催促，也促使我加快了写作进度，于是有了现在这样一部书稿。

非常感谢江苏中小学、幼儿园的校长和老师们，同志们的信念、勇气和智慧，给我鼓舞、激励和鞭策；非常感谢教育报刊的朋友们，这些文章都蒙他们厚爱，得以发表；非常感谢省教科院我的同事们，11年与他们在工作中相互支持，在研究中相互砥砺，使我多少有了些学术底气；非常感谢教育部、省政府、省教育厅的领导同志，这里有些篇什是在完成领导同志的“命题作文”，他们的关心和督促对我的工作和研究有很大的推动；非常感谢听我讲座、与我研讨、给我提供学习机会的局长、校长、老师们，他们的褒扬使我信心倍增，他们的许多建议丰富了我的思考；非常感谢《江苏教育研究》和江苏凤凰教育出版社的同志们，他们直接促成了本书的出版；书法家李彤教授为本书题写书名，不少校长、老师对我的采写提供具体帮助，有些同事帮助查对引文、打印书稿，在此一并表示衷心的感谢。

写作是一种遗憾的艺术。有很多影响广泛的学校和老师，我早已有了写作的情感准备，只是有待时间上做从容的安排；另有10多万字已经发表的相关文章，受篇幅限制，未能收入本书；写作中对一些问题的探讨，甚至文字的表达，都尚待完善。好在本书的续集应该不会相隔太久，我会努力让描摹更加真切，以求“幸福教育的样子”带给读者更多的欣喜。

杨九俊

2014年6月29日